JN125984

著作権入門ノート
「アートと法」
表現の自由・自主規制・キャラクター

第二版

小笠原正仁｜著

阿吽社

はじめに〈第2版の序〉

本書の前身である『法と芸術 —— 著作権法入門』の初版を上梓してから20年。『著作権入門ノート「アートと法」—— 表現の自由・自主規制・キャラクター』として新訂版を出して5年。このたび、第2版を出すことになりました。初版の序で以下のように述べています。

《著作権法については、メディアやコンテンツのイノベーションに合わせて、判例が増え、改正も行なわれてきました。「教科書を出したあとから新判例」という川柳を思いついたと思ったら、昨今では、著作権法の根幹に関わる「親告罪」「保護期間」が「外圧（TPP 環太平洋パートナーシップ協定）」によって検討を余儀なくされています。「表現の自由」についても、これほどマスメディアなどの話題にのぼるのも近来にないことです。》

いくら環境が変化しても法律がそれに合わせて変わってくれるわけではありません。政治的な駆け引きによって、社会的合意と思われる着地点が決定されます。「TPP」に反対という公約を掲げていた政党が与党にもかかわらず、「TPP」の協議が進められ、さらには最も強く「TPP」を進めてきたアメリカが離脱したにもかかわらず、本書初版の危惧は現実のものとなり、2018年に改正となりました。

保護期間が20年延長されたこともその一つです。そのような著作権の「強化」だけではなく、同時に「制限」についても改正されています。著作権法によって、できる限り多くの人々が文化的な所産を保護し、同時に享受するためです。

また、本書は後半に「表現の自由」について、あるテーマで論じています。それは、「日本人の法意識」に言及した「自主規制論」です。2019年に国会周辺から「忖度」という言葉が飛び出してきました。国会の論戦では「法治」・「人治」という言葉が出ましたが、行政行為上の手続きにまで広がることはありませんでした。それよりも「自己責任」という「リバタリアン」の大好きな言葉で、日本人が古くから持つ「自業自得」に引き留められた感も否めません。これについては本書15章以下でご確認ください。

さて以下は初版の序の一部をそのまま引きました。本書を作ったときの気持ちはいまだに同じですので、本書の意義を再度、確認しておきたいと思います。

《歴史上、スポンサーがバックについて、初めて興業・出版が行なわれました。それは洋の東西を問いませんし、また、過去のことだけでなく現在も同様です。芸術系に進学したい若者を思いとどまらせる言葉として「芸術で飯が食えるか」というのも、至言なのです。

しかし、「芸術で飯が食えるような社会」をつくっていくことは重要です。芸術大学の存在意義をいまさらというのではなく、そもそも芸術は人間の精神文化の発露であるからです。

現在はどうでしょうか。100年後にも残るものから、チャンネルを変えたら忘れ去られてしまうようなものまで、さまざまなコンテンツが日夜生産されているという現状があります。

そして、コンテンツ市場への投資がうまくいけば、市場そのものが拡大していき、多くの人々のビジネス・チャンスが増えていくことにもなります。

たとえば、アマチュアバンドがプロデビューを果たしたとします。たとえメジャーでなくても、そのバンドのマーケティングによっては、多くの人々の雇用を創出します。またマンガから人気キャラクターが生まれることによって、コンテンツ・ビジネスが広がっていきます。たとえば、プラスティックの容器などに業者がキャラクターのシールを貼るだけで、売上倍増ということもあります。

コンテンツは多くの人々に支えられ、市場を拡大し、その利益を還元しながら、さらに成長していきます。じつに、社会の役に立っているのです。

そして、それを支える法的枠組みが、著作権をはじめとする知的財産権の法律なのです。しかし、この法的枠組みだけではきわめてもろい市場だということも知ってほしいのです。つまり、この法の目的や意義や効果ということを学んで、さらに法律遵守（コンプライアンス）の意義も学んでほしいのです。》

本書に盛り込まれたテーマから触発されて、皆さん方の社会のかかわり方に、頭をひねり、知恵を絞りだしてくれることを願います。

2020年8月

著者識す

目　次

1　法と社会の一コマ

法は課題を担う

「はじめに」で、著作権法が芸術表現による作品世界を豊かにし、文化の発展に寄与するものであることをのべました。ところで、文化の発展に寄与するといっても、そのような抽象論ではいくら想像力を働かせても、話が大きすぎてイメージがわきませんね。日常的な具体的問題となって初めて、私たちはそれらの法に触れるといってもいいようです。

たとえば、日本国憲法には「基本的人権」が規定されています。しかし、そのままですと、「キホンテキジンケン」でしかなく、私たちにはなんら迫ってくるものがないと、私は考えます。つまり、どういうことかというと、人権をはじめとして権利というものは、具体的な課題を担っているということです。たとえば、具体的な差別の現場、部落差別や障害者差別、性差別などという差別の現実に直面して、そこで具体的に解釈・適用されて、初めて「人権」としての内実が伴うと考えられます。そうでないと憲法にうたわれた「人権」も、文字通り絵に描いた餅となってしまいます。

著作権法も同じです。条文の一つ一つが具体的な課題を担っています。その意味で、できるかぎり具体的な事例に即して説明をしていくことが、この法律をより身近なものにしてくれるはずです。

とある事例

さて、次のような場面に遭遇しました。どのように考えるべきでしょうか。

あなたはある会社の社員です。そこで、「創業10周年祝賀行事」の担当を命じられました。行事の企画から会場選び、引き出物の手配など、業者との折衝や調整などやることはすべてやって、大成功のうちに閉幕しました。上司からもねぎらいの言葉を受けて得意の絶頂でした。

ところが、数日後、記録を依頼していた映像会社より、メールがはいっていて、そこにはこう書かれていました。

> 前略　この度は創業祭のご成功おめでとうございます。さて、その際の記録映像を編集したビデオを別便にてお送りいたします。ちなみに、このビデオを複製するような場合は、弊社に著作権がございますので、あらかじめ弊社の許諾をとるようお願いします。
>
> このような手続きをクリアするためにも、今後のダビングや編集については弊社にご用命くださいますほうがなにかと便利かと存じます。　草々

あなたは上司のところへこのことを相談に行きました。するとあなたの上司は、

「あなたね、これじゃ、祝賀会の記録を自由に使うことができなくなるじゃない。そのうえ、高額なダビング代を請求されて、果ては、著作権を買い取って、ということになるでしょう。これまでに記録・撮影経費として、もう何十万円も支払っているのに。なんとかしなさい」

さあ、困りました。同僚のネット情報によれば、このビデオ会社が倒産して、著作権が、たとえばライバル会社の手に落ちたら、その映像を使えなくなる恐れもあるということでした。

さて、どうしたものでしょうか。

著作権法ではどうか

著作権法ではどのようになっているのだろうか、と考える場合、まず、「何が著作物で、誰が著作権者か」ということを考えてみましょう（著作物、著作権者の定義については後で説明しますので、ここではとりあえず読み進んでください）。

さて、ここでいう著作物とは当然、編集の終わった記録ビデオということになります。それでは著作物に対して権利を有する著作権者とは誰でしょうか。ここでは、記録し編集した人（法人）と、依頼しお金を出した人（法人）が異なります。つまり、依頼してお金を出したのだから、著作権は著作物をつくるためにお金を出した会社のものではないかと考えたくなります。たしかに、映画著作物の著作権は映画会社にあると著作権法は規定しています。その映画会社とは映画を作るために発意し、お金を出したところですから、そのように考えれば依頼してお金を出した会社を映画会社と同じようにみてもかまわないのではないかと思えます。

ところが、この場合、映画会社に相当するのは、記録と編集を請け負ったビデオ制作会社になるのです。つまり、カメラや照明、そして編集機などの機材を実際に使った人々を雇っていた会社＝法人が著作権を持つことになります。

そのうえ、編集上、使われなかった映像がありますね。つまり、撮影した全部の映像を使うわけではないので、未編集（未使用）の部分が残っています。これを、素材として新たな作品に使いまわされたとしても、文句はつけられないのです。

さあ、これはたいへんですね。もちろん、この説明は必ずしもこのとおりになるという意味ではありません。裁判になれば、それぞれの事実に即して、裁判官が判断することになります。たとえば、それまで慣習的にマスターテープや編集済みのテープは、依頼した会社に納めていたということが立証されれば、ビデオ制作会社の一方的な著作権の主張はむずかしくなります。

ただし、「そんなことは誰も教えてくれなかったからわからない」、つまり、「そんな法律は知らなかった」ということだけは、けっして言わないでください。それを言うと裁判に負けてしまいます。

別の解決方法

それでは実際には、こうしたケースはどう考えればいいのでしょう。

テレビドラマなら、入社２～３年目の主人公がこのような問題にぶつかって、なんとか解決するという筋になるのでしょうが……。

私なら、もう少し視野を広げてみます。というのは、このイベントをどのように企画・進行させたかということです。きっと、何から何まであなた、つまりこの主人公がやったはずはありません。大きなイベントになればなるほど、プロデュースした会社があるはずです——どれどれ、ああ、やっぱりありましたね。ふだんから出入りしている広告代理店が、このイベントのプロデュースをやっていたようです。

頭を抱える主人公。心配そうに見つめる彼女。そこに、先輩格のいつもむっつりしているベテラン社員が登場。そして、おもむろに、その代理店の担当者に電話します。

「もしもし、○○ちゃん。この間の記念式典、おつかれさま。重役さん方、皆、喜んでたよ。え、いや、今日電話したのはさぁ、おたくで使ってるビデオ制作会社からちょっと注文つけられちゃってさぁ。いやそんなたいしたことじゃなくて。なんていうの、著作権っていうの。そう、それがあるから、記録ビデオをこちらで勝手にダビングしちゃ困るっていうんだよ。ところがうちの上のほうは、社員に記念品にするなんて言いだしていてね。まあ、あんまり経費かけられないわけよ、ぶっちゃけた話。そこんとこへ、これでしょ。担当してたうちの若いのが、困っちゃってるわけなのよ。こちらはビデオを自由に使えると思って予算とったわけでしょう……。え、大丈夫だって？

連絡してくれるの。そんな、仕事出さないなんていっちゃだめだよ。え、この間のコンペのこと……。わかってるって。おたくとの付き合いじゃない。ほんと、いつもこんなことで苦労させて悪いね。また、いつものとこでいきましょうか。いやほんと悪いね」

まあ、わかったような、わからないような内容です。広告代理店に解決をまかせたというのは、聞こえはいいですが、業者に圧力をかけさせたわけですね。すると、1時間もしないうちに、ビデオ制作会社の担当から電話が入って、たとえば、こういうことをいうでしょう。

「うちの新人が間違って、メールを御社の御担当者様に送ったようですが、当初の予算内で、編集済みテープはもちろんマスターテープにつきましても、御社に納めさせいただきます。もちろん著作権も御社に帰属いたします。この件につき、ご心配をおかけいたしましたので、ダビングにつきましては手数料等格安にてお受けいたしますので、ご注文いただければ幸いかと。今後ともなにとぞよろしくお願いします。御担当者様にはくれぐれもよろしくお伝えください」

仕事とはこうやるんだよ若者、とベテランの後ろ姿が語るショットが挿入されて、ドラマは次の展開へということになるのでしょうか。

対立よりもしなやかさ

まあ、こんなことは、実際の現場に従事している人たちにしてみたら、驚くほどのことではないのかもしれません。ほかの事例でも似たり寄ったりのことは行なわれているはずですから。以前テレビドラマで、広告代理店のクリエーターという設定の主人公が、大企業相手のプレゼンに「作品の質で勝負だ」と徹夜でプレゼン用資料をつくるという筋書きがあったのですが、私の知り合いの広告マンは、「接待で勝負だろ」とつぶやいていました。

ともあれ、こんな話をしていると、「まじめに法律を学ぼうとする人に、法律外での解決を認めるような話をするなんて」と、非難が集中しそうですね。著作権法で規定された正当な権利を主張しているビデオ制作会社が、なぜこんな電話をしてまで屈服しなければならないのか？　ビデオ制作会社の地位向上をめざすのが、本来の法律のあり方じゃないのか！　と。

しかし、大切なことはあらゆる条件を鑑みて、解決方法を考えることです。この場合、ビデオ制作会社と依頼した会社の対立構造だけでは膠着（こうちゃく）状態になるだけです。法律上の権利関係をみるための単純化ということはよくやりますが、だから実際の場合もそうだと考えるのは実践的ではありません。日本的商慣習やシステムをよく熟知したうえで、法律関係や権利行使ということを考えていくべきでしょう。

そもそも、こうした著作権法上の法律関係があるなんて、業界人以外はまずほとんど誰も知らないでしょう。それなのに、仕事が終わってから、じつはこうですよ、というやり方には問題があると思うのです。最初に覚書（おぼえがき）をかわすとか、契約書で規定しておくとか、ビデオ制作会社は専門家として時間と努力を費やすべきです。あらかじめきちんと説明して、納得してもらうことが大切なのです。ただし、最初に覚書をかわしていても、後で不満が出る場合があります。そんなときでも、少々の柔軟性をみせることは商売上、なんら不利には働かないはずです。

まあ、さきのベテラン社員のような法律外での解決も日本的システムのひとつの側面に違いありませんが、これについては違った角度から別に論じます。

もちろん、このようなやり方が、必ずしも「正しい」やり方であるとは、私自身は考えていません。しかし、トラブルを回避する、あるいは解決するためには、人はどのようなことでもしかねません。そのために、社会的枠組みとしての法律があるのです。よりよい解決のためにも、粘り強く考えていきましょう。

2　著作権法の構成
―― 知的財産権法との関係

著作権法の構成

著作権法は、法律ですから、どうしても「○条□項△号」という表示が要求されます。読者の中には、この表示をみると悪寒が走るという方もおられるでしょう。逆に、さらっとこのような「条番号」で会話ができるとなんかクールな気がしますね。推理小説や法廷小説などは、そのあたりを狙ってタイトルに入れたりします。『39 刑法第三十九条』（永井泰宇）とかです。もちろん、その場合は刑法とか刑事訴訟法がいいみたいですね。著作権法で殺人事件は想像しづらいですから。

さて、著作権法は、著作権法という表題の下に、1章の総則から8章の罰則、さらに附則がついて構成されています。それぞれの章の下には節、その下には款……つまり「章－節－款－条－項－号」というように全体が体系立てて細分化されています。これらの漢字が分類の名称です。それらが順序よく、たとえば、1条から○条まで並んでいるのです。あとで新しく挿入された条文は「○条の2」というように枝番号が付けられます。これは号においても同じ扱いです。

ちなみに、条文では、条番号までは条の表記があります。しかし、項番号は項の表記がなく、さらに１項の１は普通、表記されません。２項以降は単に２、３……とアラビア数字だけが表記されます。そして号番号も、号の表記がされず漢数字で表わします。さらに細分化する場合は、イ、ロ、ハとなります。巻末付録の著作権法の条文を参照しておいてください。本文での条文引用は、「第」を省いて、「○条□項△号イ」というような表記をします。

第一条　この法律は、著作物並びに実演、レコード、放送及び有線放送に関し著作者の権利及びこれに隣接する権利を定め、これらの文化的所産の公正な利用に留意しつつ、著作者等の権利の保護を図り、もつて文化の発展に寄与することを目的とする。

これは著作権法の最初の条文です。法文は縦書きなので、「第一条」といかめしい表記になっています。これを、本書での引用は次のように表記します。

１条　この法律は、著作物並びに実演、レコード、放送及び有線放送に関し著作者の権利及びこれに隣接する権利を定め、これらの文化的所産の公正な利用に留意しつつ、著作者等の権利の保護を図り、もつて文化の発展に寄与することを目的とする。

というように、少々のいかめしさを３％ほど削減しています（当社比）。また本文で、法律の名称を使わずに、２条１項

１号などと表記した場合は、著作権法の該当条文を示しています。著作権法以外の法律は、たとえば、日本国憲法 21 条、刑法 175 条というように法律名を表記しています。

ところで、条番号は条文を示すために使うもので、住所の番地のようなものです。条番号そのものに振りまわされず、そこに何が書かれているのかを確認しておくことが大切です。法律の専門家をめざすわけではない人にとっては、少々条番号が曖昧でも複製権とか翻案権とかの名称を知っていれば十分です。

それでは、著作権法の構成について少し説明します。巻末付録の著作権法を参照してください。１章が総則です。ここでは、著作権法で使用される用語などの定義が規定されています（２条)。かなり抽象的な表現や、ややこしい言い回しなどがあります。できるかぎり客観的で、あいまいな規定を避けるという趣旨に基づいているうえに、法文の表記ルールというようなものがあります。でもそれはここで習得すべき課題ではないのでご安心を。

法律学が本当にむずかしいのは、それらの規定を実際の現場に適用しなければならないということです。そのおかげで、法律学は、論理学や解釈学、あるいは哲学を生み出してきたといっても過言ではないのです。さらにやっかいなことは、それらは、自分の主張する答えを導き出すための論理学と解釈学、あるいは哲学でもあるのです。それらの主張がひとりよがりなものではなく、普遍性と客観性をもっていることが望ましいのはもちろんですが、その基準が時代に左右されるという相対性をもっているということも否定できません。ですから、解釈・適用の技術のブラッシュアップにたゆまぬ努力が要求されているのです。

皆さんも、芸術活動にかかわる市民の一人として、これらの努力に敬意を表しながら学んでいきましょう。

２章は著作者の権利です。著作物や著作者の権利の内容について詳細に規定されています。著作権法の中核部分です。本書の中心的な叙述部分でもあります。節のレベルでは、著作物、著作者、著作者人格権、著作財産権、保護期間などが集められています。著作権にかかわるほとんどがこの章で規定されています。

３章は出版権です。伝統的メディアとして、著作者を支えてきた制度の権利を規定しています。最近は、デジタル化がとみに進んでいる分野です。

４章は著作隣接権です。実演家はもちろん、レコード製作者、放送事業者とメディアの権利についても規定されています。

５章は著作権等の制限による利用に係る補償金です。著作物が許諾を取らずに使われる場合と補償金について規定されています。とくに２節の授業目的公衆送信補償金は、インターネットによる遠隔授業を想定して規定されました。６章は紛争処理です。文化庁内に置かれる「著作権紛争解決あつせん委員」について規定されています。侵害についての請求などは、７章の権利侵害に規定されています。そして８章に罰則が規定されています。

判例の名称

本書では、さらに判例の紹介をしています。「事件は現場で起きている」といわれて久しく、事件というとすぐに、刑事事件！ と思ったりしますが、民事でも刑事でも裁判では「事件」で呼ばれます。有名な判例は、「サザエさんバス事件」とか、「ときめきメモリアル事件」などと表記されます。対象となった著作物の名称がそのまま使われることが多いです。もちろん、「サザエさんバス事件」などは判例の正式名称ではありません。

「サザエさんバス事件」と呼ばれる、サザエさんのキャラクターをバスに勝手に描いた事件では、まず、裁判所が受けつけたときの番号が、「東京地裁昭和 46 年（ワ）第 151 号」です。ふつう「口頭弁論」（民事の呼び方で、刑事では「公判」）の開廷前に裁判所の事務官がこの「事件番号」を読み上げます。これは、最高裁判所の決めた「民事事件記録符号規程」にもとづいてつけられた受付番号です。（ワ）は通常の民事の訴えという分類の記号です。さらに、そのあと判決が出て、「東京地裁昭和 51 年 5 月 26 日判決」という呼び名になります。

つまり、サザエさんのキャラクターをバスに勝手に描いた事件は、受付番号が「東京地裁昭和 46 年（ワ）第 151 号」で、その地裁で出た判決は「東京地裁昭和 51 年 5 月 26 日判決」となり、判例の引用などでは、事件の内容などがわかりやすい「サザエさんバス事件」と呼ばれています。

ややこしいですが、同じ裁判に三とおりの名称があるということです。本書では、裁判所の事件番号ではなく、一般的な事件名称や判決名で表記しています。

ちなみに、著作権侵害に基づく損害賠償の訴えを受け付ける裁判は、まず、管轄の地方裁判所が第一審となります。そこでの判決に不服がある場合は、「控訴」（高等裁判所への上訴）ということになります。著作権侵害については、東京高裁のなかに、知的財産高等裁判所（知財高裁）という専門裁判所があります。他の高等裁判所との管轄については、知的財産高等裁判所設置法の規程によります。HP は http://www.ip.courts.go.jp/ですので、一度のぞいてみてください。そして、ここの判決にも不服ということでしたら、最終審である最高裁判所に「上告」ということになります。

日本国憲法に明文の規定はありませんが、制度として三審制ですから、いくら訴訟スピードをあげても限界があります。判決が確定するのは最終審ということになります。ただし、裁判上の和解という手法もあって、この場合は第一審である地裁においても成立し、その和解内容は「既判力」をもちます。つまり、合意した内容で確定するということです。

これは、本題とはあまり関係ありませんが、裁判で勝訴判決を獲得する弁護士が「いい弁護士」というイメージがあります。しかし私は、クライアント（依頼人）のために裁判手続きだけでなく、とにかく有利な解決をしてくれる弁護士が「いい弁護士」と考えています。もちろん、コンプライアンス（法律遵守）に基づいてです。

知的財産権法

著作権法とよく似た権利を規定する法としては、特許法や商標法があります。著作権法はそれらと同じ法律分野——知的財産権法の仲間です。科学技術の独創性や発見を登録して保護する法律が特許法ですが、これは、新しい技術を開発した人に期間限定の市場独占権を認めるもので、開発投資分を市場から回収するためのものだと考えてください。

特許技術で一発当てて大富豪という事例も多々ありますから、「一発当てたるで！」といううさんくさいものを含めて、インセンティブ（ごほうび）が開発のモティベーション（動機）になり、そのことが社会生活を豊かに、便利していくというわけです。これらは、市場経済により近い法だということで、商標法や意匠法、あるいは不正競争防止法などを同じグループで分類しています。

著作権法も、たしかに「芸術の創作性」を保護する法律ですが、その保護のありかたは市場経済につながる形（ビジネスモデル）で考えられています。

私たちの市場は自由競争が基本です。それを守るのは独占禁止法ですが、その例外として、これら著作権法を含む知的財産権法は規定されているのです。これらの特権的地位が人類の文化と文明をより発展させるために必要だと考えられているのです。

これはこれですばらしい構想だと思います。世の中を動かすのは、単純なエンジンでなければなりません。その意味で、市場の独占権を一定期間認めるというのは有効なアイデアです。もちろん、そのような牧歌的なというか素朴な市場構想だけで、世界経済が動いているわけではありません。ましてや、資本主義自体も最近では、トマ・ピケティの主張するように新たな対応が求められている状況です（『21世紀の資本』みすず書房、2014)。そもそも、マックス・ウェーバーが近代資本主義の起源をプロテスタンティズムに求めたのは、「末人」の支配する強欲資本主義への警鐘であったことは、いまや現実が証明しているという状況です（『プロテスタンティズムの倫理と資本主義の精神』日経 BP 社、2010）。

芸術活動は、経済活動と切り離せません。芸術で稼ぐというのではなく、金がないと芸術活動ができないという意味です。我々は、資本主義と自由主義の枠組みを前提とした市場経済を維持する法律体系のなかで、さまざまな活動をしていかなければならないのです。ちなみに経済学について、芸術家が関心をもっていてもおかしくはありません。ついては、長沼伸一郎『現代経済学の直観的方法』（講談社、2020）の一読をお勧めします。

これからの芸術・文化の発展が今までのような知的財産権法という手法によるものでいいのかということも、じつは、さまざまに議論がされています。皆さんは、まさにその入り口に立ったというところです。

3　著作物

はじめに――定　義

著作物とか著作権とかという用語がすでに出ていますが、ここでは著作物について基本的事項を説明します。著作権法では著作物について以下のように定義されています。

> ２条１項１号　著作物　思想又は感情を創作的に表現したものであって、文芸、学術、美術又は音楽の範囲に属するものをいう。

これで著作物とはなんであるかが理解できるようであれば、法律の専門家はいりません。そういうと、少しは安心された方もいるのではないですか。ということで、法律家といわれる人はこの条文から、著作物と認めるには四つの要件があるといいます。つまり、そのどれか一つ欠けても著作物ではないということです。

その四つの要件というのは、次の ① ～ ④ のようなものです。

① 思想又は感情の表現であること

つまり、考えや思いが表現されているということです。ではそれ以外の表現とは何かというと、たとえば、データなどです。測定値の記録とか、事実の記録がそれにあたります。日本の自動車の年間生産台数とか気象記録とかです。このような記録は主観を交えず、事実を忠実に表現しなければ価値がないわけですが、そのために著作物とはならないのです。もちろん、それらについて、説明や表現に工夫がみられる場合、たとえば、その文章や図表やグラフなどに工夫がみられる場合は著作物となりえます。

② 創作的な表現であること

工夫ということをさきにいいましたが、ここでは「創作性」といいます。これは、芸術性というように考えると少しずれてしまいます。たんに、表現において個性や工夫があらわれていればそれでよいと考えています。ですから、1号○（ウン）万円の画家が描いた絵も、幼稚園児の描いた絵も、その創作性ということにおいて差別はありません。努力と才能の芸術家にとって残酷な感じのする規定ですが、本来個性に差別を設けることのほうがおかしいですよね。もちろん、これについて美学の深遠な議論などは前提にはなっていません。

③ 表現されたものであること

表現されたものということは、固定されているかどうかは問いません。つまり、口述されたものでもいいのです。講演や講義など、音声や音で表現されるものは、空中に消えていくのですが、表現されていることに変わりありません。

ですから、講演を記録した速記録や録音などは、講演をした講師の著作権が成立します。また、講演や講義を聴いて忠実にノートをとっても、それは、表現されたもの（著作物）を固定するだけですから、記録した人の著作物ではありません。ただ、そのとき、退屈まぎれにノートの端に描いた似顔絵は紛れもなく描いた人の著作物です。後々、画伯と呼ばれる日のために日付とサインをいれることをおすすめしておきます。

ところで、この ③ の「表現されたもの」という要件は、表現されたものでなければ他の三つの要件を満たすかどうかさえ吟味できないわけですから、わざわざ確認する必要はないかもしれません。

しかし、この要件の趣旨は、創作性が具体的に表現されているということが必要で、その表現の背景、もしくは源としての思想や感情およびアイデアなどは保護の対象としないという点にあります。さらに、作風や画風といった作品の雰囲気というものも保護されません。これは、著作物の保護の範囲を広げすぎると、あとに続く人たちが何も表現できないということになりかねないので、そうならないようにという配慮といわれています。

絵画や音楽など芸術の道というのは、師匠の模倣に始まります。師匠の作風を身につけ、そしてそれを破壊・克服していく過程で、自らの作風や位置を確立していくわけです。もちろん、その模倣がどの程度までなら許されるのかということは、最後までつきまとう課題です。

④ 文芸・学術・美術・音楽の範囲に属すること

必ずしもこれらのいずれかに属さなければならないということではありません。これは、知的・文化的活動の産物ですよということを示しているのだと解されています。現実に、最近の芸術的表現は、これらの分野の境界がどんどんなくなってきています。ですから、この要件というのは、この大きな枠組みに収まればよいということであって、厳密なものではありません。いずれにしろ、あとに個々の具体的な事例で考えていくしかありません。

無方式主義と知的財産権

以上の要件がそろえば、著作物は成立します。登録や登記など面倒な手続きは必要ありません。公開するかどうかも要件ではないのです。これは、著作権条約であるベルヌ条約に規定された「無方式主義」に基づきます（ベルヌ条約５条２項）。さきほどのノートの端のイラストなど、描かれた時点で著作物として成立します。もちろん、ありきたりの陳腐な表現の絵であったり、他人のキャラクターのコピーなどは論外です。著作権法は、あなたのとんでもない発想に基づいた表現を保護するのです。そのうえ、幼稚園児の絵であっても著作物なのです。

そういえば、岡本太郎が、小さい子供たちの絵を見て、子どもがチューリップの絵を描くようになるのは残念だ、というようなことをのべていました。我々からすれば、もっと幼いころの「前衛的」な作品よりは、絵がうまくなったと考えるのですが、岡本は、デフォルメされたチューリップやヒマワリのような絵は、絵ではなくて記号だというのです。つまり、社会的な言語が上達しているだけだというわけです。これは著作物における創作性を考えるうえでも、重要な指摘だと思います。

ところでデザインはデザインでも、電化製品や自動車など工業製品のデザインは、別に保護する制度があるのでそちらにまかせています。工業製品のデザインにも創作性があるわけですから、著作物としてもいいのではないかと思えるようなものもあります。しかし、機能性が優先されるデザインでは、先行したデザインが以降の市場を著作物として独占するのでは、安くて使いやすい商品が登場しにくくなりますね。

ただ、この点は世界で共通な区分があるというわけではありません。たとえば欧米で著作物として扱われる「椅子」は、日本では著作物ではありません。文化的背景の違いと言ってしまえば、そういうことです。ですから、著作権法もそれぞれの国の実情に合わせてそれぞれに制定されています。ただし、子供用の椅子については、知財高裁（知的財産高等裁判所）でその創作性（著作物性）を認める判決が出されています。これは、今後も注目するべき動向です。

といっても、基本的に、工業製品のデザインの保護は、意匠法によります。この場合、登録という手続きが必要となります。つまり、この手続きをしないと、まねされても文句がいえないということになります。

意匠法や著作権法は、知的財産権という制度のなかに包括されますが、登録などの手続きを必要としない著作権法による保護は、かなり魅力的といえます。

かつて、日本で、コンピュータ・ソフトウェアが特許庁（特許法）と文化庁（著作権法）のどちらの管轄になるかで駆け引きがあったとき、コンピュータ先進国アメリカがそのゆくえに重大な関心を寄せているという報道がありました。実際、さまざまな政治的な手法で決着を迫ったのですが、そこには、こうした理由があるのです。

著作権法であれば、権利の成立が簡単です。特許制度による保護となれば登録が必要となります。そのうえ、内容を公開しなくてはいけないことになります。このあたりは日米の特許制度の比較などで論じなければなりませんが、いずれにしろ、著作権法による保護というのは、それぞれの国の制度による登録という手続き上の煩雑さを避け、できるだけ企業秘密は明らかにしたくないという権利者側の願望を満たした制度だといえます。これなどは、二国間協議の体裁を取りながらの、グローバリゼーションの洗礼とみることもできます。

もちろん、このようなことは、伝統的なアナログ・メディアである書籍や絵画には想定できなかったことです。それらは、表現されたものがすべてであって、その裏側の仕組みなど、ひょっとすると仕掛けはあったかもしれませんが、コンピュータ言語などによる仕組みはなかったからです。

4　著作物いろいろ
―― 著作物の例示

10条1項の著作物

著作物の「定義」なるものを片づけたあとは、具体的な著作物をみていこうとなるのは当然です。著作物は簡単に成立するなんていいましたが、実際、純粋美術とか応用美術の線引きはたいへんむずかしいものですし、工業デザインでも、国によって著作物となるところとならないところがあります。まあ、細かいところまでは無理でも、方向性だけでも示しておかなければなりません。ですから、その点についてある程度具体的な例示をしておく必要があります。

もちろん、世界中ほとんどのところで著作物なるものは同じですが、やはり違いはあります。ただ、そこで勘違いしてほしくないのは、その違いはあくまでも文化的背景の違いなのです。たとえば、さきにのべたように、椅子の著作物性などです。もちろん、著作権制度は国際的な条約による保護ということをめざしていますから、あまり違うといろいろと問題が生じます。これについては、のちに採りあげることとして、少し条文をみていきましょう。

著作物の例示について、著作権法では10条に少々具体的に規定しています。しかし、これも著作物の定義と同じように、この例示に該当しないとだめだというのではありません。もちろん、著作物の定義に該当すれば著作物であることに間違いはありません。ただ、表現の分野はどんどん、方法や手段やメディアが融合・分化し、またあらたな方法で、あらたな表現が生まれています。とくに、デジタルの分野はめざましいものがあります。これらについては試行錯誤が行なわれて、あらたな著作物となっていくのだと思います。それは、ここに示された著作物の目録（例示）を参考にした形で行なわれるはずです。それから、定義ではかなりざっくりまとめましたが、例示では意外なものも著作物とされています。

（著作物の例示）

10条　この法律にいう著作物を例示すると、おおむね次のとおりである。

一　小説、脚本、論文、講演その他の言語の著作物

二　音楽の著作物

三　舞踊又は無言劇の著作物

四　絵画、版画、彫刻その他の美術の著作物

五　建築の著作物

六　地図又は学術的な性質を有する図面、図表、模型その他の図形の著作物

七　映画の著作物

八　写真の著作物

九　プログラムの著作物

2　事実の伝達にすぎない雑報及び時事の報道は、前項第1

号に掲げる著作物に該当しない。

前章で述べた条番号についてですが、10 条に続いていきなり漢数字。これは号を表します。そして 9 号の次にアラビア数字の 2 ですが、これは？ そうです。2 項です。つまり 10 条 1 項 1 号～ 9 号と 10 条 2 項が書かれています。それでは、以下に解説を加えていきましょう。

小説、脚本、論文、講演その他の言語の著作物（1 号）

これは 10 条 1 項 1 号の条文です。

言語で表現された著作物全般を指します。固定していようといまいと、ということはすでに説明しましたね。これが例示の 1 号にあるというのは、やはり、著作物の主流だということなのでしょう。

歴史的にはグーテンベルグの印刷術の発明によって、速く、大量にそして安価に複製を作る技術が登場しました。その後は、飛躍的に進歩することになります。この技術は、当時の情報革命です。これ以降これらの技術の進展によって、文化は発展します。そうして、思想や法制度の歴史の中で、個人という概念が成熟していくにつれて、著作権概念が成立していくと考えられます。

福沢諭吉と「版権」

日本においての著作権制度というのは明治時代からですが、これには福沢諭吉が深くかかわっているといわれます。彼の著作は当時たいへんな部数が印刷され、多くの人々に読まれました。多くの読者がいるというのは、近世日本の寺子屋教育による、識字率の高さゆえということがいえますが、流通した書籍の大半はいわゆる海賊版であったといわれています。つまり、福沢諭吉は著作権侵害で、最も被害を受けた日本人の一人というわけです。そのときの彼の努力のおかげで、私たちの時代に、創作に関わる職業を選べるようになったというわけです。

もちろん、江戸時代にも戯作者がいましたし、文筆で充分生活できました。それは、版元（出版者）というスポンサーの事業が成功することが前提であるのは、現在も変わりません。しかし、当時の出版流通は、本屋仲間として、版元（出版者）組合をつくらせて、相互に秩序維持をさせるものでした。そして、それぞれの版元が、書き手を独占するというやり方でした。これも不安定な執筆活動の安定化と生産性を上げるためには、悪くはないと思います。現在でも近い形で作家が抱え込まれている場合もあるようです。

いずれにしろ、近代化の過程で、著作権が課題になります。明治の条約改正時には、近代化の指標として、この著作権制度があったということも覚えていて損はありません。今でこそ、グローバリゼーションとか掛け声がかかりますが、じつは日本では150年以上前から、似たような作業をずっとやっているのです。

芸術家と言語の著作物

芸術家をめざす人にとっても、この言語の著作物というのは、たいへん重要なものです。文芸やマスコミなどを目ざす人にとっては言うに及ばず、映像をつくる人にとっても、脚本をはじめとしてさまざまな文章がかかわってきます。また、エッセイなどは、専門の分野を問いません。さまざまな専門にたけた人のエッセイなどに面白いものがあったりします。たとえば、岡本太郎の現代文明への批評の力はその作品で光を放っているだけでなく、エッセイなどの文章にも驚かされます。言語にできないから写真や映像・絵画・立体という手法を用いるということも一理ありますが、選択できる表現方法は無限だという認識も大切かと思います。

文字数と創作性

言語の著作物ということですから、詩や短歌などもその範囲にはいります。一応いちばん短い言語の著作物というのは17文字の俳句ということになっています。引用については後でのべますが（本書11章）、俳句を引用するような場合、どうしても全部引くことになります。もちろん「古池や」でわかるような有名なものもありますが、現実には「水の音」まで引くわけです。そうすると、引用の範囲を超えているのではないかという議論が想定されます。このことについて、裁判所が判断するとなると、どうなるかはわかりませんが、たいへんだなあという想像ぐらいはできますね。実際には、業界の慣行に従うということになるのですが、全部を引用するのが普通のようです。

それから、俳句程度の短いのが著作物なら、広告のキャッチコピーはどうかという疑問がわきますね。あの有名な「おいしい生活」とか「すぐおいしい、すごくおいしい」なんていうのですね。広告のキャッチコピーは著作物かどうかということも裁判で争われました。スローガンや標語もまたしかりです。新聞記事の見出しもそうです。これらは、それぞれの判決で、創作性があるとして著作物の可能性をもつと判断され、それぞれ個別具体的に吟味されなければならないとされています。

東京地裁平成 13 年 5 月 30 日判決では、「ボク安心ママの膝よりチャイルドシート」が創作性ありとして著作物とされました。しかし、権利侵害は否定されました。

新聞の記事見出しについては、「YOL（ヨミウリ・オン・ライン）事件控訴審」（知財高裁平成 17 年 10 月 6 日判決）で、記事見出しでも、著作物性を一律に否定するのではなく、個別に吟味すべきであるとの判断が示されています。このときは、YOL の記事見出しの著作物性は否定されました。著作物性は否定されたのですが、17 文字の記事見出しを作る努力を一応みとめています。著作物性はないけれど、努力はみとめますというものです。

しかし、タイトル（題号）は著作物ではありません。つまり本のタイトルも同じものをつけてはいけないということはありません。実際に同じ物がある場合もあります。また、歌のタイトルもそうです。一度、カラオケに行ったときに確認しておいてください。

映画のタイトルも同じです。これらについては、有名なものはある程度尊重しようという意見もあるのですが、なかなか実現しないようです。「ローマの休日」という歴史的な名作映画がありますが、旅行社のパンフレットに使われ過ぎて陳腐すぎるとさえ映ってしまっているコピーですね。

それから、ギャグも著作物としては認められていません。流行語大賞にノミネートされているような人気のあるもの、秀逸なものでも著作物性は否定されています。

また、短いのがだめなら、長ければいい、といっても事実の記載に過ぎないような雑報や時事報道は言語の著作物とはなりません。これは、10条2項に「事実の伝達にすぎない雑報及び時事の報道は、前項第1号に掲げる著作物に該当しない」とあることによります。このような雑報や時事報道は、書いた人の創作性が入るとだめなものですし、誰が書いても同じような文になります。だから、その点でなりえないと思ってください。ただ、事実を伝えるものは著作物とはいわないということですが、ドキュメンタリーなどの手法は現実の一つの切り口ですから、これは、立派な著作物です。

それから、客観性ということでは、学説をもとにした定義なども著作物ではないということになります。同じ学説にもとづく説明・定義はほとんど似通ったものになるのが当然です。最初に書いた人の名誉は認めても、著作権まで認めるというのは著作権制度の趣旨にはずれてしまいます。

音楽の著作物（2号）

次は音楽の著作物です。楽曲や歌詞など音によって表現されたものをいいます。楽譜になっている必要はありません。即興もまた著作物といえます。

プラーゲとJASRAC

明治時代に近代化の一環として始まった日本の著作権制度は、昭和に入って、音楽著作権の厳しい行使によって目を覚まされます。プラーゲ旋風といわれるものです。ドイツ人のウィルヘルム・プラーゲがヨーロッパの音楽著作権者のカルテルを代表して、日本で演奏されている音楽の著作権料の徴収を始めたのです（1931年〜）。一時期、洋楽や流行歌がラジオからまったく流れてこないという事態になってしまいました。そんなことがあったなんて意外な感を受けられるのではないでしょうか。

著作権制度は「（文学的および美術的著作物の保護に関する）ベルヌ条約」（1887年発効、以後数回改正）によって、外国の著作物といえども条約締結国の著作物に対しては、国内の著作物と同じ待遇を保障されています。しかし、その当時の日本は、著作権制度はあるけれど、その実質的な運用にあたって、まだまだお寒い状態でした。それは、一方では芸術家の社会的地位の低さでもあったのです。

このような状態の中で、著作権料の徴収について、政府は、まず、著作権侵害の状態を認めながらも、その告発がプラーゲにはできないことを裁判で示します。そのうえで、著作権料の徴収について新たに法を制定し、中間団体を設立して、そこに著作権料徴収業務を独占させるようにしてしまいました。仲介業務法を制定し、音楽著作権の管理団体として現在の「一般社団法人日本音楽著作権協会」（以下JASRAC／ジャスラック）の前身である「大日本音楽著作権協会」を認可（1939年）したのです。

つまり、プラーゲを締め出してしまったのです。プラーゲが高額な著作権料を提示し、苛烈な取り立てのために訴訟を起こしていたとする理解があって、彼は悪者のように扱われていますが、実際には、著作権の意義を日本人に教え、さらには、国内外で日本人の著作権を保護するための努力もしているのです。

幕末以来、日本は黒船などの外圧によって、なんとか目覚めてきたようです。しかし、近代化の必須条件であった、条約改正がなって（1911年）以後も、著作権制度整備の内実はお粗末なままでした。というのも、体裁を整えたのはいいけれど、「仏作って魂入れず」で、著作権制度の精神がちゃんと理解されていなかったのです。この点をプラーゲが突いてきたのです。つまり、これは、妙な言いがかりをつけられたのではなく、日本にとって世界とちゃんと大人の付き合い方をしようよというもので、当然の債務履行だったと思います。

近代化というのは一面、西洋化という方向をもっています。ですから、文化的には西高東低に当然なります。西洋文化を学ぶ側にとって、授業料（著作権料）を支払わなくていいということにはけっしてなりません。授業料はちゃんと支払うべきです。もちろん、価格は交渉となります。

この西高東低というのは、現在のような日本の歌謡曲・ポップス全盛期でもそうだということです。JASRACによって徴収される著作権料のかなりの部分が海外へ支払われるということです。また、音楽もアニメやゲーム音楽がかなり人気になっているようですので、巻き返しもいつかはあるかもです。

舞踊又は無言劇の著作物（３号）

舞踊やパントマイムなどの演技は実演であって、後述する著作隣接権の保護を受けることになります（本書13章）。ここでいう著作物とは振り付けのことをいいます。振り付けは演技の型で、さまざまな組み合わせによっています。それで、複製権を考える際には、振り付けの基本的な動作の流れが同じで、特徴的な姿勢が同じ場合、少々異なる姿勢などがあっても同一の舞踊として考えられることが、バレエの著作権侵害についての判決で示されています。

もちろん、日本舞踊も同じです。ただ、伝統的な舞踊の振り付けについては、その保護期間が経過していますので、著作物ではあっても、保護されないということになります。

絵画、版画、彫刻その他の美術の著作物（４号）

言語・音楽に続いて美術というのが、私たちの認識では基本的な著作物だと思います。言葉と音と絵画ですからね。ところで、この美術の著作物は平面と立体に分かれます。平面は絵画・版画・書などですね。立体は彫刻などです。ただ、これらの分け方も便宜上のものですから、あまり神経質にならないで下さい。この分類で、著作権が変わるというわけでもありません。学生の作品展を観ても、どうしても平面の作品とはいいがたいものにぶつかります。一応キャンバスには色がぬってあるのですが、そこにいろいろなものが張り付いているのです。あるときなどは、どう見ても家具の一部が切り取られて、額から生えているかのようでした。これは、極端な例としても、油絵を厚く塗りつけてまるでケーキのデコレーションのようなものもあります。意欲作には違いないのでしょうが。

さて、この違い、平面と立体との違いが、著作権との関係で重要になるものの一つに、写真著作物との関係があります。平面に描かれた絵は写真で撮ると、これは記録となり写真の著作物とはなりません。ところが、彫刻はどうしょうか。角度やそれこそ光の当て方などで、写真家の意図する表現が生まれます。

このようなことは、屋外に展示されている美術の著作物の複製にかかわるのです。屋外に展示されている美術の著作物は、写真撮影してもかまわないのです（46条）。このような複製の仕方が認められているのです。ですから、その写真は記録目的でないならば、著作物として成立します。もちろん、映像に収めてもいいというわけです。

かつて、このような件に関して、マンションのモデルルームの写真を広告に掲載してクレームのついた例があります。というのも、その部屋に有名な現代作家のポスターが額装して飾ってあったのです。モデルルームですから、ある程度の装飾品が置かれてあったのですが、そのときは、その作家の作品が全面に描かれたポスターが飾ってあったのです。それが、広告写真に写りこんだわけです。この場合は裁判にはならず、話し合いで解決となったということです。いずれにしろ、話し合いに応じる姿勢をはっきりと示すことが問題をこじれさせない唯一の方法ではないかと思います。

この写り込みについては、その後著作権法が改正されていますが（30条の2）、商業利用の場合はやはり許諾が必要となります。これについては、後述します（本書11章）。

キャラクター

漫画も美術の著作物です。漫画家をめざしている方々には力強い言葉だと思います。著作権法というのは、ノートの落書きまで著作物と認めてしまうところがありますから、著作物として認めるということに、芸術の質の高低とかがそれほど配慮されているわけではありません。もちろん、美術の著作物として認められるということは、漫画が社会的に位置づけられることにもなりますが、芸術性というような美の基準や表現の内容にかかわるものを著作権法が判断するわけではありません。そのようなものを法に依存するというのは、方向が違うのではないかと私は思います。法はあくまでも権利関係の枠組みであって、芸術性については、芸術家としての表現姿勢を貫くところに価値を見いだされるべきだと思います。

ところで、漫画やアニメの登場人物や動物、その他のものは、その作品を成立させるうえで重要な役割を果たします。漫画やアニメではキャラクターがたたなければ、作品として成功したとはいえません。もちろん、これは創作する側の基準ですが、それだけにキャラクターはたいへん重要な要素といえます。絵がきれいでも人気のない漫画はたくさんありますし、私から見てあまりじょうずとはいえないものでも、「画力」があるとでもいうのか、人気のあるものがあります。絵・ストーリー・キャラクターなどの要素がさまざまに絡み合って魅力がつくられるのですが、漫画の場合、明らかにそのキャラクターがそれらのさまざまな要素を集約し、表現しています。

いわば、作家にとって読者をどれほどひきつけられるかは、そのキャラクターをたてる力量にかかっているといっても過言ではないでしょう。もちろん、そのために、さまざまなお膳立てが作家によってつくられているのです。ですから、そのキャラクターを著作物として、保護を与えるのは当然だと思いますが、現在のところ、判例・通説ではその保護は否定的です。このことについては、「５章　キャラクター」でもう少し考えてみましょう。

応用美術

「純粋美術か応用美術か、それが問題だ」。ハムレットではありませんが、これはデザインという世界ではたいへんな問題です。

工業生産品のデザインは、応用美術として位置づけられていたのです。純粋美術の対立概念とされています。ベルヌ条約では一応、著作権の保護対象とはなっていますが、意匠法との保護のありかたはそれぞれの国の立法に委ねられました。日本では、応用美術は意匠法による保護という姿勢をとっています。ただし、実用品でも美術工芸品のようなものは「美術の著作物」として認められています（2条2項）。それは、製造数とかもかかわっていたようです。一品制作の作品と呼ばれるようなものです。しかし、量産品だから著作物とは認められないという考え方は、現在、とられていません。それは、博多人形のような量産品でも創作性や美術工芸品的価値が認められるとして著作物性が認められていることからも明らかです。「博多人形事件」（長崎地裁佐世保支部昭和48年2月7日仮処分決定）で、著作物性が認められる判断が示されました。

つまり、実用目的の機能重視のデザインと美意識を追求したデザインの違いという分け方をする場合もありますが、それで片付けられるかどうかということは少しむずかしい問題だということです。このあたりの線引きは本当に困難なところがあると覚えておいてください。

また、皆さんのユニフォームといってもいい、Tシャツなどでも、きれいな絵がプリントされているものがありますが、これも美術の著作物が利用されたものと認められています。「アメリカTシャツ事件」（東京地裁昭和56年4月20日判決）です。Tシャツに自分だけのオリジナルな絵を描いたりしている人はいませんか。その場合、製作年と署名を入れておいてください。それが、著作権の主張になります。このような習慣はクリエーターを目指す人にとっては大切なことです。もちろん、製作日時や署名が入ってなくても著作権の主張はできますが、あとで自分のものだと証明することは、たやすいことではないですからね。

一品制作だけではなくて、大量生産品に美術の著作物が利用されている場合は、その製品自体が美術の著作物としての保護をうけます。よく話題にされますが、三越の包装紙はデザインが猪熊弦一郎という画家の作品で、美術の著作物とされています。ちなみに、その模様にMitsukoshiとロゴが書かれていますが、これはやなせたかしの手書きだそうです。

これらを考えるうえで大切なのは、鑑賞の対象かどうかということではないでしょうか。もちろん審美眼はこのさい問題ではないのです。レオナルド・ダヴィンチや岡本太郎、あるいは幼稚園児の作品まで美術の著作物なのですから。

建築の著作物（5号）

保護される対象は建物です。もちろん全部の建物というわけではありません。なかには、実用一辺倒なものもあります。ミッシェル・フーコーではないですが、監獄とか病院・学校といった、管理という機能を優先させる建物群を著作物とはいいにくいと思います。

それよりも、雨の日に家の中で傘をささなければ部屋の移動ができないような建物が、著作物と呼ばれるにふさわしいわけです。コンクリートや鉄といった無機質なものを前面に打ち出して、逆にそれらの造形力を味わうといった建物もあります。

いずれにしろ、これもまた線引きのむずかしい著作物です。それから、ここでの著作物は建物そのもので、その設計図は次の6号の対象です。建築物の複製については、その設計図にもとづいて行なわれることが、2条1項15号ロに「建築の著作物　建築に関する図面に従って建築物を完成すること」とあります。

また、写真撮影する場合も、さきほどの野外に展示された美術の著作物と同様に大丈夫です。

ところで、建築の著作物は他の著作物とは少し変わった性格をもっています。それは、建築による複製のみが禁止されていますので、模型を作ったり、創作性を加味して翻案することも大丈夫だということです（46条2号）。また、著作者の許諾を得ずに変更をすることができるのです。つまり、住みやすいように増改築できるのです。のちにのべますが、著作者人格権のうち、同一性保持権が適用されないのです（20条2項2号）。むずかしいことはさておいて、雨が降ったら傘をささなければならない建築の著作物たる家に、使い勝手がいいように、後から屋根をつけてしまっても許されるということです。また、打ちっぱなしのコンクリートの外壁をもった建物に、汚れがめだつから、外壁塗料を吹き付けてしまってもいいのです。ただ、それが、文化の育成や保護という側面からどう考えればいいのかという疑問は残るとは思いますが。

対象を建物としましたが、橋や高速道路などの構造物や庭園なども含まれるとする立場があります。たしかにこれらを美術の著作物として保護するよりは建築の著作物とした方が著作者人格権との調整などが楽になることはあります。

地図又は学術的な性質を有する図面、図表、模型その他の図形の著作物（6号）

地図や設計図、グラフや図解・図表などの平面で表現されるものや、地球儀や模型といった立体的なもので学術的性格を有するものです。さきほどの建築の設計図がこれにあたります。機械の設計図などもこれにあたります。

地図への配慮

最も気をつけておかなければならないのは地図です。地図は著作物です、といってもなかなかピンとこないですね。ですから、よく似た著作権侵害が繰り返されます。それは、地図を包装紙やポスターの背景の図案に利用するということがよくあるからです。地模様にしてしまうのですね。安易といえば安易なのですが、色を変えたり、薄くしたりすればかなりの出来栄えになってしまうのです。幸か不幸かそのような技法を知っていたばっかりに著作権侵害をおこしてしまうことになるのです。

ただし、国土地理院発行の地図やデータは商業利用も含めて寛大な対応がなされています。これは国土地理院の HP で確認しましょう。

そして、地図といえば観光地によく売っているイラストマップや鳥瞰図などがありますが、それらは地図というより美術の著作物としての保護も受けます。

古地図にも配慮

保護期間の切れた古地図は大丈夫だろうということで、江戸時代の古地図を使う場合があります。もちろん、所有者の許諾などは別の意味で必要ですが、著作権法上は大丈夫です。著作権法を教える立場では、ここまでの判断を示せればそれでいいのですが、それが、表現ということに関わってくる場合、それだけでは問題が残る場合があります。

じつは、江戸時代の地図、とくに城下町図や近郊の村落地図には当時の被差別身分の人々の村や居住区が賤称語そのままに記載されているものがあるからです。表現を職業とする者は、こういうところこそしっかり学習して、向きあわなければなりません。

と、このようにいいますと、どうも厄介なものには触れないでおこうという意識が生まれるかもしれませんが、大切なことは、正しい知識を身につけて、正しい対応をしていくことです。著作権にしろ、差別にしろ、とりあえず厄介なことを避けるというのは、クリエーターの目ざす道ではありません。向き合うことによって、さらに深まる真実こそが目ざすべきものではないでしょうか。

映画の著作物（7号）

著作権法では、映画の著作物について定義はされていません。ただし、2条3項に次のように規定されています。

この法律にいう「映画の著作物」には、映画の効果に類似する視覚的又は視聴覚的効果を生じさせる方法で表現され、かつ、物に固定されている著作物を含むものとする。

そこには、「映画の効果に類似する」ものとして、①「視覚的又は視覚的効果を生じさせる方法で表現」され、②「物に固定されている」、③「著作物」が「映画の著作物」に含まれるとありますので、以上の三つの要件も「映画の著作物」に必要だということになります。

この条文から「固定要件」という考え方がでてきます。つまり、映画の著作物は固定されていなければならないということです。「固定されているとかいないとかいうけれど、そもそも、固定されていなければ見られないじゃないか」、と考えた方はおられますか？　それは正しい考え方です。でも、少し視野を広げてください。テレビでの映像はどうなるのでしょうか。もちろん、ビデオその他に記録されているものはそれ自体が映画の著作物としての扱いを受けます。それならば、生放送はどうでしょうか。野球中継などのスポーツ番組や現場レポートなどです。これは、記録されたものが再現されているわけではないのです。むむ、ややこしい。でも、これを映画の著作物としてみることになにか問題があるでしょうか。これについては、同時録画されていることで固定要件を満たしているとされています。ただ、テレビなどの放送事業者には著作隣接権がありますから、生放送でも保護されていると考えられます（89条)。

ちなみに、ここでいう映画の効果に類似するというとなんでしょうか。そう、テレビゲームですね。「パックマン事件」（東京地裁昭和59年9月28日判決）で、当時のテレビゲームが映画の著作物とされています（本書10章)。これもあとで考えてみましょう。

写真の著作物（8号）

カメラによってフィルムなどに固定されたものです。創作性のない記録としての写真ならば、それは著作物とはいえません。証明写真などはもちろん、著作物とはいえません。パスポートに使う写真を、50パーセントほどかっこよく仕上げられても、あとで困るのはこちらです。まあ、その点、見合い写真は道義上の範囲内での問題だとは思います。

カメラは記録する道具です。つまり、複製物をつくることにたけているのです。美術の著作物でものべましたが、平面の作品、絵画や版画などを写真にとっただけなら、それは複製であって新たな著作物とはなりません。

写真の著作物性を決定するものは何かということについて、スイカを被写体とした「みずみずしいすいか」事件があります。ある人（原告）が撮影したスイカの写真とそっくりの構図で撮影した人（被告）が、原告の写真の翻案権と著作者人格権を侵害しているとして争われた事件です。これは、東京地裁平成11年12月15日判決とその控訴審である東京高裁平成13年6月21日判決では、被写体をめぐる判断の対立があります。もちろん、高裁の方が上級審ですから、地裁判決を改めたのですが、その後、最高裁は上告棄却の決定をして、判断は示していません。

対立した点は、被写体（この場合はスイカ）が創作性にどれほど関与するかということです。地裁では、被写体よりは、撮影の仕方の工夫こそが重要であって、同じような構図があったとしても、著作権侵害とはならないと判断していますが、高裁では、被写体と撮影の工夫の双方相まって創作性が発揮されると判断されました。被写体が同じ場合に、きわめて悩ましい問題かと思われます。

それから現在は、写真の著作物は他の著作物と同じように、個人の著作物である場合、その著作者の死後70年間の保護期間が認められています。写真の保護期間はかつて「公表後50年」だったのです。ですから、この点だけをいうならば、写真は他の著作物と一線を画されていたということになります。

プログラムの著作物（９号）

コンピュータを動かすソフトウェアとしてのプログラムのことです。「コンピュータ言語」によって書かれているのだから、１号の言語の著作物として保護すればいいではないかという意見もありました。しかし、直接的にかかわるのは機械としてのコンピュータですので、その違いを明確にするために別に例示しているというわけです。

言語の著作物というのは、コンピュータで分析しなければならないような暗号で書かれたものも含まれるのです。しかし、それは、コンピュータのソフトと違って、その文が直接人間に向けて伝達されるものだからです。

そして、ソフトウェアであれば、あらゆるものを指します。OSもアプリケーションもです。

CPUの性能は指数的に増大するというムーアの法則によって、ハードウェアの開発もしのぎを削る毎日ですが、最後はインターフェースとしてのソフトウェア勝負です。コンピュータの操作の仕方もすさまじい発展を遂げています。スマートフォンなどもコンピュータとして意識せずに使っているという現状です。クリエーションの分野もどんどんデジタル化されています。ますます発展に拍車がかかる状況です。

COLUMN **サウンドロゴ**

音楽の著作物は、鼻歌から交響曲まで音による創作性のある表現です。変わったところでは、言語の著作物と同じように、最も短い音楽の著作物というのがあります。それは、サウンドロゴと呼ばれる、商品名にメロディを付けたものです。

テレビCMなどでおなじみではないでしょうか。「明治ブルガリアヨーグルト」という商品名を読むとき、メロディが頭の中に聞こえてきませんか？「♪メイジブルガリアヨーグルト♪」というふうに。これは森田公一作曲で、JASRAC登録曲です。

著作物性を争ったものに「♪スミトモセイメイ♪」という社名に曲をつけたものがあります。結局和解で片が付いたのですが、この事件の間、よく似たフレーズをもつアイドルの歌が歌えなくなる、とネットでファンが熱くコメントしていました。もちろん、サウンドロゴすべてが音楽の著作物であると認められるかどうかはそれぞれについて検討されるべきです。ちなみに「細粒（さいりゅう）」と「顆粒（かりゅう）」のある胃腸薬はそれぞれにJASRACに登録されているとのことです。

ちなみに、「浪速のモーツァルト」ことキダ・タローはかなりの数のサウンドロゴを作曲していますが、やはり有名なのは「関西電気保安協会」ですね。多くの関西人に覚えられている名曲です。

5　キャラクター

あなたは、今売れっ子の漫画家です。今日も徹夜で仕上げたネームを担当の編集者に渡したところです。

「いや、センセ、今回は早々にいただきましてありがとうございます。この調子で、増刊号の仕事もよろしくお願いします」
「エーッ、これ以上仕事増やさないでよ」
「いえいえ、読者がお待ちかねですよ」
「そうそう、編集長もお待ちかねの売り上げ倍増ね」
「また、そんなことを。ところで、○○センセのところの漫画のキャラクターが無断で使用された商品の話ですけどね、……」
「あー、あれ、どうなったの？」
「いや、どうも先方は、無断使用を主張するなら、商品については商標登録が必要だし、著作権なら、いったいどのページのどのコマの複製かを指摘してみろ、なんて開き直ってるみたいですね」
「へえー、そんなこというんだ。やっぱり裁判なのかな。でも、明日は我が身。やっかいなことは、苦手なんだけど」
「何をおっしゃってるんですか。裁判費用なんて、単行本の２冊や３冊書いていただいたら、あっという間ですよ」

「結局、仕事が増えるのかよ」

と言いながらも、少し不安なセンセでした。

「サザエさんバス事件」

さて、将来、漫画で身を立てようとねらっている学生は、必須です。

漫画は美術の著作物ですが、その漫画と不可分な関係にあるキャラクターという表現の著作物性について、通説は否定的です。

それでは、ここでは、キャラクターを守ろうとする作家と法律との関係について考えてみたいと思います。

ということで、このことについて、とあるところ、とある学生と先生との会話。

T「ご質問の件ですが、漫画のキャラクターについては、通説ではその著作物性については否定的です。これは、小説のキャラクターについても同じです。小説の場合、その登場人物の名称やキャラクターを使っても、著作権侵害にはなりません。商品にその名称を使って、○○饅頭なんて売り出しても大丈夫です。ただ、それは、著作権法ではそのような名称の保護までしないということで、その規制については他の法律、つまり商標法や不正競争防止法でやるべきではないかということです。

ですから、自分の小説に他人の小説の登場人物を出しても著作権法上は大丈夫ということです。もちろん、ストーリーは別のものにしてくださいね」

A「へえー、そうなんですか。でも、サザエさんの裁判では、漫画のキャラクターが保護されたんじゃないんですか？」

T「サザエさんバスの事件ですね。たしかに、判決では作家の長谷川町子が勝訴しています。その判決（東京地裁昭和51年5月26日判決）では、《漫画の登場人物自体の役割、容ぼう、姿勢など恒久的なものとして与えられた表現は、言葉で表現された話題ないしは筋や、特定の齣における特定の登場人物の表情、頭部の向き、体の動きなどを超えたものであると解される。しかして、キャラクターという言葉は、右に述べたような連載漫画に例をとれば、そこに登場する人物の容ぼう、姿態、性格等を表現するものとしてとらえることができるものであるといえる》とまず定義しています。

そのうえで、《誰がこれを見てもそこに連載漫画「サザエさん」の登場人物であるサザエさん、カツオ、ワカメが表現されていると感得されるようなものである。つまり、そこには連載漫画「サザエさん」の登場人物のキャラクターが表現されているものということができる。ところで、本件頭部画と同一又は類似のものを漫画「サザエさん」の特定の齣の中にあるいは見出し得るかも知れない。しかし、そのような対比をするまでもなく、本件においては、被告の本件行為は、原告が著作権を有する漫画「サザエさん」が長年月にわたって新聞紙上に掲載されて構成された漫画サザエさんの前説明のキャラクターを利用するものであって、結局のところ原告の著作権を侵害するものというべきである》という裁判所の判断があります」

A「で、キャラクターの著作物性を認めているわけ？」

B「キャラクターを利用して、漫画の著作権を侵害した?!」

T「曖昧といえば曖昧ですね。判決全体からいえば、キャラクターは創作者にとって大切で、独自に保護されてもいいじゃないかという、判決を書いた人の思いが伝わってくるのですが、そこまで踏み込んだともいいがたいですね。ま、著作権侵害といえば、複製が問題となるわけです。それを厳格に解釈すると、連載漫画の場合、どの回のどのコマのどれかというようなことにもなるのですが、この判決では、その複製権の及ぶ範囲は同一性があると考えられるものにまで及ぶという趣旨が示されている、という人もいます」

B「複製権が、同一性のあるものに及ぶ？」

T「そうですね。対象をあまり厳格に制限しないということになりますか。事件はサザエさんの漫画の似顔絵をバスに勝手に使って、営業したというものです。あんまり感心できる例ではないですね」

A「それで、その行為を止めさせるために曖昧な判決を出した?!」

T「そんな身もフタもないようなことを言ってもらうと、つらいのですが。なぜ、キャラクターを利用するかといえば、これはまったく営業上の理由ですね」

B「お客を呼ぶ」

T「そうです。顧客吸引力です。著作権法は本来、創作物の複製を禁止するというのは、営業妨害を阻止するというより、その創作性の侵害を防止するということに力点がありますね。そうすると、営業に重点をおいて、たとえばマークとして使用するというのは、商標法とか不正競争防止法にまかせた方がいいのではないかという考え方が当然あるわけです」

A「でも、有名なものへのタダ乗りはだめと……」

T「そこです。サザエさんとわかるようなものであれば、つまり同一性が認められるなら、どの原画の複製であるといった特定までは必要ないとして、著作権侵害を認めるという判決を出しているわけです。とくに、この事件は明らかにサザエさんバスと銘打っているのですからね」

と言って、その裁判の資料を出して来る。

A「あれ、このバスの車体に書かれている絵。これは僕の知っているサザエさんじゃない」

B「どれどれ。これは、コミックの絵やんか。それも初期の作品。だいたい、私たちの知ってるのは、テレビアニメのほう」

T「同じサザエさんでも違うんですか」

B「この事件で使われてる、サザエさんやカツオやワカメの顔は、初期のコミックの顔で、今のテレビアニメとはちょっと違うんです。今なら、もう少し太ってるって感じかな」

T「そうか、戦中・戦後の食糧事情はあまり良くなかったですからね。絵のほうはかなり、その歴史のなかで変遷してるわけですね」

B「絵が変化してるとなると、そんな変化するような作品に、著作物としての権利を認められるんですか？」

T「いいところに気がつきましたね。たしかに、判例では、完結していない作品に著作物性を認めることの不合理をのべているところがあります。ある特定の日の新聞に載せられた漫画には著作権があるけれど、連載が継続中など未完結なものにはすぐに著作物性を認めるわけにはいかないというわけです。でも、サザエさんという漫画のストーリーや登場人物の設定は少々の破綻があっても総体的に読者に受入れられているという点を考慮した判決になっているんです」

B「保護期間はどのように考えればいいんですか」

T「著作者が自然人＝人である場合は、その人の死後70年が期間になりますから、いつつくられようと関係ありません。しかし、法人著作ということになると、公表後70年ということになります。そうすると、連載が続いている作品は完結していないから、起算が始まらないと考えるのかどうか、問題ですね」

A「ずーっと、保護期間が続く！」

T「理論的にはそうでしょうけど、一話完結型の作品はその公表がなされた時点で起算するというのが合理的ではないでしょうかね」

B「商標登録すれば？」

T「その場合は、更新しつづければ半永久的ですね」

A「著作権は、手続的には簡単だけれど、期限がある。けれど、商標は手続的には登録しなきゃいけないけど、更新すれば半永久的か」

T「そのことは、今後の課題でしょうね」

B「でも、キャラクターっていうのは、すごく魅力あるものね」

A「一発あたると大きいしね」

T「そうですね。とくに日本はキャラクターというブランドが成立している国ですから」

A「ディズニーのキャラクターは世界的だよ」

B「そうそう。でも、日本を代表するといえば、キティちゃんなんかもそうよ。女性にとっては、シャネルやヴィトンのバッグと同じ感覚でね。そういえば、先生の研究室のクッションってキティちゃんでしたよね」

T「それは……」

「サザエさんバス事件」の判決では、漫画とキャラクターは不可分であって、キャラクターの無断利用は、原作漫画の複製権の侵害であり、その侵害について原作の部分を特定する必要はないということでした。

さて、有名なキャラクターの無断使用というのは、あとを絶たないようです。「サザエさんバス事件」は、裁判でキャラクターについて示された初めてのものです。その後もポパイやスヌーピー、仮面ライダー、キャンディ・キャンディ、キン肉マンと事件は続くことになります。

しかしながら現在のところ、キャラクターについては、著作物として特別の保護を与えるということはありません。

裁判では、「ポパイネクタイ事件」（最高裁第一小法廷平成9年7月17日判決）があり、そこでは、「キャラクターといわれるものは、漫画の具体的表現から昇華した登場人物の人格ともいうべき抽象的概念であって、具体的表現そのものではなく、それ自体が思想又は感情を創作的に表現したものということができない」として、「キャラクターをもって著作物ということはできない」としています。

キャラクターとは「抽象的概念」であって「具体的表現」ではない、と定義したのですから、当然、著作物性は否定されることになります。このキャラクターについての定義については、この判決を踏襲していいのかどうか、まだまだ議論が必要です。

COLUMN 差し止めと損害賠償

著作権を侵害されると、その差し止めと損害賠償を求めることができます。差止請求権については、112条1項に規定されています。侵害の予防として行なえます（同条2項）。

著作権侵害に対する損害賠償については、民法709条（不法行為）で行なわれます。

（不法行為による損害賠償）
709条　故意又は過失によって他人の権利又は法律上保護される利益を侵害した者は、これによって生じた損害を賠償する責任を負う。

侵害された権利に対して、損害賠償をするということは、罪に対する「贖罪（しょくざい）」という形ではじまっています。刑事罰が与えられる場合もありますが、市民生活からいえば、侵害した人に身体的な刑罰を与えるよりは、損害賠償をしてもらう方がいいはずです。それに復讐による社会の疲弊ということからもです。このように、刑罰と賠償の役割の分担は、「権利」を考える上で重要な論点です。そう考えると、民法709条は、市民社会秩序の基礎ともいえます。

公法と私法

法律を学ぶと、まず公法と私法にわけて教えられます。権力のかかわる法と市民社会の法という分け方です。ところが、最近の法律、とくに経済法といわれる分野では、民法（私法）の特別法にもかかわらず、刑法（公法）の独占であるはずの罰則が規定されています。その意味で、著作権法も新しい法律だということになります。

刑事（公法）・民事（私法）という「伝統的な」分け方をしなくても、市民生活の秩序違反を、権利侵害・不法行為法を基本と考えると、秩序維持のための刑事罰はその不法行為を可罰性で考える、ということもできることになります。経済法レベルではこちらのほうがわかりやすいかもしれません。原則は、権利侵害は不法行為法の対象ですが、市民社会の秩序維持のために、権力が刑罰権を行使することを認めるという考え方です。私の先輩は、「刑事罰は、不法行為の海に浮かんだ可罰性の島だ」と言っています。主権のあり方、社会契約論など近代民主主義を考える上で、深い問題提起だと思います。

故意と過失

と、むずかしいお話はおいて、著作権法の罰則規定では、故意がないと処罰されませんが（刑法 38 条 1 項）、不法行為となると、故意だけでなく、過失であってもその結果に責任をとらされて、損害賠償ということになります。つまり、それだけ皆さん方は、創作活動には注意しなきゃいけませんよということです。もちろん、制作している最中はそんなこと言ってられないと思いますが、自分の作品を見るときに、誰かの表現を取り込んでいないかということを、客観的につまり著作権法的に見てもらえると助かります。

生まれる権利

つづく「他人の権利又は法律上保護される利益」とはどういうことでしょうか。これは権利がどのように生まれて、成長していくかを示した言葉だと思います。

不法行為のいくつかの判例ではつぎのような言葉が前置きされています。

「民法 709 条にいう不法行為の成立要件としての権利侵害は、必ずしも厳密な法律上の具体的権利の侵害であることを要せず、法的保護に値する利益の侵害をもって足りるというべきである」

裁判で、法律上明記された権利を認定することはそれほどむずかしいことではないと思います。しかし、権利としては認められていないもので、それでも、社会生活上保護が必要とされる行為というものもあるのではないでしょうか。

つまり、それらに対する裁判所の判断の積み重ねによって、法律に明記されずとも損害賠償が認められることがあるのです。肖像権なども法律に規定のない権利です。「YOL（ヨミウリ・オン・ライン）事件」では、記事見出しについて検討が加えられましたが、それらは著作物とは認められないという結論でした。しかし、苦労して作った記事見出しを、それらがたとえ著作物でなかったとしても、他人が、簡単にコピーして対価を得るという行為は、認めることができないとされました。

不法行為論という法学の分野では、かなり議論されていることです。判断基準等については、ここではこれ以上立ち入りませんが、権利（法）は国会で決まるだけではないということなのです。皆さん方の権利は現場で生まれてくるのです。

6　著作権と商標法

著作権法は知的財産権法のグループの法律であるとのべました。それゆえに保護対象の範囲が重なる場合があります。応用美術の項でのべましたが、美術の著作物とならないものは意匠法での保護に委ねられています。ものによっては著作権法と意匠法の二つに保護されるものもあります。同じように、図柄を保護の対象とするものに商標法があります。これも著作権法と重なる場合があります。

「ポパイマフラー事件」

A「サザエさんの著作権問題って、一種の有名税なんじゃ」
T「まねをされるのも、有名な証拠ですか。小学生あたりがまねするっていうのは、そう言えるかもしれませんが、企業がからむと問題ですね。それにそういう風潮が日本での著作権についての意識が育たない背景かも知れません」
B「それに案外、パロディーには厳しいんですね」
T「一般に、著作権が軽んじられる風潮があって、パロディーが法廷にでると厳しいというのが日本の状況のようですね。アメリカなんかとはちょっと違う感じですが」
A「そ、そうなんですよ。サザエさんのつぎはポパイ君」

T「ポパイ君じゃなくて、『ポパイマフラー事件』（大阪高裁昭和60年9月26日判決）です。

事件の概要は、ポパイの図を使った商標を登録していた原告が、ポパイのマークを付けた商品を販売していた被告A社に対し、商標権侵害として販売差止と損害賠償を求めたというものです」

A「そりゃだめでしょ。ちゃんと商標登録しているまじめな商売人を守らなくちゃ。それが法律というものですよね」

B「私もそう思う」

T「まあ、続きを聞いてください。じつは、その訴えられた、製造元のA社は、漫画ポパイの著作権者である米国法人から名称・姿態・図柄・役柄等の総体であるキャラクターを複製する許諾を得ていたというわけなのです」

B「この事件、いったいどう考えるの？」

T「つまり、著作権者とは別の人が、勝手にキャラクターを商標登録した場合、そのキャラクターを使用する権利はどうなるのかという事例です」

A「サザエさんではキャラクターが保護されたんだから、当然、ポパイのキャラクターも保護されるんだろう。でも、他人の著作を、勝手に商標登録するなんて、ゆるせねー」

B「《ゆるせねー》って、あんたが、許可せんでも、お役所が許可したんやんか」

A「そいつがゆるせねー。トラブルの種を作ったのが、役人だってとこがゆるせねぇんだよ」

B「まじめな商売人を守らなあかん、て言うてたのに」

T「まあ、まあ。商標というのは、すでに登録されているかどうかしか、問題にならないのです。つまり、すでに登録されていたら登録できず、登録されていなかったら誰でも登録できるのです。そこには、著作権にいうような創作性なんかどうでもいいのです。ただし、一般的な記号とか文字はだめですよ。そうでないと、これこれこういう文字については使用禁止とか、使用料をいただきます、なんてことになりますからね」

B「たしか、映画のマルコムXの《X》はタイトルやから著作権はないわ、文字やから商標登録できへんわで、コピー商品がいっぱいやったって聞いたことがあるわ」

A「じゃ、マルコメXにする必要がない」

B「あんた、商売する気やったん？」

A「いや、その、そ、クリエイター志望の俺様にはそんなこた無関係さ」

B「さっきの怒りとは方向ちゃうで」

T「なかなか、調子いいですね。現実の社会にはいくつかの制度があって、それらがぶつかり合わないように、また、ぶつかった時には、正しい者が勝つようにするのが大事なのです」

B「それで、判決はどうなってるんですか」

T「まず、原告の商標ですが、水兵帽にセーラー服、それに独特の力こぶです。それに、ここで肝心なのは、ポパイの英語綴りとカタカナの表記が登録されているということです。つまり、ポパイのキャラクターと表記についていずれも、この商標権にひっかかるということです」

A「完璧じゃんか」

B「《じゃんか》はええ。さっきの《ゆるせねー》はどないしたん」

T「ところで、訴えられた側のマークは皆さんよくご存知のものです。ポパイのロゴと絵の組み合わせ、それからロゴだけのものです。これで、いずれも原告は商標権侵害を主張するわけです」

B「著作権が負けんの」

T「そこが、判決の問題です。著作権と商標権がぶつかったときには、著作権が優先します。そのことは、商標法29条に規定されていて、原著作権と抵触する部分について商標として使用できない、と定められています」

（他人の特許権等との関係）
29条　商標権者、専用使用権者又は通常使用権者は、指定商品又は指定役務についての登録商標の使用がその使用の態様によりその商標登録出願の日前の出願に係る他人の特許権、実用新案権若しくは意匠権又はその商標登録出願の日前に生じた他人の著作権若しくは著作隣接権と抵触するときは、指定商品又は指定役務のうち抵触する部分についてその態様により登録商標の使用をすることができない。

A「は、はぁん」

B「なんやのん、気持ち悪いなあ」

A「なんか、気づかない？」

B「なんも、臭わへんけど」

A「そーじゃなくてさ。ほら、さっき言ってたじゃん。タイトルは著作権がないって」

T「そう。いいところに気がつきましたね」

B「そうや。すると、ポパイのロゴについては、商標法29条の適用をうけへんということ？」

T「そうです。商標登録以前に著作権が発生していることが要件ですから、判例上、また通説でもタイトルには著作権が認められていませんからね。当然、これは、商標権侵害となります。さらに」

A・B「さらに？」

T「さらに、キャラクターに著作物性があるとサザエさん事件で判断されましたかしらね？」

B「そうやんか。キャラクターの著作物性の有無については判断せえへんかったやんか」

A「そ、そうだっけ」

T「そうですね。サザエさん事件の判例ではちょっとわかりにくいですが、キャラクターの著作物性を論じずに、原作の漫画の著作権を侵害するという論理です。ということは、キャラクターが原作とは別個に独立して著作物として成立するかどうかということは意見が分れるということなんですが、通説では、著作物性を認めないということです」

B「それで、両方ともあかんかったんですか」

T「結果は、ロゴについては商標権侵害を認め、キャラクターの使用されているものについては原著作物からの複製にあたるとして、商標法29条の適用を認めました」

A・B「でも名称が使用できないなら、登録した者勝ちじゃん。そりゃ、卑怯だよ。タダ乗りじゃん」

B「あんたも、たまには、ええこというな」

A「いつもだよ」

T「それは、地裁と高裁の判決なんです。その後、この裁判は、最高裁までいきました（最高裁第二小法廷平成2年7月20日判決)。そこで」

A・B「そこで？」

T「そこで、タダ乗りはだめよと示されたのです」

A・B「ブラボー!!!」

T「それでも、著名なものという要件が必要になるので、手放しでというのはまだまだですが、やっとこさの気がしますね」

A・B「ブラボー!!!」

T「漫画のキャラクターやタイトルの著作物性については、これで、一つの山を越えたという感じです。たしかに、タイトルについては、通説や判例でも、著作権なしというのが主流でしょう。これは諸外国でもいっしょかというと、フランスの制度では、創作性があるタイトルには著作物としての扱いを認めていますので、これからの日本も少しずつ変っていくでしょう。また、実のところ、キャラクターについては、商標登録や意匠登録という制度や、また、類似品についての不正競争防止法があるので、それらを適用すべきだという意見も根強いものがあります」

B「だいたい、タイトルと内容というのは一致するよ。タイトルの吸引力ってあると思うけど」

T「そうですね。たとえば、《ローマの休日》っていうのを見て、オードリー・ヘップバーンを思い出さない人はいないでしょう。どの世代にとっても一つの憧れがあります。吸引力や良いイメージがあるからこそ、海外旅行のパンフレットに何度もコピーとして使われるのです」

B「でも著作権侵害にはならへん」

T「そうですね。最近でもいろいろとありますが、このあたりも一つの節度が必要でしょうね」

A「だけど、どう考えてもおかしい。最高裁では勝ったっていうけど、絶対おかしいよ」

B「どうしたん。最後に正義は勝つ、やんか」

A「最後に勝つんだったら、なんで自分の創ったもんが使えないなんていうような判決が二度も出るの」

T「その怒りは正しいでしょうね。だからこそ、しっかりと関心を示さなくてはいけないんですね。裁判官は世論に振り回されてはだめですが、世論をちゃんと納得させるような判決を出してほしいですね」

商標法は、著作権法でカバーできないものを確実に保護するという意味ではよく使われているものです。ただし、登録にお金がかかり、さらにカバーできる範囲がサービス分野別に法律で決められています。だから、できれば、無料で全体をカバーできる著作権法というのもわかりますね。

ただ、タイトルや名称は著作権法では保護しないので、たとえば、商品名はもちろんですが、雑誌のタイトルやキャラクターの名前などは商標登録されています。面白いことに芸能界では、芸名やグループ名が商標登録されています。同じようなグループ名を使わせないということもありますが、皆さんは、ライブコンサートに行ったら、コンサートでスタンディングだけじゃないでしょう。ジャンピングもって？じゃなくて、ファングッズをあれやこれや買うでしょう。これらも模倣品や類似品が出たときのそなえにしているのです。いざという時には、製造と販売の差し止めができるのですから強力な権利です。

企業によっては、有力な商品については、その商品名に類似したものをわざわざ商標登録しているくらいです。ブランドを維持するということは大変なことなのですよ。

COLUMN　商標登録された商品

亀の子たわし／金太郎飴／シーチキン／セロテープ／ポリバケツ／マジックペン……というと、ちゃんと商品をイメージできますね。相当にわれわれの生活に浸透している名詞です。じつは、これらはすべて商標登録された商品名です。

永く使われていると、代表的な商品名が普通に使われてしまいます。となると、いわゆる「普通名称」となって商標権の効力が及ばないということなるのです（商標法26条１項２号）。商品名は有名になってほしいのですが、名称が普通に使われるようになってくると穏やかではいられないというわけです。ちなみにauのプレゼント用「英雄金太郎飴」は、商標権をもっている金太郎飴本店が作っているようです。

名称に著作物性はないということで、商品だけでなく、芸能人の名称も商標登録されているものがあります。そういうと芸能人が商品扱い?! と考えてしまいそうですが、コンサートツアーなどの物販を考えると、アイドルグッズの保護に役立っているといえます。

7　二次的著作物・編集著作物・データベースの著作物

二次的著作物

2条1項11号　二次的著作物　著作物を翻訳し、編曲し、若しくは変形し、又は脚色し、映画化し、その他翻案することにより創作した著作物をいう。

芸術・文化の創造・発展に資するのが著作権法ですが、芸術活動の広がりを見たとき、生み出される作品は必ずしも一からオリジナルのものばかりではありません。ある作品からインスピレーションを受けたものや筋立てや使ったもの、また小説を原作にして脚本化された演劇や映画などと、程度の差はありますが、ある作品を中心にさまざまなオリジナリティーを付加された作品群が生み出されて、その裾野が広がるほど、原作品の頂点は高まります。

たとえば、恋愛を扱った小説や戯曲はたくさんありますが、なかでも悲恋といえば、シェークスピアの『ロミオとジュリエット』です。憎悪を愛と死が貫いていく、永遠のテーマです。そして、これは、ご存じのように『ウェストサイド・ストーリー』というミュージカルの元になっています。シェークスピアはこのような翻案などによってたくさんの作品群に囲まれて、その作品の地位は揺るぎないものとなっています。これも、保護期間がとっくの昔に経過しているから比較的簡単にできるわけですが、保護期間内でこのような状態でしたら、シェークスピアは創作活動などしなくても、原作の使用料だけでたいへんな金持ちになっていますね。

もちろん、翻案のあり方などを吟味する必要もあります。『ウェストサイド・ストーリー』は、印象としては『ロミオとジュリエット』ですが、時代や場所の設定も登場人物も異なります。共通するのは、敵対する家族（グループ）の男女の悲恋物語。となるとこれは、アイデアだということになり、翻案権を侵害したことにはなりません。

古典をタネ本にしてさまざまな創作性を加えていく、というやり方は芸術の世界では確立しています。つまり、こういう手法も芸術の世界を広げ、層を厚くしていく方法として確立されているわけですから、著作権法においてもその枠組みを決めているのです。基本的には、二次的著作物として成立することを認めているのです。それは、原作の使用について許諾があろうとなかろうと、二次的著作物として成立します。そして、原著作者の許諾もあり、無事に成立した二次的著作物については、原著作者も同一の権利を専有します（28条）。

二次的著作物はそれ自体で独立した著作物ですが、原著作物があったればこそできあがったものですから、二次的著作物を利用する際には、原作者の権利も保護されなければなりません。二次的著作物にどのようなものがあるのかを見てからこのことについても考えてみましょう。

翻　訳

まず、「翻訳」です。これは、言語の著作物を、たとえば英語を日本語、日本語をスペイン語に変えることです。「翻訳」という字義通りです。翻訳とは異文化間で文化的情報を伝達することですから、これまたたいへんなことです。法律の世界でも一つの用語をめぐって、定訳なるものが成立するまでたいへんな作業と議論が続けられます。

文芸復興と訳されるルネサンスは、もともと歴史的・文化的伝統の異なるヨーロッパの諸民族が、イスラムが継承した、ヨーロッパの古典古代といわれるギリシア・ローマ時代の遺産を学び、その翻訳をすることから始まっています。その後の宗教改革においても、聖書の翻訳が重要な事業となっています。

現在のような、地球的規模の文化創造の時代になればなおさらのことです。

ただ、翻訳ソフトやデータベースがさらに進化して、翻訳の精度がかなりあがったとき、コンピュータによる自動翻訳は二次的著作物といえるかどうかについては、その作業そのものの検証が必要ですが、困難な感じがします。というのも、その作品は、創作性というきわめて人間的な性格をもちえないと考えられるからです。もちろん、コンピュータの概念を超えるAI（人工知能）が実現すると、これは別の法制度が必要になるだろうと考えられます。

編　曲

次に、「編曲」です。これは、楽曲をアレンジして新たな創作性を加味することで、音楽の世界では広く行なわれています。

とくに、古典の楽曲を現代風にアレンジしているものはたくさんあります。

典型的なのはバッハのものですね。ジャズになったり、ロックになったり、それだけたくさんの人に愛されているということでしょうね。また、オーケストラ用に書きかえたり、吹奏楽用にしたりすることもこの編曲の範疇にはいります。また、イントロの部分を改めて編曲して、大ヒットした楽曲もあります。たとえば、ドラマの主題歌に採用された『悲しみは雪のように』（浜田省吾）などがあります。編曲あなどるなかれ、です。

変　形

「変形」というのは、わかりにくい表現です。平面を立体にしたり、またはその逆をしたりすることと説明されます。つまり、絵を彫刻にするような場合や、その逆の場合です。そして、写真を絵にしたりする場合もあります。

キャラクターともかかわりますが、テレビアニメ『たいやきくん』の原画を元にして縫いぐるみの「たいやきくん」をつくったことについて、判決は縫いぐるみを原画の「変形」として著作権侵害を認めています（東京地裁昭和 52 年 3 月 30 日判決）。それから、「キン肉マン」に登場するキャラクター人形についても、著作権侵害を認めています（東京地裁昭和 61 年 9 月 19 日判決）。

脚　色

「脚色」とは、小説などを脚本にすることです。お芝居などの台本というわけです。そして、「映画化」とは文字通り映画にすることです。

翻　案

「翻案」というのは、筋立てや構成を変えずに、具体的な表現形式を変えることと理解されています。古典的な作品の内面的な形式はそのままに、時代や場所を移して表現することや、設定を現代に変えて作られるものもあります。また、大人向けの作品を児童向けに書き直したりすることも翻案と考えられています。

キャラクター商品では、服装を変えたり、雰囲気を変えたりして類似商品が作られたりする場合がありますが、これは翻案権侵害となります。

原作との関係

二次的著作物の権利関係をその理屈だけわかりやすくいうと、ドイツ語原作の小説を、その二次的著作物である英語訳から日本語に翻訳するとき、英語版の許諾が必要なのはもちろんですが、と同時にドイツ語版の許諾も必要となる、ということです。

また、小説を映画化する場合ですが、小説が原著作物で、脚本（シナリオ）が二次的著作物となります。そして、完成した映画は、原作と脚本の二次的著作物となるのです。よけい、ややこしくなりますかね。

メディアが変わると新しい著作物が生まれる、と読みかえてもいいかもしれません。たしかに、ちょっと大胆ですけどね。

少し整理しますと、まず、創作性の加わっていないものは、複製です。つまり、二次的著作物という場合には、原著作物に何らかの創作性が加味されたものでないとだめということになります。

「江差追分事件」（最高裁第一小法廷平成13年6月28日判決）では、翻案がつぎのように定義されています。

「既存の著作物に依拠し、かつ、その表現上の本質的な特徴の同一性を維持しつつ、具体的表現に修正、増減、変更等を加えて、新たに思想又は感情を創作的に表現することにより、これに接する者が既存の著作物の表現上の本質的な特徴を直接感得することのできる別の著作物を創作する行為をいう」

「既存の著作物の表現上の本質的な特徴を直接感得することのできる著作物を創作する」ことが、翻案ということです。その際に創作性が発揮されすぎて、別のものになった場合、これはまったく別個の著作物となります。あたりまえのことですが、原著作物からアイデアやヒント、インスピレーションを受けただけなら、これは、著作物を利用したとはいいません。著作権法は、アイデアやヒントといった表現の前提となるようなものまで保護してはいないのです。でも、どの程度、元の著作物との関係が見出せるかというのは、いったいどのようにして線を引くのでしょうか。これはむずかしい問題ですね。そこが、法律家の腕の見せ所というべきでしょうか。

　くわえて、翻案という行為自体が、アイデアによる改変ということなら、二次的著作物として保護されるのはアイデアもということになるのでしょうか。また、翻案はアイデアを一味加えることによる「表現の変更」ですから、著作者人格権の同一性保持権の侵害の問題を提起します。たとえば、パロディーはどの程度許されるのかということです。残念ながら、日本の判例では、あまり、門戸は広くないと考えるべきです。ただし、翻案として適法に成立する著作物はこの限りではありません。

A「やっぱりここにもキャラクター問題があるね」

B「あるねって、あんたの趣味の問題と違うの？」

T「趣味かどうかわかりませんが、キャラクターは著作権法とはたいへん深い関係にありますね。著作権法上の保護を受けるという強力な武器がありますから、少々の問題はばっさりですね」

A「で、キャンディ・キャンディなんですけどね」

B「あんた、そういうジャンルもOKなんやね」

T「まあ、まあ。彼の言ってるのはキャンディ・キャンディの原作者と作画者の間で争われた事件のことでしょう。これは数次にわたる訴訟が行なわれています」

A「そ、そうなんです。彼女の早とちりにも困ったもので」

B「ふうん、そうかいな」

T「たとえば、その一つの『キャンディ・キャンディ出版差止等請求事件』* です。ここでは、原作と作画の関係が共同著作物か二次的著作物かということが争点になったのです」

A・B「どうちがうんですか」

T「共同著作物ということなら、権利関係は対等ということになりますが、二次的著作物ということなら、作画者の権利は原作者の権利に従属することになります」

A「原作者が有利になるということ？」

T「そうですね。地裁・高裁ともに判決では、作画者によるリトグラフ用の原画の提供は、原作者が二次的著作物たる漫画の原著作者の複製権を侵害する行為である、として差止請求が認められています」

B「原作者の許諾が必要！」

A「原作者が強いんだよね」

T「たしかに、二次的著作物といっても作画者の努力による創作部分もありますから、なにかすっきりしない感じが残りますね」

A「いくら原作がしっかりしているからって、やっぱりコマ割りとかネームとか、それに画力といった点は漫画家の力に負うところが大きいと思うんだけどな」

B「キャンディのファンとしてはね」

A「人気の宮本武蔵を主人公にした井上雄彦の『バガボンド』もやはり出会いだと思うんです。原作はたしか吉川英治。漫画は漫画の文脈というか手法がありますよね。これからは、作画者の解釈や作業についてもっと考慮されるべきだと思うんですが……」

T「たしかに、原作を超えているといっていいものもあります。その点は、具体的に個別の作品で吟味されるべきですね」

＊　本事件は東京地裁平成 11 年 2 月 25 日判決、東京高裁平成 12 年 3 月 30 日判決、最高裁平成 13 年 10 月 25 日第一小法廷判決を経て確定しました。『著作権判例百選　第 6 版』（有斐閣、2019）の解説（100 ～ 101 頁）を参考にしてください。

編集著作物

12条　編集物（データベースに該当するものは除く。以下同じ。）でその素材の選択又は配列によつて創作性を有するものは、著作物として保護する。
2　前項の規定は、同項の編集物の部分を構成する著作物の著作者の権利に影響を及ぼさない。

二次的著作物というのは、原作の表現形式に変更を加えるというものでした。一方、編集著作物というのは、原作を素材として、そのまま変形せず、選択や配列をしたものを、その選択や配列の創作性に法的保護を与えるものです。選択や配列ということですが、そのアイデアを保護するというわけではなく、そのアイデアによってできあがった具体的な編集物が保護されます。ということは、編集のアイデアに依拠しても、異なる素材を使ってできあがった編集物は、元の編集物の権利を侵害したことにはなりません。

編集する素材が著作物である場合は、利用に際して許諾が必要となります。しかし、無許諾で編集物を作ったとしてもその編集著作物は、著作物として保護されます。

編集著作物の具体例としては、百科事典・新聞・雑誌・用語集・問題集などがあります。それらは、元の素材が著作物であろうとなかろうと、選択・配列という表現方法によって編集著作物として保護されるのです。編集著作物として保護されるというのはその選択・配列の表現であって、選択された特定の素材の複製については関係がありません。その素材が著作物であるなら、その著作物の著作権だけがかかわるということになります。

それから、選択・配列にかかわる創作性について、判例では、学問的な完成度や完全無欠さを要求されるものではなく、素材の選択・配列に、なんらかの形で人間の精神的活動あるいは創作活動の成果が表われていることをもって足りるとしています。

素材が著作物ではないものということでは、データ集が考えられます。数値表やグラフなどの選択・編集が利用者に使いやすくなされているものです。それから、専門の文献分類目録などが編集著作物にあたると考えられます。ただ、これは、発行年順とか、著者名 50 音順だけの配列なら、いくら、たくさんデータが集められたものとはいえ、編集著作物として認めるのはむずかしいのではないかと思います。なぜなら、機械的な配列だからです。内容を吟味して、一定の分類を行なって初めて、人間の精神活動のあらわれといえるのではないでしょうか。

ところで、この論文・文献目録の分類ぐらい頭を痛めるものはありません。なぜなら、学術研究の進み具合によって論文の学説史上の位置づけが変わってくるのですから。パラダイムシフトがあるとまではいいませんが、それまでまったく注目されていなかった研究課題が、まったく無関係な分野から注目、利用されるというのは、科学技術の分野だけではありません。社会科学の分野にもあります。どんどん学際的になって、オーソドックスな分類手法の権威も効果もなくなってきています。

筆者も文献の分類目録を作ったことがありますが、まず困るのは一つの論文がさまざまなキイワードをもっているので、その関心のあり方で複数の分類が可能だという場合です。そして、また、分類についての評価が定まっていない場合もあります。

そういう時はどうするのかということですが、目をつぶってエイヤッしかありませんね。

編集会議では、そういう意見とも愚痴ともつかないものがでてきます。それで、コンピュータへの依存が妄想の如く広がるのです。

目録という印刷物に固定してしまうのは、たしかに、その時点での学会の評価やレベルが表われていて、それはそれでおもしろいのですが、現実に論文を利用する側からいえば、本当に問題関心のあるものになかなか出合えないということになります。分類というのは、学説史や学会動向に対する一つの解釈ですから、一面、客観的ですが、過去の成果の表れでしかないという面もあるのです。新しいアイデアが生まれてくるためには、斬新な論文や文献との出合いが必要です。それらが、過去の思想や個人の評価の谷間に埋もれてしまわないためにも、なんらかの方法が必要です。

そこで、せめてキイワードを付して、コンピュータでそのつど検索をかけていくようなやり方が登場してきます。その成果の蓄積が、データベースの著作物です。

データベースの著作物

２条１項で、つぎのように規定されています。

十の三　データベース　論文、数値、図形その他の情報の集合物であつて、それらの情報を電子計算機を用いて検索することができるように体系的に構成したものをいう。

データベースがどのような動機によって生み出されてきたデータ処理の方法であるのかということは、情報処理学概論あたりで学んでいただくとして、私の場合は以上で述べた理由です。

編集著作物との違いは、編集著作物が、素材の「選択」「配列」の創作性でしたが、データベースは「情報の選択又は体系的な構成」の創作性を評価しているところです。

これは、メディアの決定的な違いです。編集著作物は、固定された表現として、素材の配列・整理が空間的・物理的に処理されています。これがいろいろと変更されるということはないのです。しかし、データベースにとって、ページのレイアウトは、コンピュータのアプリケーションソフトの設定の問題であって、データベースの本質ではありません。キイワードのつけ方や、グルーピングの仕方など、「体系的な構成」はさまざまに考えられます。

私などは、その頃、進化するキイワードをデータベースで育てようなどと、愚痴とも意見ともつかないことを編集会議でいっていました。できれば、被引用データを利用して、どのような分野の論文に引用されているかを一覧する被引用マップとか、当該論文の複数キイワードのヒット件数データ一覧などです。専門分野によっては、すでに実施されているかもしれませんが、あらたな論文の検索方法が発展していくでしょう。

8　著作者

はじめに —— 定義

2条1項2号　著作者　著作物を創作する者をいう。

きわめて明快な規定ですね。著作物を創作した人を著作者とするというわけです。そして、著作物ができて初めて著作者になれるということも、要チェックです。著作物は表現されたものでなければならない、ということは著作物の要件のところでやりましたね。つまり、いくらアイデアやイメージが頭の中につまっていても、他人が感得しうる形にしなければだめということです。

それから、世の中には、お金を出す人がいて、その仕事を請け負う人がいます。そういう場合、作品をつくるためにいくらお金を出したとしても、それだけではその著作者とはなれません。あくまでも著作者は、その作品を創作した人です。ただ、お金を出した人は、著作者とはなれませんが、著作権者にはなれるかもしれません。

いずれにしろ、創作する者が著作物を創作して著作者となるのが、さきです。それから、お金だけじゃなくて、アイデアを出したり、助言をしたり、いろいろやりましたという人もいるかもしれません。そういう場合は創作の作業にどれほど関与したかによります。

えっ、作業に文句ばかりつけていただけ！　そんなことではけっして著作者とはなりえません。

そして、条文では、14条に著作者の推定という規定があります。

（著作者の推定）

14条　著作物の原作品に、又は著作物の公衆への提供若しくは提示の際に、その氏名若しくは名称（以下「実名」という。）又はその雅号、筆名、略称その他実名に代えて用いられるもの（以下「変名」という。）として周知のものが著作者名として通常の方法により表示されている者は、その著作物の著作者と推定する。

これは、氏名等の表示があればその人を著作者に推定するということです。あたりまえですよね。しかし、これは、著作権の裁判が起きたとき、たとえば、氏名等の表示のある者は、著作者であることを証明しなくてよいということなのです。これは、挙証責任（立証責任）を相手側に負わせる規定ともいえます。

この挙証責任を簡単に考えてもらうと、たいへんなことになります。たとえば、今、あなたの読んでいるこの教科書が自分のものであるということを、あなたはどのように証明しますか？

名前が書いてある。自分のメモ書きがある。本屋のレシートがある。いろいろと考えられますね。でも、なんかすっきりしないでしょう。100パーセント大丈夫という証明ではありませんね。それで、民法では、動産（この場合は教科書）を占有している人（所持している人）が所有権をもっていると考えるようになっています。今、現に所持しているということで、所有権ももっているだろうと考えるわけです。ですから、あなた以外の人があなたの所持している教科書の所有権を主張するときには、その主張する人が自分の所有権を証明しなければならないのです。つまり、占有している方が、少し有利なのです。

これは、刑事事件になるともっとたいへんです。本来、刑事裁判は検察が証拠を集めて、有罪を証明するわけです。挙証責任は検察にあるわけです。ですから、いくら灰色といわれようと、容疑者は服を脱いで裸になる必要も、真犯人を探し出す必要もありません。検察側が有罪を立証できなければ無罪なのです。これが、反対だったらどうでしょうか。容疑者が真犯人を追い詰めるというのは、TVドラマ・映画の『逃亡者』のように、観ている側は、ハラハラ・ドキドキでおもしろいのですが、けっして当事者にだけはなりたくないものです。警察力をもってしても追及しきれない真犯人を探し出すなんて、とんでもないことです。気の遠くなるような作業が待ち受けています。TVのサスペンスドラマのようにエンディング5分前に断崖の上に真犯人が現われる、というわけにはいかないのです。

ちょっと寄り道をしてしまいました。刑事法にはここでは立ち入りませんが、裁判における証明責任の大きさ・重さを少しわかっておいてください。

法人著作

著作権は、その創作性ゆえに著作権としての存在意義をもっている、といっても過言ではありません。そうすると、その創作性はあくまでも、自然人としての人の知的・精神的活動ということに限定されるべきだ、ということになります。つまり、著作権の主体に法人をおくのはおかしいのではないか、ということになります。ベルヌ条約では、著作者はできる限り自然人であることを求めています。

しかし、そうなると複数の人々がその創作にかかわった場合、かかわった人すべてに平等に著作権を認められることになってしまいます。そうすると、何か著作権にかかわることをする場合に、創作にかかわった人すべての承諾を得なければならないということになります。これは、少々現実的ではありません。一定の要件を満たしたものについては、法人著作物として法人を著作者として認めることのほうが現実的だということになります。

契約上の問題もそうですし、社会的責任を明らかにするといった場合でも、それらの人が所属する法人（企業等）を著作者にしたほうが、かえってつごうがよいわけですし、社会的にはそちらのほうが、常識的です。

著作権法では、15条で、法人が著作者になる場合の要件を規定しています。

（職務上作成する著作物の著作者）

15条　法人その他使用者（以下この条において「法人等」

という。）の発意に基づきその法人等の業務に従事する者が職務上作成する著作物（プログラムの著作物を除く。）で、その法人等が自己の著作の名義の下に公表するものの著作者は、その作成の時における契約、勤務規則その他に別段の定めがない限り、その法人等とする。

2　法人等の発意に基づきその法人等の業務に従事する者が職務上作成するプログラムの著作物の著作者は、その作成の時における契約、勤務規則その他に別段の定めがない限り、その法人等とする。

さらに、その法人とは、2条6項で、「法人格を有しない社団又は財団で代表者又は管理人の定めがあるものを含む」と規定しています。

さて、その要件とは、

①「法人その他の使用者（以下この条において『法人等』という。）の発意に基づき」、

②「その法人等の業務に従事する者が」、

③「職務上作成する著作物」、

④「その法人等が自己の著作の名義の下に公表する」、

⑤「その作成の時における契約、勤務規則その他に別段の定めがない」

という五つです。

これは、15条1項を切り分けただけですが、ちゃんと要件としてならぶところが法律の便利なところですね。そして、2項はプログラムの著作物の規定ですが、これは先ほどの ④ がないだけです。コンピュータソフトは法人名の公表がなくても

よいということです。これは、企業の開発等で使われるものが、内部で作業中に作られ、そのまま公表されない場合があるからです。あえて公表という要件を省いたわけです。

まず、「法人等の発意」ということですが、これは、明確な職務命令から、企画書による自主的な計画でも上司の承諾を得て行なわれるものまで、幅広く考えられています。それから、そのような著作物をつくる職責にある人の場合は、そのような著作物をつくることを期待されているのだから、当然、「法人等の発意」の範囲です。

それから、「法人等の業務に従事する」というのは、その法人で働く人ということです。というのは、外注したものは、著作者とはならないのです。たとえば、広告を外注して作った場合、広告の著作者は誰かということが問題になる場合があるのですが、この規定から考えれば、外注したものは、その外注先の会社が著作者となるということになります。これは、最初に紹介した、記録ビデオの著作者がビデオ製作会社ということの根拠ともなります。もちろん、映画の著作物の著作者の 16 条ともかかわります。

そして、職務上作成したものということは、勤務時間中であろうとなかろうと関係ありません。職務上の作業であればそれでいいのです。それで、職務時間中、つまり、職場で純粋に従業員の趣味で作成されたものはどうなるのかといえば、職務上という要件を欠きますので、著作者は、なんと、その作成をした者ということになります。でも、これは、別の意味で職務規定違反でしょうね。

法人の名義で公表されるということが必要ですが、それには、公表予定のないものでも公表を仮定した場合、法人名義となるものも含まれます。

以上の要件を備えたうえで、他に別段の定めがないということが必要となります。

そして、めでたく法人が著作者となった場合、当然に、著作者人格権も有することになります。

ところで、法人著作の保護期間は、その著作物の公表後70年とされています。そして、創作後70年以内に公表されなかったものは、その創作後70年とされています。コンピュータプログラムは法人名義の公表ということが要件となっていませんが、同じように扱われます。そして、法人が解散した場合は、その著作権は消滅します。ただし、一般的にはどこか、別の法人に継承されている場合がありますので、著作物の使用については要注意です。

共同著作

前述した複数の人が創作にかかわっている場合の著作物です。それぞれの貢献を分離することができず、また、著作物を個別に分離することができない場合の著作物の著作者をいいます。

この場合、共同で著作者になるということは、著作権を共有するということで、著作者全員が著作権を行使するということになります。一般的な説明では、法人著作として要件を欠いたもので、複数の職員の創作による場合となっています。

この共同著作の場合は、許諾を与える場合がたいへんです。つまり、全員が許諾しなければならないからです。ひとりでも拒絶したらそれで終わりです。どんなにすばらしいコンテンツでも、この許諾の点がネックになると利用できなくなるのです。それから、保護期間は共同著作者の最後の人が死んだ翌年から70年ということになります。

映画の著作物の著作者・著作権者

映画の著作物の著作者は16条に規定されていますが、「その映画の著作物において翻案され、又は複製された小説、脚本、音楽その他の著作物の著作者を除き、制作、監督、演出、撮影、美術等を担当してその映画の著作物の全体的形成に創作的に寄与した者」とされています。

つまり、映画は共同著作物だということを規定しているわけです。さらに、但し書きで、15条1項の要件をそなえれば、法人著作として認められるとなっています。そのうえで、29条には、映画の著作者は、これらの人々が映画製作への参加を映画製作者と約束している場合は、映画製作者となると規定しています。

ところで、2条1項10号の規定によれば、映画製作者は「映画の著作物の製作に発意と責任を有する者」と定義されています。そうすると、映画製作者は現実に映画を創作することにはかかわっていないのではないかという疑問が残ります。そういう人物または会社を著作者とすることはどうなんだろうかと思ってしまうのです。

これは、映画の配給や制作費の回収など、そういった業界の慣行などと照らし合わせての規定なのでしょう。けれど、私は、少し、監督の立場が弱いのではないかなと思ってしまうのです。

9　著作者人格権・みなし侵害

はじめに —— 著作者人格権

芸術作品を生み出すということは、まさに産みの苦しみという語があてはまるようです。筆者はどちらの経験もないので、未熟な想像の域をでませんが、原稿の締め切りに追われる気持ちなら共感することはできます。この原稿を書いているのがまさにそういう状態です。まあ、苦しみはわからないとしても、著作物は著作者の人格の一部であるということは理解できます。つまり、著作物に付与された創作性が著作者の人格の一部であるということは、何ものにも替えがたいということです。

著作権法では、その権利を著作者人格権として表わし、規定しています。これは、知的所有権法の中では著作権法だけの特徴的な権利です。

著作者人格権として一応、① 公表権（18 条)、② 氏名表示権（19 条)、③ 同一性保持権（20 条）の三つの権利を規定しています。人格権としての規定はこれだけかというようなこともいえるわけですが、今後、さらに増えていく可能性は大いにあります。

公表権（18条）

著作物を公表するかどうか、そしてその時期や方法について決定することのできる権利です。そして、二次的著作物の場合は、原著作者も二次的著作物の著作者と同様に公表権をもつことになります。

そもそも、公表された著作物でないと私たちには利用できないのです。そのことについて、公表されていなければ、利用どころか、そもそも著作物が存在しないのと同じじゃないかとお考えかもしれませんが、それは一面正解で、一面不正解です。というのは、条文では、公表されていない著作物に「その同意を得ないで公表された著作物を含む」とありますから、著作者の同意を得ないで公表されたものは、公表されていないものとして扱うことになるのです。つまり、著作物としては存在するのですが、著作権法上、公表されていない扱いですから、他人が利用することはできません。

ところで、著作者は著作物の著作権を譲渡することができますから、著作者と著作権者が別人であるということが起こります。また、美術や写真の著作物の原作品所有者は、著作権者の了解なしに原作品を展示することができます。しかし、著作権や所有権の譲渡が行なわれた著作物が「公表権」を留保されたままであると、著作権者や原作品所有者に不都合が生じますので、その場合、それぞれの譲渡をもって、公表について同意の推定がなされることが、18条2項の規定です。

氏名表示権（19条）

著作者が著作物の創作者であることを主張する権利です。「著作者は、その著作物の原作品に、又はその著作物の公衆への提供若しくは提示に際し」、氏名を表示するかどうか、表示するなら、実名か変名（ペンネームとか芸名）か、を決定する権利です。

まず、氏名を表示するかどうかということは、匿名でもよいということです。これをご親切に、実名にして表示すると、氏名表示権の侵害となります。過ぎたるは及ばざるがごとしというやつです。ですから、わざわざペンネームにしているのに、実名にするというのもだめだということになります。また、本当の著作者でない人が自分の氏名を表示すれば、これも氏名表示権の侵害となります。

ところで、氏名表示権は、公衆への提供・提示の際だけでなく、原作品において行なえると条文ではなっています。これは、原作品に署名を施すという行為をいったものです。それは、実名でもペンネームでもいずれでもいいのです。また、署名なしでも構わないということです。

さらに、「公表権」と同じように、二次的著作物の提供・提示に際しても、原著作者の氏名表示権があります。

それから、常に著作者の氏名を表示しなければならないということは、あまり現実的ではない場合があります。たとえば、BGM（バック・グラウンド・ミュージック）として音楽を流しているときなどです。こんなときにいちいち作曲家の名前を紹介するわけにはいかないでしょう。こういう場合は、「公正な慣行に反しない限り」著作者名を省略することができます。

同一性保持権（20条）

「著作物及びその題号」を「その意に反して」変更されることを禁止した規定です。せっかく創ったものを他人の勝手でやり変えてはいけないという条文です。

あたりまえのように感じられる方が多いと思いますが、でも、ふだん意外と見過ごしがちではないかと思います。たとえば、新聞や雑誌の投稿欄や読者のページの投稿規程には、「字句や文言の変更があります」とわざわざ断り書きがあります。しかし、それがあるから、変更が行なわれてもよいということにはならないはずです。なぜなら、その変更した文章に、著作者の同意があるのかどうかということが重要だからです。

いくら、断り書きがあったとしても、そこで許容しうる範囲は、投稿した側と訂正した側とがまったく同じというわけにはいかないはずです。私は、どうもそういうふうに考えてしまいます。これは、意に反するとまではいかないまでも、意にそわない変更をどう受け止めるかということです。そんな大げさなことではないかもしれませんが、こういうことも大切にしておくべきではないでしょうか。もちろん、編集には慎重に意が払われていると考えられますが、ここで重要なのは投稿する側、つまり私たちの「意に反し」ないということです。

ベルヌ条約では、名誉・声望を害する行為とされています。その意味では、日本の同一性保持権の「意に反する」行為の範囲が広いということは言うまでもありません。かなり主観的な基準で、名誉・声望に比べれば、恣意的な感じを受けないではありません。そのために著作者の同意を必要とされるわけですから、それだけ著作者の立場を尊重していることにもなるのですが、そのことによって、パロディーなどの二次創作が窮屈になる状況もあります。

パロディー

同一性保持権のところで必ずでてくる事件が、「パロディー・モンタージュ事件」（最高裁第三小法廷昭和55年3月28日判決）です。

問題になった元の写真は、雄大な雪山の新雪の上をスキーヤーがシュプールを描いて滑り降りてくるところを撮影したものです。その写真を利用して、大きなタイヤを山頂付近にモンタージュし、シュプールをタイヤ跡に見立てた写真を合成したものです。

判決は、「被上告人の同意を得ないでした本件モンタージュ写真の作成、発表は、たとえ、本件モンタージュ写真がパロディーと評価されうるとしても、被上告人が著作者として有する本件写真の同一性保持権を侵害する改変であり、かつ、その著作者としての被上告人の氏名を表示しなかった点において氏名表示権を侵害したものであって、違法なものである」としています。これは、著作権法の規定からいえば、もっともな判決であるといわなければなりません。

そもそも、パロディーは元の作品を滑稽化、または風刺化するわけですから、元の作品がどれかわからなければあまり意味がないということになります。ですから、同意があれば二次的著作物として成立しますが、同意がなければ著作者人格権の侵害、すなわち、同一性保持権の侵害となります。

パロディーだから著作権侵害は許容しなさいというのは、あまりに一方的ですが、今の判決のあり方のままでいったとしても、日本にはまったくパロディー文化は根づかないということになります。

滑稽や風刺というのは、人間の知的・文化的活動の中で世界共通のものがあると思うのです。このあたり創作者どうしの共通理解を築いていくという方法はないものでしょうか。

タイヤを山頂にのせたパロディー写真の真意は、環境破壊への警告だったそうです。その写真をみているとタイヤ跡のはずのシュプールが実は、タイヤという人間のつくりだした公害の象徴から右往左往して逃げ出しているようにも見えます。

パロディーの質というのは、原作品の質とは無関係です。それだけに、アイデアがすべてだといえます。できれば、皆さん方が現役で活躍しているうちに、日本に健全なパロディー文化を根づかせていただければと思います。

みなし侵害（113条）

著作権法では、人格権とは別に、人格的権利が侵害されたとみなす規定があります。それが以下の規定です。

（侵害とみなす行為）
113条　次に掲げる行為は、当該著作者人格権、著作権、出版権、実演家人格権又は著作隣接権を侵害する行為とみなす。（略）
11　著作者の名誉又は声望を害する方法によりその著作物を

利用する行為は、その著作者人格権を侵害する行為とみなす。

損なわれる名誉あるいは声望は、著作者の名誉感情というような主観的なものではなく、客観的な社会的評価です（「パロディー・モンタージュ事件」）。これは名誉毀損の名誉と同じように考えていいでしょう。

それで、どのような場合が考えられるかというと、「芸術性や宗教性の高い絵画を野卑なヌード劇場の看板に使用するような行為」（高林龍著『標準著作権法 第4版』有斐閣、2019、247頁）が挙げられています。

著作者人格権は著作者に専属するものであって、他の財産権のように譲渡などはできません（著作者人格権の一身専属性・59条）。ですから、利用についての合意にあたっては、著作者人格権の行使の留保などの取り決めは重要な事項です。

10　著作財産権

ここで、著作権法に規定されている著作財産権について概観しておきましょう。

著作財産権はそれぞれの利用のあり方によって規定されています。以下に列記します。

① 複製権（21 条）
② 上演権・演奏権（22 条）
③ 上映権（22 条の 2）
④ 公衆送信権・伝達権（23 条）
⑤ 口述権（24 条）
⑥ 展示権（25 条）
⑦ 頒布権（26 条）
⑧ 譲渡権（26 条の 2）
⑨ 貸与権（26 条の 3）
⑩ 翻訳権・翻案権等（27 条）
⑪ 二次的著作物に関する原著作者の権利（28 条）

複製権（21条）

まず、複製が著作権にとって重要なものであることに間違いはありません。複製といっても、有形の再製のことで、無形の再製といわれる上演・上映・放送等は別個に規定されています（２条１項15号）。また、複製といっても必ずしもデッドコピーだけがその対象となるわけではありません。ほぼ同一や実質的な類似などがその具体例に即して判断されます。

デッドコピーと呼ばれるまったくの複製は複製権侵害だけですが、ほぼ同一というような少し手を加えたと認められるものは、著作者人格権の同一性保持権の侵害にも該当します。それから、模倣でも盗作でもない、まったく依拠せずに同じものができる場合があります。これは、当然、複製権の侵害とはなりません（「ワン・レイニー・ナイト・イン・トーキョー事件」後述）。

さらに、実質的に類似しているものを複製の範囲で考えるわけですが、ものによっては、誰が作っても似たり寄ったりのものとなる場合は、すぐさま複製ととらえるわけにはいきません。

たとえば、中学・高校の教科書や参考書などです。法律の解説にしても盗用は別にして、その性質上、他の教科書とまったく違う創作性を発揮するわけにはいきません。場合によっては引用とその注がたいへんな量になったりします。当然といえば当然なのですが、難解な専門用語に加えて、そのことが、法律の解説を近づきがたいものにしていることも事実です。

まあ、専門家をめざさない人は、そういうところはすっ飛ばして読んでしまうという手もあります。実のところ、ある行為ができるかできないかという判断が必要で、プロセスはこのさい重要ではないというのが、素人が法律書を参照する動機の最も大きなものだと私は考えているのですが、どうでしょうか。

話が横道にそれてしまいました。複製権は著作権の最も強力な武器です。

最初に記したように、複製権侵害についての代表的な判例は、「ワン・レイニー・ナイト・イン・トーキョー事件」(最高裁第一小法廷昭和53年9月7日判決）です。複製について、以下のように示されています。

「著作物の複製とは、既存の著作物に依拠し、その内容及び形式を覚知させるに足りるものを再製することをいうと解すべきである」

複製という以上、既存の著作物が前提ですから、その著作物に「依拠」していなければなりません。複製権侵害で要件となる「依拠性」です。しかし、この判例は次のように続きます。

「既存の著作物と同一性のある作品が作成されても、それが既存の著作物に依拠して再製されたものでないときは、その複製をしたことにはあたらず、著作権侵害の問題を生ずる余地はないところ、既存の著作物に接する機会がなく、従つて、その存在、内容を知らなかつた者は、これを知らなかつたことにつき過失があると否とにかかわらず、既存の著作物に依拠した作品を再製するに由ないものであるから、既存の著作物と同一性のある作品を作成しても、これにより著作権侵害の責に任じなければならないものではない」

この事件では、偶然、同じようなものができてしまった場合、複製権侵害とはならないということが示されました。そのキイワードが「依拠」です。既存の著作物を知っていたか、そしてそれを利用しようとしたかという点が重要になります。

上演・演奏権（22条）

これは、生の上演・演奏に限らず、録画・録音されたものの再生も含まれます。クラブでダンスを踊る場合、そのレコードや CD 演奏には演奏権が及びます。

大学祭でバンド演奏をする場合は、教育活動の対象とはなりません。ドリンク券と称してチケットを販売している場合や、入場料を徴収している場合は、コピー曲の著作権処理は必ずしましょう。こんなに厳しいと、ストリート・ミュージシャンはアウトなのかという質問も聞かれますが、ストリート・ミュージシャンの演奏は、聴衆から小銭をもらったとしても、料金の徴収には程遠いので、無料の演奏という範疇でいけると思います。それよりも、路上での演奏は、各自治体の条例に注意してくださいね。

レコードや CD を使用する場合は、著作隣接権もかかわりますが、BGM として使用される場合、著作権法附則 14 条の経過措置で、飲食店やホテルなどでの再生は演奏権が及ばないとされていた時期がありました。しかし、平成 11 年改正で附則 14 条は廃止となりましたので、現在では BGM であっても演奏権があることになります。

カラオケの法理

その附則 14 条がまだ効力があった頃に、有名な「カラオケの法理」という判断が示されました。「クラブキャッツアイ事件」（最高裁第三小法廷昭和 63 年 3 月 15 日判決）です。この判決は、カラオケを歌うのは客なのですが、実際に客に勧めて利益を得ているのは店の経営者ですから、経営者が歌っているのと同じとしたものです。これについては、「客自身の行為が著作権侵害とならない状況下において、客ではなくスナックの経営者が歌唱していると擬制したところ」（前掲『標準著作権法 第 2 版』269 頁）を注目すべきであるとのべられています。

ところで、引用文中に「擬制」という言葉がありますが、これは法律の中でもむずかしい問題だと私は考えています。本来なら事実の積み重ねで法律判断をするわけですが、「擬制」というのは事実があたかもそうであるということを法律上決めてしまうことなのです。そうすると、事実が法律上決定されてしまい、そのうえ、これについては反論が許されません。裁判の歴史や法の形成を考えるうえでも重要な法律概念です。

さて、現在は、附則 14 条が廃止されましたから、実際のカラオケについては、この法理が使われることはありません。しかし、法理というのはいったん認められると、不都合がない限り、さまざまなところで利用されます。つまり、著作権侵害を直接行なっていなくても、それが行なわれる場所を提供している場合、この法理が使われるようになっています。それは、インターネットにおける違法なファイル交換です。「ファイルローグ事件中間判決」（東京地裁平成 15 年 1 月 29 日判決）では、被告のサービス提供会社が充分な管理を行なわず、違法なファイル交換を放置していたということの責任が、カラオケの法理によって追及されています。

こういうのを、「天網恢恢疎（てんもうかいかいそ）にして漏らさず」とでもいうのでしょうね。

上映権（22条の２）

上映権については、伝統的に、映画の著作物だけに認められていました。現在、さまざまな技術が開発されており、その保護のバランス上からこの権利が規定されています。具体的には、コンピュータのディスプレイ上で動画コンテンツの再生をすることなどが含まれます。

この上映権が現在にもつながる意義をもった判決は、「パックマン事件」（東京地裁昭和59年９月28日判決）です。これは、ビデオゲームの違法複製に対して、ビデオゲームを映画の著作物とし、当時映画にしか認められていなかった上映権の侵害として水際で止めた事例です。

これはのちに「中古ゲームソフト事件」（最高裁第一小法廷平成14年４月25日判決）でテーマにあがってきます。

公衆送信権・伝達権（23条）

公衆送信権には、放送・有線放送・インターネットなどが含まれます（２条１項７号の２、８号、９号の２）。

今後、メディアの技術革新（イノベーション）の中で、さらに細分化されていくと考えられます。

口述権（24条）

口述権は、朗読や講演などがこれにあたります。

展示権（25条）

展示権については、本来著作者の権利ですが、45条第１項には、その作品の所有者は、作品の展示ができると規定されています。

つまり、絵画や写真の所有者は著作者の許諾を必要とせずに、展示することができるのです。ただし、屋外の公開の場における展示は著作者の許諾が必要となります（同条２項）。これは、屋外設置の彫刻が写真やビデオ等の前で著作権を主張できないということによるものと考えられます（46条）。

頒布権（26条）

映画著作物であるフィルムの勝手な売買を禁止する権利です。

映画というシステムは上映館が維持されなければなりませんが、それが配給制度で支えられています。一番館から○番館まで、フィルムが渡っていくという手法です。その間に、勝手に売買されたり又貸しされたりしてはたまりません。フィルムは配給されますが、映画館主に譲渡されたわけではありません。上映権が認められているだけということなのです。

中古ゲームソフト事件

さきほどあげた「中古ゲームソフト事件」では、この頒布権がテーマとなります。

「パックマン事件」以降、ビデオゲームは映画の著作物とされていました。映画の著作物ということは、上映権とともに頒布権ももっているということになります。この頒布権が、当時広がりつつあった中古ゲーム市場に介入する論理となりました。

パックマンゲームの頃は、業務用のゲーム機が中心だったのですが、その後、家庭用の民生品が普及するようになりました。その人気を後押ししたのは、ゲームソフトがカセットで簡単に替えられるという点でした。ゲーム機本体があれば、その後はゲームカセットだけを購入すればいいという、親御さんの財布にやさしいビジネスモデルで、またたくまに家庭用ゲーム市場は拡大しました。

そして、使わなくなったゲームソフトが小学生の間で交換されるようになり、その後、中古ゲームソフトとして中古市場に流通するようになったのです。この市場がゲームソフト業界にどれほど貢献しているかということは言うまでもないことですが、逆に新品が売れないということはゲームソフトメーカーにとっては、売り上げ減少につながり、死活問題ということになります。

それで、ゲームソフトメーカーは、中古ゲーム販売業者に、頒布権に基づく著作権料の支払いを求めたのです。

裁判は、西と東の裁判所で同時に始まりました。大阪地裁と東京地裁です。結局、最高裁で判断が統一されたのですが、頒布権については、消尽説がとられました。ファースト・セル・ドクトリンというもので、エンドユーザーに販売された時点で、頒布権という権利が消滅してしまうというものです。

頒布権の消滅については、著作権法には規定がありませんが、それを裁判所が決めたということです。裁判所の判決は立法機能もあるのです。

そのおかげで、中古ゲームソフト市場は、法律上はいまも安泰なのです。

譲渡権（26条の２）

頒布権の認められている映画以外の著作物を譲渡する権利です。1999年の著作権法改正で規定が入りました。

違法な複製物を頒布するという事件では、以前は、複製権侵害とすれば充分だったのですが、この条文があるので、複製権侵害と同時に譲渡権侵害ということになります。譲渡権の消尽する場合については、本条の２項に細かく規定されています。

貸与権（26条の３）

レンタルレコードが盛んになったときに規定されました。著作物の貸与ということについては、昔から「貸本屋」というのがあって、この規定については、適用除外（附則４条の２）となっていました。しかし、大手の業者の参入などがあり、適用除外とする附則４条の２が削除されました。ただし、実際の貸本屋は零細なところが多く、貸本屋が現に所有している書籍についてはしばらくの間、適用除外となっています。

ネット社会の進展により、コンテンツのデジタル化にともない、メディアがどんどんバーチャル化していきます。貸与権もひょっとするとそのうち絶滅危惧種になるやもしれません。

翻訳・翻案権（27条）

これについては、７章も参照してください。

翻案については、複製との比較でいうと、複製は創作性が認められず、翻案は創作性が認められるという違いです。つまり、複製では、新たな著作物は成立しませんが、翻案では新たな著作物、二次的著作物が成立します。ただし、その利用は、原著作者の許諾なしには行なえません。
『記念樹』という楽曲が『どこまでも行こう』という楽曲の無断編曲であるとして争われた「記念樹事件」（東京高裁平成 14 年 9 月 6 日判決）では、原審の東京地裁では、複製権侵害が認められませんでしたが、控訴審である東京高裁では、翻案権侵害が主張されて、侵害が認められました。この判決を受けて、『記念樹』は JASRAC 管理からはずれ、それ以降のテレビなどでの使用も一切中止されました。

二次的著作物に関する原著作者の権利（28条）

　二次的著作物の著作者と同一の種類の権利を原著作者がもつということは、たとえ、現著作者からの翻案権の許諾があったとしても、その二次的著作物の利用については必ず、原著作者の許諾もいるということです。
　もちろんそうはいっても、翻案の際に、創作性がどのように発揮されているのか、まったく新しい部分はあるのかということも重要です。原著作者といえども、自分の創作性が及ばない部分に権利を主張することはできません。また、二次的著作物を原著作者が自由に利用できるわけでもありません。
「著作物とは創作的表現である」ということを、ここでも厳密に考えなければなりません。

11　著作権の制限

著作権はいつの場合でも万能である、というわけではありません。文化の創造・発展に寄与するということなら、著作物の無制限の利用という方法も考えられなくもありません。しかし、そんな極端なことをいわなくても、バランスを考えながら、また、著作権制度の精神を吟味しながら、制限を行なうことで全体に資することができるはずです。

ただし、著作物として成立していながら、著作権法の保護を受けないとあらかじめ規定されているものがあります。それは13条に規定された「権利の目的とならない著作物」です。条文には、① 憲法その他の法令、② 国や自治体などが発する告示、訓令など、③ 裁判所の判決・決定・命令などがあります。これらは、できうる限り多くの人々が共有すべき情報です。ですから自由に複製物を作ることができるわけです。

著作権法では2章3節5款・著作権の制限の30条から50条までです。

そもそも、この制限は著作権法の中でも例外的な規定です。そういう意味で、著作権の制限を「制限的」に考えていかなければなりません。ややこしい話ですが、限定的に解釈、運用されているのが現状です。これらについても、必要と思われるものについて関連のところでのべるようにしています。

まず、著作物を使う以上、著作者には敬意を表しましょう。そのためにも「出所明示義務（48条）」は大切です。もちろん、これに違反して氏名表示などが欠落していれば刑事罰（122条）が用意されています。といっても、個人的な範囲内での利用なら、そこまでは厳格な要求はありません。

① 私的使用のための複製（30条）

家庭内での個人的な範囲内での複製です。もちろん、個人的といっても、家庭や一人だけというわけでもなく、いつも集まる町内会のカラオケグループが練習用に楽曲をカセットやCDに複製するのは10人程度までの固定グループなら許容範囲だとは思います。というよりは、この程度の庶民の楽しみまで取り上げることはないと思うのです。

ただし、このときの複製は、インターネットの送信可能化を含みません。これは、公衆送信権の対象となります。ネットでのダウンロードやアップロードが、いくら自分の部屋の中でのパソコン相手のさみしい個人作業であっても、この30条は適用されませんので、よくよくご注意を。

② 付随対象著作物の利用（30条の２）

写り込みや入り込みです。といっても心霊写真ではありません。他の著作物がどうしてもフレームからはずせなかったり、写り込んだりしてしまった場合のことです。この場合は、ネットなどに、たとえばブログなどSNSにアップすることができます。書籍などに掲載する場合も大丈夫です。ということで、いるはずのない人がキャラクターTシャツなどを着ているような心霊写真でもそのままネットで公開して大丈夫です。もちろん、30条の2がパワースポットでの著作物利用を想定しているわけではありません。念のため。

③ 検討の過程における利用等（30条の3）

会社の企画会議などで資料をつくるのは、以前のことを考えれば楽になりました。パソコンでコピー&ペーストです。企画書に使用予定のキャラクターなどを表示する場合、当然、その複製をするわけですが、営業上の利用ですから、著作権法上は、私的使用とはならなかったのです。ですから、許諾をとらなければなりません。

しかし、企画段階で、すべての著作物（次期キャラクター）の許諾をとらなければならないというのは企業秘密ともかかわってゆゆしき問題です。けっして著作権料をケチって言っているわけではないのです。あくまでも企画情報の流出対策です。

ということで、企画検討会議での資料としては、無許諾で利用できるということになっています。その代わり、「決定したら許諾はとってね」というものです。

④ 著作物に表現された思想または感情の享受を目的としない利用（30条の4）

電子計算機の技術開発や情報処理の過程で自動的・機械的に行なわれる著作物の利用を許容したものです。つまり人が著作物を鑑賞するという機会がないようなデータとしての利用の仕方ですから、AI同士が会話するようなことも想定されていると考えると少しロマンがあるかもです。

⑤ 図書館における複製（31 条）

これは「14 章　著作権と図書館サービス」で詳しくのべます。

⑥ 引用（32 条）

複製権侵害の裁判において、訴えられた側は必ず主張するものです。複製ではなくて、引用である、と。創作性のない利用は、複製か引用なのですから。

著作者人格権で参照した「パロディー・モンタージュ事件」（最高裁第三小法廷昭和 55 年 3 月 28 日判決）では、引用について、つぎの三つの要件が示されました。

ア　明瞭区分性と主従関係

イ　公正な慣行

ウ　報道、批評、研究その他の引用の目的上正当な範囲内

アでは、地の著作物と引用された著作物がはっきりと区別できることと、その分量の対比においても主従の関係でなければならないとしています。イとウは、条文にある文言です。公正な慣行とは、業界の慣行なのか、判例によって示され、蓄積された慣行なのか、はっきりとはしていません。あるいは「フェアユース」ともいうべきものなのか。じつは、この点は明瞭ではないのです。これからも一つ一つの事例を重ねていくしかないようです。

ちなみに、引用されるのは言語の著作物だけではなく、音楽もありますし、また美術もあります。漫画の引用も認められています。「脱ゴーマニズム宣言事件」（東京高裁平成 12 年 4 月

25 日判決）では、漫画のコマの引用は認められましたが、コマの絵に改変をくわえていたということで、同一性保持権侵害が認められています。

正確に引用しなければならないのは当然なのですが、たとえば、引用の分量が多すぎて、要約する場合があります。この場合、要約は翻案であるという前提で、その趣旨に忠実に要約して引用することに問題はないとされています。ごく簡単な紹介の時は、まったく問題はありません。

他のものについては、以下に列記しておきます。

⑦ 教育や試験のための利用（33 条～ 36 条）
⑧ 障害者のための利用（37 条、37 条の２）
⑨ 営利を目的としない上演等（38 条）
⑩ 報道や政治活動、裁判、行政等に関する利用（39 条～ 43 条）
⑪ 放送事業者等による一時的固定（44 条）
⑫ 美術の著作物の展示・譲渡等の利用について（45 条～ 47 条の２）
⑬ プログラム著作物の複製物の所有者による複製等（47 条の３）
⑭ 電子計算機における著作物の利用に付随する利用等（47 条の４）
⑮ 電子計算機による情報処理およびその結果の提供に付随する軽微利用等（47 条の５）

このうちでは、⑨ の営利を目的としない上演等（38 条）が皆さん方もかなり恩恵にあずかる条項です。演奏権のところでも少しのべたように、営利を目的としない上演等は、許容されています。ただし、無料というのは厳しい基準があります。その上演・演奏で誰も利益を得てはならないということが守られないと、この条件はクリアできません。

出演する人に、交通費とお弁当くらいまでなら許容範囲ですが、お礼はむずかしいです。

column 違法ダウンロード厳罰化

ネット全盛時代になって「流通するのはメディアではなく、コンテンツだ」ということをあえて言われなくとも身についている皆さんのような世代にとっては、本書の説明はいたるところ古臭いと思われたかもしれません。とくにアメリカで起きた「ナップスター事件」（古っ！）はネットでの音楽ダウンロードが違法な複製とされ高額の損害賠償事件となりました。21世紀の始まりを象徴する事件でした。そして、レコードの販売からネット配信へと音楽の市場も大きく変わりました。

そのなかで「違法なダウンロード」の厳罰化も必然的な流れでした。現在は、アップロードについては「10年以下の懲役、1000万円以下の罰金、またはその両方」となり、ダウンロードについても「２年以下の懲役、200万円以下の罰金、またはその両方」となります。このような厳罰化の背景は言うまでもなく、インターネットにおける海賊行為の増加です。
　インターネットは自由な空間として維持されることが重要です。さまざまな個人が接続することによって受信だけではなく送信することでインターネットは大きくなり、予定調和的な秩序を望むのはもう不可能なくらい巨大になってきました。そのために、著作権法をはじめとする法的規制が必要となってきますが、それはリアルでの法規制であることを忘れず、市民生活における法と倫理のあり方を今一度考えていきましょう。

12　保護期間

保護期間の原則

知的財産権の保護の最大の特徴はここにあります。文化の創造のために、期間を設定して権利を与えたのです。コンテンツを作った人の名誉・人格権については、期間はないと考えられています。しかし、市場の独占については期間があります。

公表後、著者死亡後という始期があり、そこから始まって70年という期間が著作物によって認められています。

さて、著作権法では、2章4節に保護期間が規定されています。

（保護期間の原則）
51条　著作権の存続期間は、著作物の創作の時に始まる。
2　著作権は、この節に別段の定めがある場合を除き、著作者の死後（共同著作物にあつては、最終に死亡した著作者の死後。次条第1項において同じ。）70年を経過するまでの間、存続する。

著作物が創作されると、保護期間が始まります。そして、著作者が自然人である場合は、その人の死後70年続くものと規定されています。共同著作物は、最後に死亡した著作者の死後70年ということになります。

52条では、著作者が特定できない、「無名・変名」の場合が規定されています。その場合は、「公表後70年」とされています。ただし、その70年のうちに実名の登録がなされた場合(52条2項2号、75条1項)、または、著作者が特定されるように著作者名を表示した場合は（52条2項3号)、その著作者の死後70年という期間となります。

では、死なない人の場合はどうなるのでしょうか。もちろん、死なない人というのは法人のことです。法人も解散ということはありますので、死なないというのは厳密には正しくありませんが。

(団体名義の著作物の保護期間)
53条　法人その他の団体が著作の名義を有する著作物の著作権は、その著作物の公表後70年（その著作物がその創作後70年以内に公表されなかつたときは、その創作後70年)を経過するまでの間、存続する。

公表後あるいは創作後70年ということになっています。公表されるというのはわかるのですが、公表されなかった場合というのはどうでしょうか。もちろん、お蔵入りになった作品というのもありますが、それ以外に、コンピュータソフトなどを作っている会社などでは、日常的に簡単なプログラムソフトを作ったりしています。最終的に組み込まれていくものもありますが、製品化されないものもあります。それらのコンピュータソフトなどが公表されなかった場合でも、創作後とすることで他の著作物とのバランスをはかることができます。

また、連載物については、連載の完結をもって期間を計算します（56条）。

では、保護期間はどのように計算するのでしょうか。

保護期間の計算方法

A「ということで、今度の公演で使う楽曲はこれで決定と。それで、この曲の著作権はどうなっているの？」

B「かなり古いからもう切れてるんじゃないの？」

C「えっとね、ネットによると、今年が作曲者の没後70年だそうだね。3月8日が命日」

A「じゃ、公演は今年の9月だから、問題ないね」

B「ちょっと待ってよ。なんか臭うんだよね」

C「何が？」

B「死後70年の計算の仕方」

A・C「計算の仕方？」

B君、なかなかいい感じですよ。じつは、保護期間の計算の仕方は規定があるのです。

（保護期間の計算方法）

57条　第51条第2項、第52条第1項、第53条第1項又は第54条第1項の場合において、著作者の死後70年、著作物の公表後70年若しくは創作後70年又は著作物の公表後 70 年若しくは創作後 70 年の期間の終期を計算するときは、著作者が死亡した日又は著作物が公表され若しくは創作された日のそれぞれ属する年の翌年から起算する。

この規定の意味はわかりますか？　つまり、著作者が死んだ年の翌年から起算するということです。もし 1968 年 3 月 8 日に著作者死亡ということなら、保護期間は 1969 年 1 月 1 日から起算して 70 年後の 2038 年 12 月 31 日までということになります。

もうお分かりいただけましたね。そうです、命日で満了ということはあり得ないのです。法律の素人にとっての大切な知識と感覚です。

ところで、改正前なら 2018 年 12 月 31 日が満了日だったのですが、2018 年 12 月 30 日に改正されたので、20 年延長されることになったのです。これはどんな作品があるか調べてみましょう。

1953年問題

この保護期間の計算の仕方が裁判で争われたことがありました。2003 年に映画の著作権の保護期間の延長について著作権法が改正されたのです。

その改正で、2004 年 1 月 1 日に保護期間が残存する映画の著作物は 20 年の延長が決められました。

附則（平成 15〈2003〉年 6 月 18 日法律第 85 号）
（施行期日）

1条　この法律は、平成16（2004）年1月1日から施行する。
（映画の著作物の保護期間についての経過措置）
2条　改正後の著作権法（次条において「新法」という。）第54条第1項の規定は、この法律の施行の際現に改正前の著作権法による著作権が存する映画の著作物について適用し、この法律の施行の際現に改正前の著作権法による著作権が消滅している映画の著作物については、なお従前の例による。

この改正で、映画の保護期間は70年となりました（現行の54条1項）。20年延長される映画については、この附則で決められていますが、2003年に保護期間の終了するものは延長が認められません。ということは、さきほどの計算のやり方によると、1953年の公開作品は1954年1月1日から起算して、2003年12月31日で保護期間が終了するということになります。つまり、20年延長されて保護期間70年となるのは、1954年以降の公開作品となります。

ところが、ここで問題がおきたのです。著作権法では、50年、70年と、「年」によって期間を定めていますが、この期間の計算方法について民法では、次の規定があります。

140条　日、週、月又は年によって期間を定めたときは、期間の初日は、算入しない。ただし、その期間が午前零時から始まるときは、この限りでない。
141条　前条の場合には、期間は、その末日の終了をもって満了する。

つまり民法141条により、年によって期間を定めている著作権法では（54条1項、57条）、その期間の終了はその年の末日ということになります。ですから、1953年の作品は、2003年12月31日をもってめでたく期間満了ということになったのです。そこで、1953年の映画の著作物は格安DVDとして販売されることになりました。

しかし、そこに待ったがかかったのです。1953年の作品はこの2003年の改正著作権法で保護期間が20年延長されたという主張です。

この主張は、1953年の作品の保護期間である2003年12月31日の24時は、改正法が施行される2004年1月1日0時と「同時点」であるから、保護期間は2003年12月31日で消滅せず、2004年1月1日の「時点」で存続している、よって1953年の映画作品の保護期間は20年延長されて2023年まで存続する、というものです。これは、文化庁著作権課の保護期間についての見解でもありました。

「時は切れ目なく連続している。なんと、哲学的な考え方でしょうか」と感心している場合ではありません。私たちはその時間を区切って生活をしているのです。ですから、その区切り方こそが重要なのです。また、1953年は名作が公開された年でもあります。裁判では、『ローマの休日』と『シェーン』が争われました。結局、知財高裁での判決は、文理解釈にもとづき、時間ではなく、日で終了するという民法141条が確認されました。

すると、前節の2018年12月30日改正の意味がお分かりになりますね。誰もが「つっこみ」を入れない12月31日の存在によって2018年保護期間満了の著作物はすべて20年延長されたわけです。

ただし、文化庁著作権課の保護期間満了についての主張には「その後」変化がないということなので、将来「真夜中の1秒」という「秘儀」を皆さんも体験できるやも知れません。

パブリック・ドメイン

著作物の保護期間が終了すると、パブリック・ドメインになります。つまり、著作者人格権を傷つけなければ、自由に使うことができるのです。このことを確認した判例に、「顔真卿自書建中告身帖事件」（最高裁第二小法廷昭和59年1月20日判決）があります。昔の中国の有名な書家の書が所有者の許諾を得ずに複製・販売され、所有者が所有権に基づいて複製権侵害・販売の差し止めを求めたものです。

判決は、顔真卿の書についての所有権は、無体物である美術の著作物には及ばないとし、さらに、保護期間の切れた著作物はパブリック・ドメインとなり、誰もが使えると判断しています。

誰もが使えることで、それまでの創作から新しい創作が生まれるという、芸術活動・表現活動の基本が盤石になっていくのではないでしょうか。そうすると保護期間の延長については、広く議論する必要がありますね。長くすれば著作権者の有利になりますが、それは芸術活動全体にとってどうなのかという議論です。

このパブリック・ドメインについては、インターネットのバーチャル図書館「青空文庫」がまさにその空間を押し広げていく活動をしています。保護期間の切れた、つまりパブリック・ドメインとなった小説や論文をボランティアが日夜入力活動をしています。電子書籍として、大いに活用されるべきだと思います。

というようなことを書くと、著作権保護は不要だと思われる人も出てくるかもしれません。しかし、この著作の大海は、著作権保護によってできあがったといっても過言ではありません。ベストセラーやロングセラーによって著者や出版社が維持され、そして新しい著作が作られていくのです。ですから、そのように形成されたものを人びとの共有の宝として、インターネット上で無料閲覧できるというのはすばらしいことです。アメリカでは「グーテンベルク・プロジェクト（Project Gutenberg）」といわれるものがあります。

インターネットによる情報共有のコストの安さを考えれば、パブリック・ドメインとなったコンテンツが多くのボランティアによってデジタル化され、世界中の多くの人々に届けられることは素晴らしいことです。まさに人類の文化の継承と呼ぶにふさわしい事業です。ただ、今回の保護期間延長によって、「青空文庫」のボランティアの方々の地道な取り組みは、その瞬間、20年間の封印をされてしまいました。もちろん、この取り組みは継続されていることは言うまでもありません。なぜなら2018年以前にパブリック・ドメインとなった作品群でさえまだまだデジタル化されていないものが多いからです。ぜひ「青空文庫」の取り組みについてHPで確認してください。

13　著作隣接権

実演家の権利

著作物の説明のところで、舞踊の著作物というのがでてまいりました。その時に、その著作物というのは振り付けのことで、実際の踊りや実演については別に保護しますと申しました。その実演家の権利を定めているがこの著作隣接権制度なのです。

著作隣接権制度では、実演家の他に、レコード製作者、放送事業者、有線放送事業者がその権利を有しています。そして、著作権と同じく、登録等なんらの手続きも必要としません。

それから、保護期間ですが、実演を行なった時などの日の属する年の翌年から起算して 70 年間と規定されています（101 条)。たとえば、2000 年 11 月 16 日に最初に放送された番組は、翌年 2001 年 1 月 1 日から起算して 2070 年 12 月 31 日までとなります。

それでは、実演家から見ていきましょう。定義といえば、2 条ですね。

２条１項４号　実演家　俳優、舞踊家、演奏家、歌手その他実演を行なう者及び実演を指揮し、又は演出する者をいう。

B「女優の卵はどうなるんですか？」
A「げっ！　誰が、女優？」
B「なによ！」
T「大丈夫ですよ。法はプロであることを要求していません。実際に演じた人のことをいってるわけですから。それは自称でも構いません」
B「先生まで！」

実演を行なうのでしたら、プロ・アマを問いません。これは、著作物の創作者と同じですね。それに、実演にしても、同条3号に定義がありますね。

2条1項3号　実演　著作物を、演劇的に演じ、舞い、演奏し、歌い、口演し、朗詠し、又はその他の方法により演ずること（これらに類する行為で著作物を演じないが芸能的な性質を有するものを含む。）をいう。

実演は、私たちがイメージしているものに加えて、著作物を演じなくても、芸能的な性質を有するものも含まれます。具体的には、マジックや曲芸、また、ピエロなどの大道芸もここにはいると考えられます。

その実演家が有する権利というのは、4章2節に規定されています。

① 氏名表示権（90条の2）
② 同一性保持権（90条の3）
③ 録音権および録画権（91条）

④ 放送権および有線放送権（92条）
⑤ 送信可能化権（92条の2）
⑥ 放送のための固定（93条）
⑦ 放送のための固定物等による放送（94条）
⑧ 放送される実演の有線放送（94条の2）
⑨ 商業用レコードの二次使用（95条）
⑩ 譲渡権（95条の2）
⑪ 貸与権（95条の3）

A「結構ありますね」
T「人格権もありますね。大切なところです。録音・録画権はわかりますね。音や影像を固定することのできる権利です。そして、定義を見てください」
B「録音、録画ってそれだけのことじゃないんですか」
T「何条でした？」
A「2条！」
B「1項の13号と14号」
T「そうですね。そこには、録音、録画の定義があって、増製することとありますね」
B「なるほど。ということは、複製を作って勝手に頒布できないということですね」
T「そうです。だいぶ用語が板についてきましたね。ただ、増製はそれだけじゃなくて、歌手が吹き込んだレコードをテレビCMや映画に使ったりする場合も意味していて、その際も、歌手の許諾がないといけないということになっているんです」

A「なるほど。すると、映画を複製していくとき、実演家の録音権はどうなるんですか？」

T「そうですね。映画に関しては、この実演家の著作隣接権は働きません。ただし、サントラ盤にカットしたCDなんかを別につくるときは、この録音権が働きますので、許諾が必要ということになります」

B「でも、映画は、どんどんメディアが増えて、さまざまな機会があるでしょう。実演家は一度だけの報酬だけど、映画会社はビデオにしたり、テレビ放映したりと一粒で機会の数だけおいしいということになるんじゃないのかな」

T「それに対する批判もあります。デジタル化時代になって、どんどんメディアが増え、二次利用されて、放映される機会が増えているのですからね」

A「ところで、この送信可能化権というのはなんですか？」

T「これは、定義を見てください」

A「この漢字でだめです」

T「そうでしょうね。本来はカタカナのものですからね。つまり、インターネットに接続されたサーバー（コンピュータ）にアップロード（情報を蓄積）することです」

B「つまり、インターネットで音楽配信しようとすると、著作権者以外に、演奏家の許諾と報酬がいるということですね」

T「そうです。音楽に限らず、映像もありますね。いわゆる、オン・デマンドと呼ばれる映像データの送信が含まれます。これから、光ケーブルの利用で、高速・大容量通信が可能となりますから」

B「商業用レコードの二次使用というのは？」

T「本来、歌手が出演すると、出演料が支払われるでしょう。でも、レコードつまり、CDという便利なものがあるじゃないですか。もちろん、レコードというのは定義（2条1項5号）にあるように音を固定したもので、メディアは問いませんが、このような記録媒体を使えば、歌手を呼ばなくてもいいし、出演料を払わなくてもいいですね。つまりレコードを出すことで、出演の機会が減るわけです」

A「そうか、そんなジレンマがあるのか」

T「ジレンマといっても、放送事業者がレコードで番組制作をして利益をあげているんだから、少し実演家にまわしなさいというところですかね」

B「それは、合理的ね。皆で分かち合うべきよ」

T「その実演家への二次使用料の権利行使については、社団法人日本芸能実演家団体協議会（芸団協）のみができると、文化庁長官に指定されています」

A「貸与権というと、レコードレンタルですか」

T「そうです。販売後1年間は差止請求権として働き、1年後は報酬請求権として働きます。この期間は著作権法施行令57条の2に12ヶ月と規定されています」

レコード製作者、放送事業者などの権利

以下、レコード製作者、放送事業者、有線放送事業者の権利を列記します。

レコード製作者

① 複製権（96条）

② 送信可能化権（96 条の 2 ）
③ 商業用レコードの二次使用（97 条）
④ 譲渡権（97 条の 2 ）
⑤ 貸与権（97 条の 3 ）

レコード製作者とは、マスターテープの製作者です。最初に音源を製作する人です。そして、複製権はそれをもとにレコードを製作する権利で、一般に原盤権ともいわれています。放送された場合は、二次使用料を請求できます。

放送事業者

① 複製権（98 条）
② 再放送権・有線放送権（99 条）
③ 送信可能化権（99 条の 2 ）
④ テレビジョン放送の伝達権（100 条）

ネットでのテレビ番組の違法なアップロードが話題になっていますが、これは、コンテンツの著作権だけではなく、著作隣接権の複製権の侵害ともなります。テレビ放送のコンテンツは、映画の著作物でした。それで固定されているかどうかが要件になるということでしたが、生放送であっても（固定されていなくても）、この隣接権の複製権の規定によって、禁止されています。

再放送権というのは、同じ番組をもう一度放送することではありません。ここで再放送というのは、テレビ局のネットワークを前提として、放送を受信して同時に送信することをいいます。それから、テレビジョン放送の伝達権というのは、大型画面のモニターやビデオプロジェクターなどで公衆にテレビ放送を伝達することです。

といっても、これはわかりにくいですね。たとえば、飲食店に通常のテレビを置いて、高校野球の番組を流すというのは大丈夫ですが、超大型画面を奮発しようとすると、この条項が働いて、許諾をうけないとだめだということになります。といっても、普通の飲食店で、ここで問題になるような画面は設置できないと思います。対象となるのは、野球場のオーロラビジョンなどです。

有線放送事業者

① 複製権（100条の2）
② 放送権・再有線放送権（100条の3）
③ 送信可能化権（100条の4）
④ 有線テレビジョン放送の伝達権（100条の5）

放送事業者の説明を有線放送事業者として読み直してください。難視聴地域などで有線放送（ケーブルテレビ等）が始まりましたが、現在では多チャンネル化などへの対応の簡易化の要請などで、ケーブルテレビなどが集合住宅などのデフォルトになりつつあります。部屋のベランダに衛星放送の受信アンテナがずらりと並ぶ光景が少なくなりました。

放送事業者とほぼ同じですが、放送を受信して有線放送された場合にはそのコンテンツに対する著作隣接権はありません。有線による「再放送」について、有線放送事業者には権利が発生しないということです。

著作隣接権の保護期間（6節）

さて、著作隣接権にももちろん保護期間はあります。基本的には著作権と同様に70年です。101条に以下のように規定されています。

101条　著作隣接権の存続期間は、次に掲げる時に始まる。
一　実演に関しては、その実演を行つた時
二　レコードに関しては、その音を最初に固定した時
三　放送に関しては、その放送を行つた時
四　有線放送に関しては、その有線放送を行つた時
2　著作隣接権の存続期間は次に掲げる時をもつて満了する。
一　実演に関しては、その実演が行われた日の属する年の翌年から起算して70年を経過した時
二　レコードに関しては、その発行が行われた日の属する年の翌年から起算して70年（その音が最初に固定された日の属する年の翌年から起算して70年を経過する時までの間に発行されなかつたときは、その音が最初に固定された日の属する年の翌年から起算して70年）を経過した時
三　放送に関しては、その放送が行われた日の属する年の翌年から起算して50年を経過した時
四　有線放送に関しては、その有線放送が行われた日の属する年の翌年から起算して50年を経過した時

保護期間は改正されて70年になっていますが、ただし、放送および有線放送については50年のままです。

14　著作権と図書館サービス

図書館のサービスと著作権法

図書館でのサービスについては、著作権法とたいへん深い関係にあります。図書館は、いまさら説明するまでもなく、書籍の閲覧や貸出し、ときに複写サービスもしてくれるところです。私なども、たいへん恩恵に浴している者の一人です。高価な本や貴重本、さらに新刊書まで、なかなか手に入りにくいものから今人気のものまで、そこへ行けば見ることができます。今は図書館のネットワークで、地域の図書館にない本の貸出しや複写のサービスも受けることができます。

さらに、最近は視聴覚メディアも充実していて、音楽を聴いたり、映画も観たりすることができます。と、ここまでいえばわかりますよね。図書館ではどうしてこういうことができるのか、著作権法との関係で考えてみましょう。

T「さて、図書館のサービスと著作権法ということですね。では、図書館ではいったいどんなサービスが行なわれていますか？」

A「コピー」

T「最初にそれがでますか」

B「試験の生命線ですから」

T「たしかにね。それで、他には？」

A「視聴覚。映画とかCDとか」

T「我々の大学も早くからやっていますね。他には？」

A「他にあったかな。そうか、貸出しです」

T「もっと、基本的なものを忘れていませんか」

B「なんか、おじいちゃんがよく聴いてた森の石松みたいになってきたね」

T「本屋さんでやると嫌がられるけど、図書館じゃ当たり前のこと」

A「むむ」

B「立ち読み！」

T「ピンポン！」

A「立ち読み？」

T「正確には閲覧ですね」

A・B「先生も調子上がってきましたね」

T「まあね。えーっと、閲覧。図書館でこれができないと意味がありませんね。もともと著作権法には閲覧に関する権利は規定されていません。ということは」

A・B「ということは？」

T「自由にできるということです」

A・B「図書館でなくても？」

T「そうですね。図書館でなくても。閲覧に関して規制するような規定はないですね。ただ、本屋さんでの立ち読みはビジネスモデルですから、それぞれのお店の判断ですね」

A「視聴覚っていうのはどうなんですか。映画著作物の上映になるんじゃ？」

T「図書館内における施設での視聴について、たしかに映画著作物の上映とみるむきもありますが、基本的に無償サービスであれば自由に視聴できると考えるべきでしょう」

A・B「無償ならいいんですか？」

T「いいんです。著作権法 38 条 1 項の規定です」

A「貸出しについては？」

T「これは少し規定があります。貸与権と頒布権です」

B「貸与権と頒布権？」

T「これは、著作物を人に貸出す場合は著作権者の許諾がいるということを規定した条文で、26 条の 3 と 26 条です」

A「その、『の 3』っていうのはなんですか？」

T「これは、著作権法を改正して、あとから追加したので、こうなったんです。ついこの間まで、『の 2』までだったのですが」

A「なるほど」

B「で、貸出しは自由にできるんですか？」

T「そこなんですが、これも、38 条の恩恵に浴すことになります」

A「無償であればいいっていうやつですね」

T「そうなんですが、すこし条件があります」

B「というと？」

T「書籍や音楽著作物については 38 条 4 項の規定でまったく問題はありません。しかし」

A・B「しかし？」

T「映画著作物については38条5項の規定で、相当な額の補償金を支払うこととなっているのです」
B「補償金って、別にお金を払ってるんですか」
T「ところがですね」
A・B「えーっ。ところが？」
T「公共図書館がその対象なんですが、まだ、権利者との間に団体間の協定が結ばれていないんです。ですから、原則的には個別に対応しているということになっています」
A「うちの大学もたいへんだよね」
B「だって、映像作り教えてるんだから」
T「そこなんですが」
B「まだ、あるの?!」
T「大学の図書館はこの5項の規定の適用を受けないんです。ですから、権利者の許諾を得て、使用料を支払うことになります」

貸与権の規定

さて、このサービスについては貸出すものが何であるかによって著作権法の適用条文が違います。少し条文を見ながら整理をしてみましょう。

26条の3（貸与権）
著作者は、その著作物（映画の著作者を除く。）をその複製物（映画の著作物において複製されている著作物にあつては、当該映画の著作物の複製物を除く。）の貸与により公衆に提供する権利を占有する。

著作者の権利として貸与権を認めている規定です。

38条4項
公表された著作物（映画の著作物を除く。）は、営利を目的とせず、かつ、その複製物の貸与を受ける者から料金を受けない場合には、その複製物（映画の著作物において複製されている著作物にあつては、当該映画の著作物の複製物を除く。）の貸与により公衆に提供することができる。

その貸与権を制限する規定です。営利を目的としない貸与・貸出しということで、一般的に規定されていますから、図書館の貸出しサービスは大丈夫だということになります。しかし、貸出しをするかどうか決めるのは図書館の側ですし、それは、資料の性質にもよりますからね。

ただし、附則4条の2の規定によって、書籍や雑誌などには当分、26条の3を適用しないとなっています。著作者の貸与権の専有がしばらくはないということですから、つまり、図書館での貸出しはいうにおよばず、有償・営利での貸本業も認めているということです。

それから、この貸与権の規定は本来、レンタルレコード業との関係で追加された規定です。つまり、CDなどの有償のレンタルに対抗した規定で、著作者の権利として貸与権と、著作隣接権として実演家およびレコード製作者に対して、最初の販売後1年間の差止請求権とその後の報酬請求権が認められています。現在、日本レコード協会は、国内のアルバムについては3週間、国外のものについては1年間、貸与を禁止しており、その後は使用料を課すことになっています。

A「ということは、あんまりすぐに貸出しをやっちゃ困るというわけですね」
T「まあ、そういうことになりますか。ただ、非営利でもそこのところの配慮は必要ですね」
B「それで、映画はどうなってるんですか」

次に映画著作物ですが、これには頒布権（26条）という権利があります。もともと、映画の配給システムにあわせて規定されたものです。頒布権に対しては、視聴覚施設、公共図書館であろうと、補償金を払わねばなりません。

38条第5項
映画フィルムその他の視聴覚資料を公衆の利用に供することを目的とする視聴覚教育施設その他の施設（営利を目的として設置されているものを除く。）で政令で定めるものは、公表された映画の著作物を、その複製物の貸与を受ける者から料金を受けない場合には、その複製物の貸与により頒布することができる。この場合において、当該頒布を行う者は、当該映画の著作物又は当該映画の著作物において複製されている著作物につき第26条に規定する権利を有する者（第28条の規定により第26条に規定する権利と同一の権利を有する者を含む。）に相当な額の補償金を支払わなければならない。

著作権法施行令２条の３

法第38条第５項の政令で定める施設は、次に掲げるものとする。

一　国又は地方公共団体が設置する視聴覚教育施設

二　図書館法第２条第１項の図書館

三　前二号に掲げるもののほか、国、地方公共団体又は公益法人が設置する施設で、映画フィルムその他の視聴覚資料を収集し、整理し、保存して公衆の利用の供する業務をおこなうもののうち、文化庁長官が指定するもの

図書館法２条１項

この法律において「図書館」とは、図書、記録その他必要な資料を収集し、整理し、保存して、一般公衆の利用に供し、その教養、調査研究、レクリエーション等に資することを目的とする施設で、地方公共団体、日本赤十字社または一般社団法人もしくは一般財団法人が設置するもの（学校に附属する図書館又は図書室を除く。）をいう。

ということで、公共図書館は、ここに規定されていますが、大学図書館や学校図書館について、この規定は適用されません。それで、公共図書館等は補償金を支払うことになりますが、大学図書館は補償金ではなく、著作権使用料ということになります。といっても、その金額については、補償金の額に準じて取り扱われています。

ところで、公共図書館のビデオの上映や貸出しについては、

初めの頃は「フェアユース」、つまり、著作物の正当な引用（利用）とみられていましたが、やはり市場での障害となるという理由から、補償金制度の導入に到っています。ただし、日本の著作権制度では、「フェアユース」という一般条項によって著作権を制限する方法は採用されていません。

B「図書館もだんだん肩身が狭くなるのね」

T「これは、しかたないですね。図書館のサービス自体が著作権侵害行為だという向きもあるぐらいですからね。ただし、アメリカの公共図書館のように新刊書をかなりの数量購入すると話は別です。文化の保護と発展に寄与するとなると、このジレンマはつきものでしょう。つまり、文化的に豊かになることだけをめざすなら、著作物の利用範囲をできるだけ広げることです。しかし、それでは、創作者が自立して生活できないということになりますよね。いくらハングリーでも食べていけないようじゃ、後継者は育たないわけですね」

B「好きだけでは生活できないということですか」

T「むずかしいところですが、外国では、自国の文化保護のために書籍などの図書館での貸出しについて、国や自治体が補償金を払っている例もあります」

B「文化の育成って、国家事業なんですね」

T「そうですね」

A「……それで、貸出しはわかったんですが、コピーはどうなんですか」

B「核心になってきたのに……」

T「複製ですね」

A「図書館は大丈夫なんですよね」

T「大丈夫なんですよね、といわれると、何が？ と聞き返したくなるのですが……」

複写サービスの条件

さて、図書館ではなんでもコピーできると思っていませんか。これが、複写サービスを考えるキイワードです。著作権が最も嫌うのが複製です。キャラクターのところでも抜かれたのがこの伝家の宝刀です。あの際、複製の個所などが特定されなくても、同一性が認められればよいというものでしたね。

複写サービスを認めるというのは、著作権の制限規定と考えなければなりません。それだけに複写サービスは条件つきなんです。

31条

国立国会図書館および図書、記録その他の資料を公衆の利用に供することを目的とする図書館その他の施設で政令で定めるもの（以下この項および第三項において「図書館等」という。）においては、次に掲げる場合には、その営利を目的としない事業として、図書館等の図書、記録その他の資料（以下この条において「図書館資料」という。）を用いて著作物を複製することができる。

一　図書館等の利用者の求めに応じ、その調査研究の用に供するために、公表された著作物の一部分（発行後相当期間を経過した定期刊行物に掲載された個個の著作物にあっては、その全部。第三項において同じ。）の

　　　複製物を一人につき一部提供する場合
　二　図書館資料の保存のため必要がある場合
　三　他の図書館等の求めに応じ、絶版その他のこれに準ずる理由により一般に入手することが困難な図書館資料（以下この条において「絶版等資料」という。）の複製物を提供する場合

まず、複製のための条件が規定されています。

① 利用者の求めに応じたもので、初めてのものであること
② 利用者の調査・研究に供するためのものであること
③ 公表された著作物の一部分であること
④ 利用者１人につき１部であること

利用者の求めに応じて、図書館が権利者の許諾を必要とせず、複写サービスができるということであって、図書館に複写サービスを行なう義務があると規定しているのではありません。また、利用者は複写の請求権を持っているというわけでもありません。つまり、サービスのありかたは図書館側の主体的判断によるということです。

図書館は複製の法的主体となるということですから、図書館側に管理体制が要求されます。利用者が勝手に複写をするということになると、これは31条の趣旨を逸脱することになります。このあたりはいろいろな条件がつきます。とくに、コピー機の管理に手が回らないからと業者委託する場合でも、図書館の管理下におかれていることが必要となります。

さらに、複写の目的が調査・研究であるということです。そして、公表されたものであり、その一部分であるということが

必要ですが、その一部分とは多くても半分までと考えられています。

この一部分ということについては、たとえば、百科事典の一項目についても全部はだめで、一部分であるとされます。というのは、百科事典は編集著作物で、項目ごとに著作物として独立していると考えられるからです。この場合の写り込みについては、図書館団体による申し入れが行なわれ、現在は「ガイドライン」によって緩和されています。

それは、楽譜集でも同じで、たとえば、3曲のうちの1曲は、全体の1/3ですが、1曲全部というのはだめだということになります。しかし、3曲を半分ずつ、全体の1/2を超えなければ、コピーすることは可能です。算数としては不合理な感じがしますが、それぞれ独立した著作物と考えてください。

それから、以上の施設は、著作権法施行令1条の3で規定されています。そこでは、公共図書館をはじめ、大学図書館、防衛大学校の図書館、国公立の美術館や博物館、法令によって設置された研究所や試験所等が挙げられています。

以上が、図書館における複製についての規定ですが、この規定とは別に個人による著作物の自由利用を規定した条項があります。

30条1項

著作権の目的となっている著作物（以下この款において単に「著作物」という。）は、個人的に又は家庭内その他これに準ずる限られた範囲内において使用すること（以下「私的使用」という。）を目的とするときは、次に掲げる場合を除き、その使用する者が複製することができる。

一　公衆の使用に供することを目的として設置されている自動複製機器（複製の機能を有し、これに関する装置の全部又は主要な部分が自動化されている機器をいう。）を用いて複製する場合

（以下略）

これは、著作権法のなかでも例外的な自由利用の規定です。ですから、厳格に適用されなければならないというのが通説的立場です。となると、自分の家に複写機があればいいのですが、コンビニでコピーをとるのは著作権法違反なのかということなりますが、次の経過措置があります。

附則5条の2（自動複製機器についての経過措置）
新法第30条第1項第1号及び第119条第2号の規定の適用については、当分の間、これらの規定に規定する自動複製機器には、専ら文書又は図面の複製に供するものを含まないものとする。

ところで、厳格に適用されなければならないといっておきながら、こんな附則があるじゃないかといわれるかもしれませんが、やっぱり厳格なのです。たとえば学生が自主的勉強会でコピーをとる場合も注意が必要です。

B「学校教育の一環としていいんじゃないですか?!」
T「いいところに気が付きましたね。確かに35条で、教育機

関における複製が規定されています。でも、そこが、誤解なのです。じつは、学校教育での複製は、教師が授業で使う場合に限って必要最小限許されるということなんです」

A「学生はだめなの？」

T「そうなんですね。ただし、学生が自分の分を1部、もしくは少人数の友人の間で、複製するというのは、私的使用の範囲内ということにはなります」

A「試験対策複写は大丈夫ですよね」

T「そうですね、本人の分を1部だけということですから、大丈夫でしょう。でも、直前にコピーを集めても、そんなに試験は甘くはないでしょう」

B「そうですよ。勉強した気になるだけ。コピーを利用するなら、普段から資料収集に使わないとね」

T「日ごろの地道な努力が、試験も著作権も合格に導くんですね」

A「……」

T「さて、閲覧・貸出し・複写以外にも図書館のサービスはありますね」

B「えーっと。そうそう、展示会がありますね」

T「そうですね。所蔵資料の展示会などが行なわれます」

A「大学図書館では所蔵写真の展示もやってますね」

展示権

著作権法では、25条に「展示権」が規定されています。それは、美術の著作物と未発行の写真著作物、それらの原作品の展示権を、著作権者に与えています。ということは、図書資料等、この規定に該当しないものは展示が行なえるということです。また、美術の著作物については、45条に許諾を得られた場合、または、原作品を所蔵している場合は、展示が行なえます。

そして、展示会といえばパンフレットです。これについても47条に、つくることができると規定されています。しかし、あまり張り切りすぎて豪華写真集、カラー図録なんか作ってしまうと、これは、別の著作物を作ることになってしまい、もとの著作物の著作権を侵害することになります。

B「音楽鑑賞会もいいんですか」

T「音楽鑑賞会だけでなく、朗読会などができます。これらは、38条1項の営利を目的としない上演等が適用されます」

A「映画はどうなんでしょうか」

T「映画は、非営利の上映にあたると思います。ただし、これについては、ビデオはもともと個人のために製作・販売されているので、不特定多数への上映は目的外使用であるという意見もあるようです」

まとめ

以上が、図書館サービスと著作権の概要です。文化の創造や発展への図書館の貢献度を考えるならば、著作権の制限は当然のことです。しかし、だからといって無制限ではありません。メディアが進化・発展していく中で、図書館機能・サービスはさらに複雑なものとなっていくと思われます。そして著作権との関係でさらに新しい課題が増えていくことが予想されます。

じつは、これだけではなくインターネットなどを利用する場合についても、課題が広がっています。

なお、国立大学図書館協会の取り組みをまとめたものに「大学図書館における著作権問題Q&A」（第9版）（https://julib.jp/docs/copyright_docs）があります。現在は国公私立大学図書館協力委員会（JULIB）によって公開されています。図書館司書をめざす人だけでなく、博物館学芸員にとっても大切な情報が掲載されています。

さきにのべたように、コピーのときの写り込みについても、権利者との協議をしてくれているのです。図書館員の方々の苦労も知らずに、サービスの悪さをグチっている我々にも、現場の地道な努力を知るために絶好の資料だと思います。

15　表現の自由と規制

表現の自由

表現の自由。すばらしい響きをもった言葉です。これは、すべての人々にとって重要な人権の柱ですが、とくに、表現にかかわる者にとってはひじょうに大切な権利です。そのうえ、この自由は、憲法の存在意義ともかかわるもので、多くの犠牲の上に築かれてきたものでもあります。政治的自由は、権利獲得の歴史のなかできわめて重要な意義をもっています。それは、信教の自由に始まり、現在の基本的人権に発展してきました。その意味でも、この権利を受け継ぐ私たちは次の世代に確実に、さらに深めて受け渡していかなければなりません。そのことを、皆さん方のめざされる仕事で大いに取り組んでいただきたいと思います。

とくに、他者の人権を認めるということは、異端者の人権を認めることに重要性があります。政治的立場を異にする人の人権です。原理主義者のレッテルを貼られようと、この線を譲るわけにはいきません。たとえば、良心的兵役拒否という行為があります。自らの良心、この場合は信仰ですが、それに従って兵役を拒否するというものです。国家の利益と個人の思想・良心と最も鋭く対立する場面です。徴兵制をやめれば解決するという問題でもありません。

そのことは、クリエーターをめざす皆さんにとって重要な課題だと私は思います。

法律の留保

日本で初めての憲法といえば、「十七条の憲法」というのがありますが、そこから、話を始めるつもりはありません。

最初の「近代的」憲法は、大日本帝国憲法です。明治憲法ともいわれます。明治時代、条約改正の課題を担って、大急ぎで近代国家の体裁を整えるためにつくられた一連の法律の一つです。明治維新から 20 ～ 30 年ほどで主要な法律をそろえてしまうのですから、たいへんなスピードです。時間だけに注目しているとやっつけ仕事のような気がしますが、この当時の法律はたいへん巧みにつくられていました。

とくに、帝国臣民の権利については、法律の範囲内においてその自由を有すと定められていました。そのおかげで、帝国臣民の権利は、出版法、新聞紙法、集会及政社法、治安維持法等々、どんどん、外堀を埋められ、内堀を埋められ、ついには、第 2 次大戦中ですが、ほとんど埋められ、つまり、権利のすべてを規制されました。

この法律の留保という考え方は巧妙といえば巧妙です。本来は法律主義を掲げたもので、手続きの厳格さをうたったものだということらしかったのですが、憲法は大まかなことを決めるので、詳しいことは法律に委ねるとばかりに、今のべたように、いろんな法律ができてしまいました。

でも、憲法には保障する方向で定められている権利が、どうしてそれより下の法律で制限できるのか不思議な感じがしますね。憲法には法律の範囲内という規定があるから、法律による制限を可能にしたと考えると、憲法の役目はいったいなんだろうかと思います。本家の外国の法でも、法律によらなければ、身体の自由や財産の制限をすることができないと規定されています。しかし、日本ほど簡単に法によって制限できたわけではありません。

日本の近代化は一筋縄ではいかないという一例です。たいへん「上手に」外国の法文化を導入している例かもしれません。

さて、第２次世界大戦の敗戦により、日本はそれまでの国家制度・体制を変更することになりました。それを宣言しているのが日本国憲法です。表現の自由は、21条に規定されています。

日本国憲法
21条　集会、結社及び言論、出版その他一切の表現の自由は、これを保障する。
２　検閲は、これをしてはならない。通信の秘密は、これを侵してはならない。

ここでは、「言論、出版」と具体的に挙げられていますが、映画や写真などのメディアはどうするのと、心配しないで下さい。続けて「その他一切の表現の自由」と規定されていますので、今後新たに開発されるメディアにも十分対応できるのです。

とくに、さまざまな芸術表現を試みられようとする皆さんにとって、その表現に込められた意図を何ものにも制限されないということはたいへん重要なことです。戦争中は、反戦的なものまたは厭戦(えんせん)的なものは禁止されていました。本来、平和と人生のすばらしさをうたいあげるはずの芸術が、戦争に利用されていたのです。そのような悲劇を二度と起こさないためにも、表現の自由を守ることの大切さがあります。思想統制や弾圧が社会統制の有効な手段なのです。ペンは剣よりも強しとはいいますが、それは、長い歴史の過程での教訓であって、実際はひとたまりもないはずです。反戦運動やテロなどの暴力に対する闘いは、さきほどいった良心的兵役拒否と同じように、重い闘いです。しかし、続けていかなければならない闘いです。

その表現の自由を規制する方法に検閲がありますが、これも、21条では禁止されています。

検閲の禁止

検閲の禁止をとりあげたのは、表現の自由を考えるとき、皆さん方には国家権力からの自由ということを念頭においてほしいからです。さきほどからのべていますように、権力=行政からの自由が、表現の自由では重要な課題なのです。

ところで、検閲の範囲やその概念については、判例や学説などでさまざまに論争があります。しかし、現在のところ行政によって明確な検閲という方法はとられていません。グレイゾーンはあるかもしれません。それよりも、検閲に代わる手段で、明白な規制が行なわれていないかということが重要な課題です。

たとえば、倫理綱領や倫理規定によって業界で自主規制が行なわれますが、これは、自主規制ということで、検閲にはあたらないのでしょうか。

もちろん、国家権力＝行政が直接規制をしているわけではないですから、憲法上検閲にはあたりません。業界が自主的に行なっているのです。しかし、その自主性が、行政の意向を受けたものだということになると少し話がちがってきませんか。

表現の自由の制約

憲法が表現の自由を保障する一般的な判断基準として、以下のものがあります。① 公共の福祉、②比較衡量、③「明白かつ現在の危険」の原則、④ 明確性の理論、⑤ より制限的でない他の選び得る手段、です。

公共の福祉による制約

「新憲法の保障する言論の自由は、旧憲法の下において、日本臣民が『法律ノ範囲内ニ於テ』有した言論の自由とは異なり、立法によつても妄りに制限されないものであることは言うまでもない。しかしながら、国民はまた、新憲法が国民に保障する基本的人権を濫用してはならないのであつて、常に公共の福祉のためにこれを利用する責任を負うのである（憲法 12 条）。それ故、新憲法の下における言論の自由といえども、国民の無制約な恣意のまゝに許されるものではなく、常に公共の福祉によつて調整されなければならぬのである」（最高裁大法廷昭和 24 年 5 月 18 日判決）として、「公共の福祉」によって表現の自由の保障は調整されなければならないと示されました。

また、「チャタレー事件」では、「この種の自由は極めて重要なものではあるが、しかしやはり公共の福祉によつて制限されるものと認めなければならない。そして性的秩序を守り、最少限度の性道徳を維持することが公共の福祉の内容をなすことについて疑問の余地がないのであるから、本件訳書を猥褻文書と認めその出版を公共の福祉に違反するものとなした原判決は正当」（最高裁大法廷昭和32年3月13日判決）であると示されています。

いずれも「公共の福祉」による表現の自由の制約を認める判決です。

日本国憲法
12条　この憲法が国民に保障する自由及び権利は国民の不断の努力によつて、これを保持しなければならない。又、国民は、これを濫用してはならないのであつて、常に公共の福祉のためにこれを利用する責任を負ふ。
13条　すべて国民は、個人として尊重される。生命、自由及び幸福追求に対する国民の権利については、公共の福祉に反しない限り、立法その他の国政の上で、最大の尊重を必要とする。

日本国憲法12条、13条によって、「公共の福祉」のために「利用」し、また、「反しない」ということが規定されていることが、この判決の根拠ともなっています。しかしながら、表現の自由は、基本的人権の規定の中でも、絶対的な検閲の禁止を含むように、国家による最高度の保障が義務付けられている権利です。「公共の福祉」のように抽象的で、具体的内容の欠ける概念で規制する場合、きわめて危険な制約の可能性を開くことになります。制約するにしろ、保障するにしろ（もちろん、それらは紙の裏表ですが）、もう少し具体的な判断基準が示されるべきであるとの批判がなされました。

比較衡量による制約

「博多駅テレビフィルム提出命令事件最高裁決定」（最高裁大法廷昭和 44 年 11 月 26 日決定）では、「本件では、まさに、公正な刑事裁判の実現のために、取材の自由に対する制約が許されるかどうかが問題となるのであるが、公正な刑事裁判を実現することは、国家の基本的要請であり、刑事裁判においては、実体的真実の発見が強く要請されることもいうまでもない。このような公正な刑事裁判の実現を保障するために、報道機関の取材活動によつて得られたものが、証拠として必要と認められるような場合には、取材の自由がある程度の制約を蒙ることとなつてもやむを得ないところというべきである。しかしながら、このような場合においても、一面において、審判の対象とされている犯罪の性質、態様、軽重および取材したものの証拠としての価値、ひいては、公正な刑事裁判を実現するにあたつての必要性の有無を考慮するとともに、他面において、取材したものを証拠として提出させられることによつて報道機関の取材の自由が妨げられる程度およびこれが報道の自由に及ぼす影響の度合その他諸般の事情を比較衡量して決せられるべきであり、これを刑事裁判の証拠として使用することがやむを得ないと認められる場合においても、それによつて受ける報道機関の不利益が必要な限度をこえないように配慮されなければならない」としています。

つまり、「公正な刑事裁判の実現」と報道機関の「取材の自由がある程度の制約を蒙ること」を比較し、報道の自由に及ぼす影響等を「比較衡量」して「報道機関の不利益が必要な限度を超えないように配慮されなければならない」としているのです。

このことは、「公共の福祉による制約」に、より具体的な判断基準が示されたことになります。裁判資料としてのフィルム提出命令という事例で、それまでの判断基準を、より具体的なものに近づけたと考えられます。しかし、つぎのような欠陥も指摘されています。

「北方ジャーナル事件最高裁判決」（最高裁大法廷昭和61年6月11日判決）で、伊藤正己裁判官による補足意見で、「利益較量を具体的事件ごとにそこでの諸事情を総合勘案して行うこととすると、それはむしろ基準を欠く判断となり、いずれの利益を優先させる結論に到達するにしても、判断者の恣意に流れるおそれがあり、表現の自由にあつては、それに対する萎縮的効果が大きい。したがつて、合理性の基準をもつて判断してよいときは別として、精神的自由権にかかわる場合には、単に事件ごとに利益較量によつて判断することで足りるとすることなく、この較量の際の指標となるべき基準を求めなければならないと思われる」として、精神的自由権にかかわる事件については、事件ごとに判断するのは基準を欠くことになるとしています。そして、その判断基準として類型の基準を想定した場合、その「類型別の利益較量は、表現行為に対する事後の制裁の合憲性を判断する際に適切であるとしても、事前の規制の場合には、まさに、事後ではなく『事前の』規制であることそれ自体を重視すべきものと思われる。ここで表現の類型を考えることも有用ではあるが、かえつて事前の規制である点の考慮を稀薄にするのではあるまいか」と、判断基準の類型化はかえって、事前の規制＝検閲類似行為となる可能性を指摘しているのです。

なんとも、帯に短し・たすきに長し、ということでしょうか。

それから、ここで伊藤裁判官が指摘している「萎縮的効果」ですが、表現の自由ではきわめて重要な指摘です。表現の自由についての議論では必ずでてくるものです。すなわち、司法や行政が一定の基準を示すことによって、その基準に沿うどころか、表現内容が、その基準以下に自粛されてしまうことです。つまり、表現者によって自主規制されて、表現の「萎縮」が起きることを懸念しているのです。それでは、表現の自由の本来の意義が損なわれてしまうのです。

「明白かつ現在の危険」の原則（clear and present danger）

たくさん人が入っている劇場で、「火事だ！」とうそをつくとどのような混乱が生じるかは簡単に予想できますね。また、言葉の暴力があからさまに行なわれて、人を傷つけるということも想像できます。このような表現まで、表現の自由は保護しないという考え方です。

具体的な要件ということを考えた場合、表現のもつ悪い傾向で取り締まることを認めるのではなく、実質的に害悪が存在するかどうかを判断基準としています。その意味では、時代的背景によって判断基準にぶれが生じる可能性はあるものの、裁判所に対して、より具体的で実質的な判断が求められるという点で表現の自由を保障する判断基準としては有利なのではないかと考えられます。

ただしこの判断基準は第１次大戦の頃のアメリカの判決に出てくるもので、日本でもようやくこの判断基準が採用される判決などがありますが、日本において主要な判断基準ではありません。

「明確性の理論」による制約

法律の表現が不明確な場合は、その法律を無効とするというアメリカ法の原則があります。これを表現の自由に適用すると、一般的抽象的な表現では想定される制約にかなり恣意的な判断が入り込む余地が大きくなりますので、表現の自由の制約については、慎重で厳格な法律表現であるべきだとして、この基準が重視されます。

徳島市公安条例の地裁での違憲判決で、団道重光裁判官は補足意見として、「不明確な構成要件が国民一般の表現の自由に対して有するところの萎縮的ないし抑止的作用の問題である」としていることは重要です。さきほどのべました「萎縮的」ということが指摘されています。これは、現在そのような結果が起きているというのではなく、未来においてそのような作用があるということです。刑事政策のあり方、行政による秩序維持のありかたに一石を投ずるものです。

法律は結果によって判断する訳ですから、このような「予防的」な判断はかなり慎重でなければなりませんが、表現の自由の「精神的自由」については、これだけ尊重されるべきであるということでもあります。

「より制限的でない他の選びうる手段」(less restrictive alternative)

表現の自由を制約する場合に、「より制限的でない手段」が他にあるかどうかを吟味する必要が求められるということです。頭文字をとってLRAと呼ばれます。

たとえば、青少年保護のために成人誌の販売を一切禁止するという条例が作られたとします。その目的自体は立派なことですが、一律に禁止しなくても、たばこやお酒の販売のようにレジで年齢を確かめるということができますので、この条例による方法では、憲法21条に照らして違憲であるという結論を導き出せます。その判断の方法が「より制限的でない他の選びうる手段」(less restrictive alternative) による制約ということになります。

これは、一種の利益衡量ということになりますが、漠然とした利益の比較ではなく、比較の論点を、制限する手段という、より具体的な事例におくことによって、判断が抽象化することを防ごうとするものです。

このように表現の自由への制約の仕方がより狭くなり、具体的になってきているのは、民主主義にとって表現の自由が最重要であり、国民一人ひとりの基本的人権であるだけでなく、マスコミにとって、報道の自由が取材の自由を含み、国民の知る自由を代表するものとなり、三権（立法・行政・司法）を監視する第四の権力として成長してきたこととも深くかかわります。そのことは次の名誉毀損においても説明します。

名誉毀損

表現の自由は、さきに述べましたように、政治的自由を意味します。そして、民主主義における政治的判断の材料のための知る自由を保障するわけですが、それはマスコミの活動範囲を拡大することと深くかかわってきました。

刑法34章に、名誉に対する罪として名誉毀損罪が規定されています。これは、政治家や公人にとって、マスコミに対して、その活動を委縮させるきわめて有効な手段でした。

（名誉毀損）
230条　公然と事実を摘示し、人の名誉を毀損した者は、その事実の有無にかかわらず、3年以下の懲役若しくは禁錮又は50万円以下の罰金に処する。
2　死者の名誉を毀損した者は、虚偽の事実を摘示することによってした場合でなければ、罰しない。

ここでの名誉とは社会的評価のことです。それは個人の主観的な名誉感情ではありません。ところで、なぜこのことが政治家にとって、マスコミの活動に対して有効な抑制手段となるのかというと、たとえば、汚職事件が報道されたとします。当然、関係者（政治家）の社会的評価は下がります。しかし、問題はその指摘されたことが、事実であろうとなかろうと、その社会的評価が下がったという事実をもって、名誉棄損罪が成立することです。これで、マスコミは委縮せずに権力に巣食う「巨悪」と闘えるでしょうか？

それは、かなり難しいことです。しかし、先人たちの果敢な闘いのおかげで、次の条文が規定されています。

（公共の利害に関する場合の特例）
230条の2　前条第1項の行為が公共の利害に関する事実に係り、かつ、その目的が専ら公益を図ることにあったと認める場合には、事実の真否を判断し、真実であることの証明があったときは、これを罰しない。
2　前項の規定の適用については、公訴が提起されるに至っていない人の犯罪行為に関する事実は、公共の利害に関する事実とみなす。
3　前条第1項の行為が公務員又は公選による公務員の候補者に関する事実に係る場合には、事実の真否を判断し、真実であることの証明があったときは、これを罰しない。

名誉毀損行為が、公共の利害に関する事実で、その行為の目的がもっぱら公益を図ることである場合は、その事実が真実であると証明された場合は、罰しないというものです。

さらに、「最高裁大法廷昭和44年6月25日判決」では、事実の証明がない場合でも、真実と誤信したことに相当な理由があるときは、犯罪の故意がないので、名誉毀損の罪は成立しない、とされています。

つまり、真実証明→真実誤信というように、マスメディアの報道の自由を保護する方向での判断が示されています。

これらが、民事上の不法行為として、訴えられた場合でも、刑事の場合と同様に免責について示しています。

わいせつ罪

刑法 175 条に以下の規定があります。

175 条（わいせつ物頒布等）
わいせつな文書、図画、電磁的記録に係る記録媒体その他の物を頒布し、又は公然と陳列した者は、2 年以下の懲役若しくは 250 万円以下の罰金若しくは科料に処し、又は懲役及び罰金を併科する。電気通信の送信によりわいせつな電磁的記録その他の記録を頒布した者も、同様とする。
2　有償で頒布する目的で、前項の物を所持し、又は同項の電磁的記録を保管した者も、同項と同様とする。

国家が表現内容を吟味して判断するということは、表現の自由においてきわめて微妙な問題を提起します。しかし、刑法 175 条が違憲であるとする学説は意外に少ないのです。それでも合憲とする立場では、175 条の厳格な解釈や青少年保護という目的のうえから説明が行なわれています。違憲とする側の主張も、「過度に広範な規制」への懸念として表明されています。

戦後の事件を挙げますと、①「『チャタレー夫人の恋人』事件」（最高裁大法廷昭和 32 年 3 月 13 日判決）②「『悪徳の栄え』事件」（最高裁大法廷昭和 44 年 10 月 15 日判決）③「『四畳半襖の下張り』事件」（最高裁第二小法廷昭和 55 年 11 月 28 日判決）と有名な判決が出されています。

「『チャタレー夫人の恋人』事件」では、わいせつ文書の要件として、戦前の大審院判決（大審院大正 7 年 6 月 10 日判決）を引いて、① いたずらに性欲を興奮または刺激せしめ、② かつ普通人の正常な性的羞恥心を害し、③ 善良な性的道義観念に反することを挙げています。そして、このわいせつ性の判断基準は「一般社会において行われる良識すなわち社会通念」であるとしています。そして、あの有名な究極の判断基準である「性行為の非公然性の原則」が示されるのです。つまり、人間は犬猫ではないということを言いたかったわけですが、当時の裁判所の文化理解に愕然とするしかないですね。といっても、この傍論（ぼうろん）の「原則」がこの後の重要な判断基準となっています。

この原則が前提となるということは、性行為の表現はいかに隠されるかということになります。隠し方のうまさに「エロス」を感じるという議論にいってしまうわけです。

もちろん、文化の議論では、芸術性とわいせつ表現こそがテーマになるべきですが、ここでは、芸術性がわいせつ表現を克服することはできず、少しでもわいせつ表現があるならば、それはわいせつと判断できるとまで言っています。

そして最後に判決は、性的秩序を守り最小限度の性道徳を維持する刑法は、まさに「公共の福祉」そのものであり、表現の自由が「公共の福祉」による制限に服す以上、刑法 175 条は「合憲」であると判断しました。

「『悪徳の栄え』事件」でも、チャタレー事件の判断は受け継がれていきますが、芸術性とわいせつ表現という点では、部分ではなく、全体としての判断が必要だということから判断されました。合憲判断もチャタレー事件に基づいていますが、表現の自由が民主主義の基礎であるという認識は示されました。

「『四畳半襖の下張り』事件」で、判断基準を部分から全体へと変更し、さらに具体的に検討しています。結論はわいせつ文書との判断ですが、一般的抽象的判断基準から限定的具体的な判断基準へと移行することの重要性を最高裁は示したと考えられます。

わいせつ文書が頒布されたから、どれほどの性的秩序が破壊されるのか、という問いは常識的な反応だと思います。すこしむずかしいですが、175条は、そういう具体的な危険の発生という結果を要件としているのではなく、抽象的危険犯を要件としていると考えられます。抽象的危険犯というのは名誉棄損罪のように、具体的な社会的評価の低下が示されなくとも、その危険があることを示せば足るというものです。

だからこそ、具体的個別的な要件を明示して、表現の自由とのバランスをとるべきであると考えます。

肖像権 —— パブリシティ権・プライバシー権

肖像権は、法律に規定がありません。判例の集積によって確認されてきた権利です。肖像といっても、経済的価値をもつものをパブリシティ権と呼んで、プライバシー権とは区別しています。パブリシティ権については、「ピンクレディ de ダイエット事件」（最高裁第一小法廷平成24年2月2日判決）で、人の氏名、肖像等という人格の象徴が顧客吸引力として排他的に利用する人格権として定義されています。

定義はこの通りです。

つまり、あくまでも人の権利、人格権であって、人に認められた権利だということです。すなわち、物のパブリシティ権というものは、「ギャロップレーサー事件」（最高裁第二小法廷平成16年2月13日判決）によって否定されています。財産権と人格権の錯綜した考え方をばっさりと整理した判決です。

パブリシティ権がプライバシー権という人格権から派生したことを考えれば、動物や植物、あるいは船や建物まで主張されるのは混乱をきたすだけです。それらは別の制度で保護すべきです。

ちなみに、プライバシー権は、個人情報のコントロール権です。自分の情報がみだりに公表されないという権利です。さらに、その情報が誤っている場合は訂正を要求することもできます。

さて、この肖像権がパブリシティ権あるいはプライバシー権として写真を学んでいる人びとにかかわってきます。街中、公園などでの撮影には注意を要します。

COLUMN イエロー・ジャーナリズム ── ピュリッツァーとハースト

イエロー・キッド

19世紀末のアメリカで、ピュリッツァーとハーストによる「イエロー・ジャーナリズム」による新聞の販売競争があります。このとき、日本人移民の子どもを主人公にした「イエロー・キッド」という漫画が人気を博しました。これは、黄色を中心とした目立たせるカラー印刷だったので、そこから「イエロー・ジャーナリズム」という言葉ができたといわれています。

ピュリッツァーは、『ワールド』という新聞を主宰していました。当時のアメリカは、世界中から成功を夢見て、移民たちが集まってきていました。すでに高級紙の市場は飽和状態だったのですが、ピュリッツァーは、英語の苦手な彼らの読む新聞をつくることで部数を伸ばそうとしていました。漫画をとりいれたのもそのためですし、少々スキャンダルな内容にしたのも、社会の底辺で暮らす彼らの不満にこたえるためでした。それはみごとに当たり、一方で低俗な新聞として非難されますが、つねに庶民・大衆の立場から新聞を作っていました。

自由の女神

ピュリッツァーの行なったのは、それだけではなく、アメリカ建国100年のお祝いにフランスから送られるはずであった自由の女神像が、資金難からフランスでそのままになっていたのを、彼の新聞によるキャンペーンで、1886年、アメリカに迎え入れました。これは、当時のアメリカ国民のアイデンティティの形成に貢献したともいわれています。

戦争報道と売上競争

そして、その後の新聞王ハーストとの苛烈な売上げ競争に入っていきます。読者の関心をもっともひき、売上げのあがるテーマは戦争です。ちょうど、その頃、アメリカはキューバをめぐってスペインとの戦争になるのですが、彼らは戦争をあおる記事を出し続けたのです。スペインとの戦争は、ハーストが作った世論によって引き起こされた戦争だともいわれています。

ハーストによってキューバに送りこまれた挿絵画家が、戦争は起こらないようだと打電したら、ハーストは「君は絵を送れ、私は戦争を送る」と返電したとされる有名な逸話は、ピュリッツァーの『ワールド』に書かれたものです。

ちなみに、この時の記事を書いた記者は後にハーストの新聞社に移籍しています。ハーストもハーストなら、ピュリッツァーもピュリッツァーだということでしょう。

ピュリッツァー賞とジャーナリズム

そのような競争の中でも、ピュリッツァーはジャーナリズムの重要性を痛感し、民主主義を育てるものはジャーナリズムだと確信を深め、コロンビア大学に新聞学科の創設を働きかけ、多額の寄付を申し出ています。その頃の大学はジャーナリズムを低く評価しており、さらには、ピュリッツァーからの寄付を受けることは大学の権威を傷つけると考えていました。

結局、ピュリッツァーは 1911 年に亡くなります。新聞学科の創設を見ることはなかったのですが、彼の死後、1917 年から毎年、彼の名前を冠した賞が贈られることになりました。それは現在あまりにも有名です。

ところで、彼の晩年（1909 年）に、セオドア・ルーズベルト大統領と名誉毀損の裁判がありました。ルーズベルト大統領が「パナマ運河事件」(汚職事件）で、『ワールド』の政府批判の記事に対して名誉毀損で刑事告訴したのです。しかし、裁判所は、その訴えを認めず、表現の自由が優先すると判断したのです。

政治家や公人の不正を追及するのはジャーナリズムの使命であり、それが名誉棄損で損なわれてはいけないという基準が作られていく契機となりました。

COLUMN 親告罪

刑法には、殺人罪のように被害者本人が訴えなくとも(被害者本人の訴えは、現実に無理な気がしますが)、警察が動いて容疑者を逮捕できるという罪と、被害者本人が訴えなければ警察が動いてくれないものがあります。後者を「親告罪」といいます。

本書でとりあげた、名誉毀損は親告罪です（刑法232条)。名誉を毀損された本人が訴えないと始まりません。気のついた誰かが警察に届けてくれることはありません。

著作権侵害は、基本的には親告罪でしたが、TPP（環太平洋パートナーシップ協定）を受けて一部非親告罪に改正されました（123条2項、3項)。非親告罪になって、誰でも訴えることができる事態になると、サブカルチャーの世界は大変な痛手で、二次創作の分野が萎縮してしまうといわれていました。そこで育ってきた新しい才能の広がりも縮んでしまい、これからの創作も望めなくなるのではないかと懸念されたのです。

それで、非親告罪の対象となる犯罪行為を「海賊行為」、つまり有償で販売している原作の複製などを譲渡したり公衆送信したりする行為としています。限定的にすることで、パロディや二次創作によって広がってきた創作活動について、一律に制限してダメージを与えることを抑制しています。インターネットでの自由空間をできる限り担保することも含まれます。

だからといって、二次創作の権利が認められたと早合点してはいけません。厳しい著作権制度が前提であることを忘れてはいけません。

COLUMN 罰　則

著作権法 119 条によると、10 年以下の懲役または 1000 万円以下の罰金に処せられます。もちろん、この二つともという場合もあります。さらに、124 条では法人の行為として、行為者と当該法人に対して、3 億円以下の罰金に処せられます。ただし、その行為に故意（侵害の意思）がないと刑事罰は科せられません（刑法38条1項）。

16　自主規制

さて、法的規制に対して、自主規制という言葉があります。法的規制という、権力的・外部的な圧力による規制に対して、自主的・内部的な規制を行なうことと一般的には理解されています。表現という微妙な問題を含む活動にとって、その創造性や発展を保障する形で、自律的・主体的な規制がふさわしいとして、世界の国々で採られている方法です。日本においても検閲の禁止が憲法で定められているので、表現の自由の下、反社会的内容をもつものの規制は、ほとんどが自主規制に委ねられています。

「新聞倫理綱領」・「映画倫理規定」・「日本放送協会国内番組基準」・「日本民間放送連盟放送基準」などが自主規制基準としてあります。

ここでは、世界の標準ともいうべき自主規制と、日本の自主規制のあり方を比較してみようと思います。というのも、グローバリゼーションという動きの中で、日本の自主規制がその国際的批判に耐えうるかということを考えてみたいのです。

最初に自主規制の概念を総論的に考えて、次に、クリエーターにとって具体的な問題となる、広告表現の自主規制を取り上げて検証してみたいと思います。

自主規制とは何か

まず、自主規制とは何かということをある程度つめておく必要があります。自主規制とは何かということを考えるのに、最初に自主規制の定義をするというのはおかしいのじゃないかとお考えになられるかもしれません。しかし、それは、理科や数学で仮説や仮定というものを立てて、確立された検証方法で実験や計算を行なうのと同じで、結果が予想通りなら仮説・仮定が正しかったということですし、もし、矛盾が生じれば、仮説・仮定に問題があったということになります。

ですから、ここで、ある程度の条件をつめて、自主規制のモデルと仮説を組み立ててみることにしましょう。

ハリウッドの場合

自主規制というのは、もともとは欧米において、権力支配から団体の自治や自律などの自由を確保するために生み出されたものです。

たとえば、アメリカでハリウッドが映画の中心になった頃、1920 年前後ですが、この頃に、多くの映画スターを輩出する一方で、たいへんなスキャンダルにもまみれていました。そのさなか、映画製作者たちは 1919 年に「全米映画製作配給業者協会」(MPPDA) を設立し、外からの圧力に抗していましたが、有力な人物として、郵政長官であったウィリアム・H・ヘイズ(ウィル・ヘイズ) を会長に招いて、映画製作への圧力をはねのけることを彼の手腕に委ねたのでした。

彼は、この協会を中心に活動し、映画産業の啓発書や外部からの批判に対して援護をする書物の発行を行なったり、各州議会に上程されていた映画を規制する法案をロビイ活動で廃案に追い込んでいったりしました。ハーヴァード・ビジネススクールに映画産業の講義が開設されるのもこの頃です。

その一方で彼は、映画業界に対して、内部統制をすることも忘れていませんでした。社会的に認知されると同時に、映画製作の関係者に社会的責任の自覚をもつようにうながしていくわけです。この点については、ウィル・ヘイズの業界への絶対的支配権を強化しただけという見方もあります。しかし、このことが後に映画産業の基本的な枠組み作りに貢献していることは否定できません。

もちろん、初期の頃のハリウッドの自主規制が満足のいくものでなかったことは事実ですが、映画産業にとって幸運だったのは、「貿易は映画に続く」といわれたように、予想外の経済効果を生み出したことです。少々不道徳でも映画の生み出すカルチャーショックが流行を生み出し、購買意欲に拍車をかけ、一つの文化さえつくってしまったからです。

そのことで、内部的統制がある程度約束されるならば、映画業界への法的規制を免除してもよいという考えを生んだことも事実です。もともと、一般的に若者によってつくりだされる文化は、時の大人たちからは不道徳で理解不能だといわれることが多いのです。

さて、映画産業では、恒常的・安定的に利益を生み出すという投資家の要請が、つくられる作品の質を決めていくことになりますが、そのことで、大衆が望む作品という観点からさまざまな製作上の約束事が決められていったわけです。つまり、産業としての地位を築くことが、自律性や主体性、ひいては倫理観や責任感というものを生み出していったということになります。

もちろん、特定のイデオロギーや思想あるいは監督・脚本家の排除といったことも同時に行なわれていたわけですが、そのような過程を経る中で、表現の自由の保障の大切さが学ばれていくのです。なぜならば、映画産業界に対する検閲は反対しながら、産業界内部で自主検閲・思想弾圧をすることぐらい矛盾はないからです。もちろん、その自由に対する内部での圧力には抵抗すべきですが、それも当然公開の場で行なわれていくことが望ましいはずです。

以上のように、欧米での自主規制は、業界の自治・自律や主体性の確立・創造といった方向性をもっています。そして、重要なのは、なぜ自主規制という自律的手続きが保障されるのかという点です。それは、あらゆる規制は、明確な法律の形をとるということです。ですから、議会で立法化される場合、そして、立法化されても裁判所で憲法判断を行なう場合と少なくとも二度にわたって、その法的規制に異議申し立てやさまざまな手段を講ずる機会があります。民主主義は、民衆が統治するということをもう一度思い起こしてください。

日本の場合 ――「行政補完型」と「拘束型」

日本において、自主規制という場合、二つのモデルが考えられているようです。

一つは、業界における自立的秩序維持を前提として、消費者保護の達成のために業界と行政が連携して、迅速に具体的に対応するための制度である「行政補完型」モデルです。

もう一つは、「行政補完型」の業界の主体的自助努力より、行政による拘束性に傾いている「拘束型」モデルです。

前者は、先にのべた欧米型モデルを念頭において、日本的特徴である行政との密な関係を盛り込んで、行政補完型としたのです。後者は、その行政との関係を協力関係と見ず、拘束関係と見るわけです。

いずれにしても、自主規制の枠組みを自立的・主体的なものと考えています。

もう一つの日本的モデル ――「行政指導受け皿型」

実は、この自主規制のあり方を日本の行政手段との関係に着目して、「行政指導受け皿型」と考えるモデルがあります。これは、『行政指導――官庁と業界のあいだ』（新藤宗幸著・岩波新書、1992）で提起されたモデルです。

それは、「業界内団体秩序を形成・維持していくための行政的取引手段として機能している自主規制」というものです。少しむずかしいですが、前述したように民主主義で大切なのは、法治主義ということです。ほとんどのことが法律を根拠として決められ、執行されていきます。しかし、日本における行政の実態は、日常的に行政指導が中心となり、直接の法律根拠が示されずに一定の効果をあげています。その行政側の要請を明示された法律の形をとらずに業界に受け止めさせるには、そのようなシステムが必要です。つまり、業界の中に行政側の要請を受け止める受け皿があるということなのです。

一般的にも、行政の不完全さと業界による補完関係ということで考えられていることです。これは、先にのべた自主規制モデルと同じです。ところが、その補完という関係が本当は何のために行なわれるのかということが明確ではありません。つまり、「補完型」や「拘束型」モデルでは消費者保護なのか、業界の利益なのかが明確にされていないのです。「受け皿型」モデルでは、そこのところを明快に判断しています。

というのは、行政側は、法律による行政行為が裁判になったとき、責任の所在を明確にする証拠（法律等）を残さずに行政行為をおこなうことができます。そして、業界の側は、その行政側からの要請を情報として流すことによって、業界内に秩序を作り上げるのです。そのことで、行政は、結果に対する責任を業界に押し付けることができますし、業界はそのデメリットがあったとしても、トップ企業が行政情報を独占することで、業界の中で不要な競争を抑さえることができます。

B「ということはもちつもたれつということ？」

T「そういう一面をもっていますが、それは、両者の対等な関係というより、行政への業界の従属という関係ですね」

A「でも、だからといって強力な支配ではない」

T「そうです。そこが巧妙なところなのです」

B「たとえば、銀行なんかは護送船団方式なんて、外国から批判されていたけど、保護的というのはそれで重要なことなんじゃないんですか」

T「保護政策をとるのはどこの国でも同じです。ただ、程度と手続きがあります」

A・B「程度と手続き？」

T「程度と手続きというのは、必ずしも一つの形式が考えられるというものではないと思いますが、ただ、手続きに関しては、その保護する程度を合理的なものであるということを他の人に説明する働きをもたなければなりません」

B「行政指導は、法律によらない、密室的なものだから、そのことを他の人に説明できないというわけなんですね」

A「お上のほうからいってきてるから、これはしかたがないと」

T「そうですね。そんなにはっきりとはいわないけれど、そういう共通認識はあるでしょうね」

B「でも、私たちにしても、法律や裁判ということ自体がお上のイメージよね」

A「そうそう。裁判っていうとどうもお白洲って感じでね。この桜吹雪が目にへぇーらねぇーかぁーって」

B「そんなもん、はいらへんて！」

T「そう、このような受け皿型のシステムを作り出した原因は、市民の側の法律や裁判に対する意識も深くかかわっているんですね」

A「争いごとはいやだもんね」

T「争いごとはいやという意識は大切なのですが、そのことが平和主義をもたらすかということとは少し違っています」

日本人が争いごとを避けたがる心情というのは、なにも平和主義者だからというわけではありません。そんなことは、自分の胸に手を当てて考えてみればすぐにわかることです。誰しもトラブルを避けたいというのは当たり前です。しかし、そのトラブルが権利の侵害に基づくものならどうでしょうか。正しい権利を行使するわけですから、たんなる争いごとではありません。第一、泣き寝入りをする必要なんてどこにもないはずですから。でも、日本人は、そういうことをわかっていても裁判というと二の足を踏みますし、また、裁判そのものを冷ややかにみています。

じつは、その意識を裏から支えているのが「喧嘩両成敗」という考え方です。喧嘩というと暴力ということを考えますが、すべての争いを喧嘩＝暴力とみることがこの喧嘩両成敗という考え方の特徴です。権利侵害があって、正しい権利主張のために裁判に訴えるということは当然のことですが、それを正当・当然と見ずに、裁判そのものを争いとして冷ややかにみるということです。本来、裁判は、紛争・争いに対する平和的な解決手段ですが、日本人にとっては裁判そのものが争いなのです。

A「争いがなければ裁判なんて必要ないじゃん」
B「そうそう」
T「たしかにね。でも、争いがまったくない社会なんてあるのでしょうか」
A「う～ん」
B「そう。争いのない社会なんて不可能ね」
T「不可能かどうかはわかりませんが、人間が日常生活を営む以上、争いはどこかで生じます。一方的に我慢ばかりをするというわけにもいきません。でも、我慢できないとなると」
A「キレちゃう」
B「文句いうね」

T「キレたり、文句いったりするのは、弱者の表現として重要です。一種の警報であり、悲鳴ですよね。でも、それで解決するでしょうか」

B「保証はないわね」

A「で、実力行使」

T「たしかに、法は自力救済を禁止はしていませんが、そのために平和的な救済方法があるのです。その中心的手続きが裁判なのです」

裁判とは平和的救済手段であると同時に、その社会において共通の課題を見出す制度でもあります。つまり、そこで発見された法や権利の考え方が社会の財産になっていくのです。ところが、日本では裁判そのものを忌避する国民感情の方がまだまだ根強く残っています。

つまり、そういう司法や裁判への期待の小さなところでは、自主規制も立法や裁判に支えられないということになります。そこでは、自主性や自律性はたいへん困難な課題だということになります。

二つの自主規制モデルの検証
——「自律型」と「行政指導受け皿型」

そこで、自主規制の二つのモデルを考えてみましょう。

ひとつは、「自律型自主規制」モデルです。自律ということと自主規制ということは同義反復ですから、日本語としてはおかしい表現ですね。国語の先生におこられそうなネーミングです。しかし、それは、次のモデルとの差異をはっきりとさせたいからなのです。そのモデルは「行政指導受け皿型自主規制」です。

前者は欧米型で、裁判制度と密接な関係をもったものです。グローバル・スタンダードの理念型ともいうべきものです。後者は、さきほどからのべている日本の仮説モデルです。

じつは、この二つのモデルを中心に広告業界において、広告の自主規制の一つである公正競争規約についてアンケートをとって、広告マンの意識を分析したのです。公正競争規約は行政が業界に委ねた規制で、文字通り自主規制として適用されているものです。しかし、そのアンケート結果からは以下の五つの点が明らかになりました。

第１点は、その規制の制定の際に、主務官庁や公正取引委員会の指導の影響が色濃く現れていることです。また、その後の改正時点でも緊密なやり取りが行なわれているのです。

第２点は、公正競争規約が業界内で運用されるための独自の審査機関がおかれているのは全体の４分の１で、実態的には公正取引委員会の影響下にあることです。

第３点は、裁判事例がこの調査では皆無でした。

第４点は、意識の上では、法的規制と自主規制が同じ概念であるということがわかりました。

第５点は、クリエーターが自主規制の具体的な枠組みを理解していないか、もしくはあまり意識していないということです。

以上のことから、日本の広告の自主規制が自律型とはとうてい言えず、行政の強い影響下にあると言わざるをえません。それで、「行政指導受け皿型自主規制」と結論づけることができるのです。

日本の自主規制の課題

明治以来の近代化によって、法治主義を確立してきた日本にとっては、少々問題となる結論になってまいりました。しかし、ここでは言及できなかった行政システムの問題や、行政訴訟、また司法制度など、すべてが明治以来の課題を負っているといっても過言ではありません。

日本の近代化そのものの問題とまではいいませんが、少なくともこの検証でわかったことは、日本的な自主規制は、説明責任を要求されるグローバル・スタンダードの下ではあまり有効ではないということなのです。

なぜならば、行政は行政行為の責任の所在を明らかにせず、業界は業界内での競争を抑制するという、そういった傾向を覆い隠す方法として利用されている自主規制が、国際的に認知されるということは少々無理があると思うからです。

私たちは、これらの課題との対決を一度やってみる必要があるのではないかと思います。まあ、そんなに勇ましくなくても、現実に向き合うということから始めてみるべきでしょうか。

17　放送の表現の自由と自主規制

はじめに

差別的表現や名誉を傷つけるようなもの、あるいは残酷な表現などが自主的に規制されるのは、それほど難しい判断ではないと思います。しかし、ヘイトスピーチの現場などを報道する場合は、報道することがヘイトスピーチの拡散につながらないかという点で、当然慎重になります。ここでの懸念は、お茶の間の団らんに想像もつかない憎悪・差別表現が扇情的に流されることです。その本当の被害者は、その報道がされて傷つくマイノリティです。もちろん、マジョリティとしては、その現実を受けとめる責任・視聴する責任があるのです。

ヘイトスピーチこそが表現の自由で守られるべきだ、という意見もあります。憲法21条の保護法益だとは思えませんが、そういう主張もあるのです。

このような事例だけではなく、放送番組においては、放送内容が慎重に判断され、編成されます。

ヘイトスピーチは、政治的背景をもった憎悪表現ですが、そもそも放送は、新聞や雑誌、あるいは出版などとは違い、放送局の政治的意見表明についてはかなり厳しく制限されているのです。もちろん、意見表明の禁止というのではなく、バランスを保った形で放送しなければならない枠組みが規定されているのです。

というと、まさに表現の自由の枠組みじゃないかと思われるかもしれません。しかし、世間的に保守的な意見と進歩的な意見があった場合、どちらか一方を紹介するのではなく、意見の一つとしていくつかの意見を紹介しなければならないというものです。事実は一つなのですが、その事実の評価は分かれます。その評価をある程度配慮して伝えなければならないというものです。

たとえば、首相の施政方針演説があった翌日の朝刊を見ると、各社ごとに扱いが違います。それが民主主義社会においては当然のことなのです。国民は首相の演説内容という事実と、それぞれの評価を読んで、自分の政治的意見を形成する助けとしているのです。国民の知る自由に支えられて、報道の自由は確固たるものとなっています。

もちろん、絶対的な情報量の違いということもありますが、テレビではその夜の報道番組で演説の主要ポイントとコメンテーターの意見が伝えられます。少々過激な発言をキャスターがしてくれると面白いなと思いはしますが、それはバラエティの出演者の毒舌までです。もちろん、バラエティでは政治的発言は控えられます。

このような放送における表現の自由と自主規制について、放送の法的枠組みから以下に考察します。

表現の自由と自主規制

表現の自由について、日本国憲法21条の規定があります。この21条には放送の自由について明文の規定はありませんが、「言論、出版その他一切の表現の自由」と条文にあるように、放送における表現の自由もこの規定によって保障されていると解されています。しかし、放送は、新聞や雑誌等と異なり、別の明文の規定による規制が行なわれています。新聞や雑誌はほとんど規制がないうえに、歴史的に報道の自由が確立されているのですが、放送メディアは、新聞や雑誌とは異なり電波法や放送法といった放送の根幹に係わる法制度において規制が行なわれているのです。これについては、電波の希少性や放送の社会的影響力ということで説明されています。

電波の希少性については次のように指摘されています。すなわち、「限られた数の周波数を使って放送という有力な言語表現手段を利用しうる者は、国民からのいわば『受託者』として、とりわけ放送番組における公平性の確保をはじめとするさまざまな規制に服することが、当然であると理解されてきたのである」（浜田純一『情報法』有斐閣、1993、92頁）。このような特徴から、放送への法的規制も特別な配慮が見られます。

まず、放送メディアの特徴として、電波の希少性ということをあげましたが、そのことは同時に、放送事業の免許制の根拠となっているのです。電波法4条に「無線局を開設しようとする者は、総務大臣の免許を受けなければならない」とあり、放送局を開設する者は、総務大臣の免許を必要とします。免許というのは、無線局の免許ということで、電波の割り当てや放送対象地域などが、そこで免許されるのです。さらに、免許の期間は５年間で、放送局は５年ごとに免許の更新を行なうことになります。

放送というメディアが免許制度の下に維持されているというと、政府の言論統制下にあるような印象をもつのですが、この免許制度は、放送事業という、いわばハード面に対するもので、言論の主体としてのソフト面である番組内容については、放送法という別の法律によって規定されています。このことによって、言論統制とならないように制度と法規制のバランスをとっていると考えられているのです。

放送法１条（以下断りがない場合は放送法）の目的に次のように規定されています。

１条　この法律は、左に掲げる原則に従つて、放送を公共の福祉に適合するように規律し、その健全な発達を図ることを目的とする。

一　放送が国民に最大限に普及されて、その効用をもたらすことを保障すること。

二　放送の不偏不党、真実及び自律を保障することによつて、放送による表現の自由を確保すること。

三　放送に携わる者の職責を明らかにすることによつて、放送が健全な民主主義の発達に資するようにすること。

放送局は、放送番組等を「公共の福祉に適合するように規律」しなければならず、さらに、同条２号において、「放送の不偏不党、真実及び自律を保障することによつて、放送による表現の自由を確保すること」と、放送の表現が中立を守ることとされています。これは、公平性の要求といわれるもので、アメリカにおける「フェアネス・ドクトリン＝公正原則」にほぼ該当するといわれています。このことによって「放送による表現の自由を確保すること」となっているのです。徹底した中立的立場が、表現の自由を確保することになる、という前提でこの規定はあります。

３条には次のように規定されています。

（放送番組編集の自由）

３条　放送番組は、法律に定める権限に基く場合でなければ、何人からも干渉され、又は規律されることがない。

放送番組が法による以外は、干渉や規律から自由であるということを規定しているように解せられますが、これは放送番組について、「法律に定める権限」によって規制する可能性を規定した、ということになります。

明治憲法における「法律の留保」とも見まがう規定となっています。伊藤博文は『憲法義解』で、臣民の権利は厚く保護しなければならないから命令などのような簡易な手続きで簡単に制限されないように、わざわざ「法による規制」というより厳格な手続きを規定した、と述べているところと重なります。明治憲法の「臣民の権利」がその後どのようになったかは明らかです。もちろん、放送法は戦後のもので、戦前・戦中の経験が生かされているのですから、憲法21条と微妙になるのは当然です。そこで、解釈上は、手続きの厳格化だけではなく、表現の自由は絶対的権利ですから、最低限の規制基準として、公共の福祉と政治的公平性を求められているものと解されています。

続いて、4条には次のように規定されています。

（国内放送の放送番組の編集等）

4条　放送事業者は、国内放送及び内外放送（以下「国内放送等」という。）の放送番組の編集に当たつては、次の各号の定めるところによらなければならない。

一　公安及び善良な風俗を害しないこと。

二　政治的に公平であること。

三　報道は事実をまげないですること。

四　意見が対立している問題については、できるだけ多くの角度から論点を明らかにすること。

ここでは、①「公安及び善良な風俗を害しないこと」、②「政治的に公平であること」、③「報道は事実をまげないですること」、④「意見が対立している問題については、できるだけ多くの角度から論点を明らかにすること」の四つの準則が定められています。

公序良俗を害しないということ、公平性の要求は、暗黙の了解を規定したものといえます。さて、事実を報道しなければならないことですが、これは、名誉毀損との関係においても、報道する側に事実であることを証明する責任があるので、当然のことといえます。

しかし、意見の対立があるときは「できるだけ多くの角度から論点を明らかにすること」とあるのは、テレビ局の独自の立場での政治的意見の表明はできないことになります。新聞などが社説や論説において自らの意見や政治的意見の表明をすることができることと比べて、かなり厳しい規定だといえるでしょう。

放送番組においてテレビ討論会が多いのは、その番組の迫力だけではなく、こういった制約も根拠となっているということを考えなければなりません。一見、保守的な番組でも必ず対立する論客をメンバーに入れているのはこういうことです。

放送法が改正される前には、この条文の第２項に「番組調和原則」が規定されていました。つまり、政治的主張だけでなく、教養や娯楽の総合的な番組編成を行なうことが求められていたのです。現在はその条項が削除されましたが、番組調和原則の運用状況の公表ということが、５条で義務づけられました。一歩踏み込んだ規定となったといえます。

（番組基準）

５条　放送事業者は、放送番組の種別（教養番組、教育番組、報道番組、娯楽番組等の区分をいう。以下同じ。）及び放送の対象とする者に応じて放送番組の編集の基準（以下「番組基準」という。）を定め、これに従つて放送番組の編集をしなければならない。

２　放送事業者は、国内放送等について前項の規定により番組基準を定めた場合には、総務省令で定めるところにより、これを公表しなければならない。これを変更した場合も、同様とする。

この規定によって、「放送事業者」・放送局は、放送番組基準を定めることが義務づけられ、また、その基準を公表しなければなりません。さらに、それらの基準が番組に対して適正に適用されているかをチェックするために、放送番組審議機関を設置することが求められているのです。

（放送番組審議機関）

6条　放送事業者は、放送番組の適正を図るため、放送番組審議機関（以下「審議機関」という。）を置くものとする。

2　審議機関は、放送事業者の諮問に応じ、放送番組の適正を図るため必要な事項を審議するほか、これに関し、放送事業者に対して意見を述べることができる。

3　放送事業者は、番組基準及び放送番組の編集に関する基本計画を定め、又はこれを変更しようとするときは、審議機関に諮問しなければならない。

4　放送事業者は、審議機関が第二項の規定により諮問に応じて答申し、又は意見を述べた事項があるときは、これを尊重して必要な措置をしなければならない。

5　放送事業者は、総務省令で定めるところにより、次の各号に掲げる事項を審議機関に報告しなければならない。

一　前項の規定により講じた措置の内容

二　第９条第１項の規定による訂正又は取消しの放送の実施状況

三　放送番組に関して申出のあつた苦情その他の意見の概要

6　放送事業者は、審議機関からの答申又は意見を放送番組に反映させるようにするため審議機関の機能の活用に努めるとともに、総務省令で定めるところにより、次の各号に掲げる事項を公表しなければならない。

一　審議機関が放送事業者の諮問に応じてした答申又は放送事業者に対して述べた意見の内容その他審議機関の議事の概要

二　第4項の規定により講じた措置の内容

審議機関は放送局に対して、番組の適正を図るために審議し、意見をのべることができます。さらにこの規定に基づいて、放送局はそれらの意見を尊重して、必要な措置を行なうことが義務づけられているのです。また、これらの審議内容や意見は公表されなければなりません。つまり、このことによって、番組基準や審議会の意見に対して放送局は従わなければならないのです。

さて、これらの規定に反した場合は、どうなるのでしょうか。電波法によれば、次のような規定があります。

76条　総務大臣は、免許人がこの法律、放送法若しくはこれらの法律に基く命令又はこれらに基く処分に違反したときは、3箇月以内の期間を定めて無線局の運用の停止を命じ、又は期間を定めて運用許容時間、周波数若しくは空中線電力を制限することができる。

電波法及び放送法への違反が認められたときは、総務大臣によって、放送事業免許の停止という処分が可能なのです。もちろん、この強制力があるからといって、すぐさま、放送番組編集の準則が拘束力を持つかといえば、そうではありません。先にのべたように、日本国憲法21条・表現の自由の規定からいっても意見の分かれるところです。

通説では、これらの規定による番組の準則等は、精神的・倫理的なものと解しています。言い換えれば、これが、放送番組の規制の中核である倫理規定や自主規制を支えるものだということなのです。放送が公共の福祉に奉仕し、公平性の要求に忠実な番組を制作することが、放送の表現の自由を確保することになると放送法制は考えているのです。

重ねて言いますが、いくら、電波法・放送法において法的規制の規定があるといっても、実際に法規制が行なわれれば、それら法律行為については、あらためて憲法判断が行なわれなければならないのは当然のことです。

自主規制と放送倫理

以上の放送法等の規定に基づいて、放送局はそれぞれの放送基準を自主的に決めて、自主規制を行なうべきことが義務づけられています。さて、放送法には2章に日本放送協会（以下NHK）についての規定があります。これは、NHKの憲法ともいうべきものですが、その81条に番組編集の基準が重ねて示されています。

（放送番組の編集等）
81条　協会は、国内基幹放送の放送番組の編集及び放送に当たつては、第4条第1項に定めるところによるほか、次の各号の定めるところによらなければならない。

一　豊かで、かつ、良い放送番組の放送を行うことによつて公衆の要望を満たすとともに文化水準の向上に寄与するように、最大の努力を払うこと。

二　全国向けの放送番組のほか、地方向けの放送番組を有するようにすること。

三　我が国の過去の優れた文化の保存並びに新たな文化の育成及び普及に役立つようにすること。

4条1項の4準則に加えて、さらに3準則を挙げているのです。すなわち、①「豊かで、かつ、良い放送番組を放送し又は委託して放送させることによつて公衆の要望を満たすとともに文化水準の向上に寄与するように、最大の努力を払うこと」、②「全国向けの放送番組のほか、地方向けの放送番組を有するようにすること」、③「我が国の過去の優れた文化の保存並びに新たな文化の育成及び普及に役立つようにすること」です。

これを受けて、NHKでは「日本放送協会番組基準——国内番組基準」の前書きで次のようにNHKの番組つくりの精神をうたい、放送番組に編集基準を定めています。

日本放送協会は、全国民の基盤に立つ公共放送の機関として、何人からも干渉されず、不偏不党の立場を守って、放送による言論と表現の自由を確保し、豊かで、よい放送を行うことによって、公共の福祉の増進と文化の向上に最善を尽くさなければならない。

> この自覚に基づき、日本放送協会は、その放送において、
> 1　世界平和の理想の実現に寄与し、人類の幸福に貢献する
> 2　基本的人権を尊重し、民主主義精神の徹底を図る
> 3　教養、情操、道徳による人格の向上を図り，合理的精神を養うのに役立つようにする
> 4　わが国の過去のすぐれた文化の保存と新しい文化の育成・普及に貢献する
> 5　公共放送としての権威と品位を保ち、公衆の期待と要望にそうものであることを基本原則として、ここに、国内放送の放送番組の編集の基準を定める。

民間放送においても、日本民間放送連盟放送基準が決められています。ここで、NHK と異なるのは、商業放送であるため、広告に関する基準が決められていることです。前文には次のように精神がうたわれています。

> 民間放送は、公共の福祉、文化の向上、産業と経済の繁栄に役立ち、平和な社会の実現に寄与することを使命とする。われわれは、この自覚に基づき、民主主義の精神にしたがい、基本的人権と世論を尊び、言論および表現の自由をまもり、法と秩序を尊重して社会の信頼にこたえる。放送にあたっては、次の点を重視して、番組相互の調和と放送時間に留意するとともに、即時性、普遍性など放送のもつ特性を発揮し内容の充実につとめる。

そして、「１正確で迅速な報道、２健全な娯楽、３教育・教

養の進展、4児童および青少年に与える影響、5節度をまもり、真実を伝える広告」という五つの項目が挙げられています。

また、放送基準とは別に、「日本民間放送連盟放送倫理基本綱領」（1996〈平成8〉年9月19日制定）が、NHKと共同で制定され、ここでは以下のように宣言されています。

放送は、民主主義の精神にのっとり、放送の公共性を重んじ、法と秩序を守り、基本的人権を尊重し、国民の知る権利に応えて、言論・表現の自由を守る。

放送は、いまや国民にとって最も身近なメディアであり、その社会的影響力はきわめて大きい。われわれは、このことを自覚し、放送が国民生活、とりわけ児童・青少年および家庭に与える影響を考慮して、新しい世代の育成に貢献するとともに、社会生活に役立つ情報と健全な娯楽を提供し、国民の生活を豊かにするようにつとめる。放送は、意見の分かれている問題については、できる限り多くの角度から論点を明らかにし、公正を保持しなければならない。

放送は、適正な言葉と映像を用いると同時に、品位ある表現を心掛けるようつとめる。また、万一、誤った表現があった場合、過ちをあらためることを恐れてはならない。

報道は、事実を客観的かつ正確、公平に伝え、真実に迫るために最善の努力を傾けなければならない。放送人は、放送に対する視聴者・国民の信頼を得るために、何者にも侵されない自主的・自律的な姿勢を堅持し、取材・制作の過程を適正に保つことにつとめる。

これは、放送の制度を再確認する内容となっています。つまり、メディアとしての社会的影響力を自覚し、公平原則を厳格に守り、自己の政治的意見の表明に禁欲的になることが、結局、表現の自由を守ることになるとして、「何者にも侵されない自主的・自立的な姿勢」である自主規制を堅持することにつとめるとするのです。

これらの基準や倫理綱領を大きな枠組みとしながら、放送番組はつくられます。それぞれの現場ではガイドラインが、つくられていくことになるわけです。そして、チェックする機関として、放送番組審議会が各放送局に設置され、それぞれの局独自に制作された番組に対して評価を行なっています。この審議会は第三者による意見を聴取するものではありますが、組織的には各放送局内部に位置づけられています。

NHK の放送番組審議会の規定は以下のものです。

（放送番組審議会）

82 条　協会は、第 6 条第 1 項（前条第 6 項において準用する場合を含む。）の審議機関として、国内基幹放送に係る中央放送番組審議会（以下「中央審議会」という。）及び地方放送番組審議会（以下「地方審議会」という。）並びに国際放送及び協会国際衛星放送（以下この条において「国際放送等」という。）に係る国際放送番組審議会（以下「国際審議会」という。）を置くものとする。

2　地方審議会は、政令で定める地域ごとに置くものとする。

3　中央審議会は委員 15 人以上、地方審議会は委員 7 人以上、国際審議会は委員 10 人以上をもつて組織する。

4　中央審議会及び国際審議会の委員は、学識経験を有する者のうちから、経営委員会の同意を得て、会長が委嘱する。
5　地方審議会の委員は、学識経験を有する者であつて、当該地方審議会に係る第２項に規定する地域に住所を有するもののうちから、会長が委嘱する。
6　第６条第２項（前条第６項において準用する場合を含む。第８項において同じ。）の規定により協会の諮問に応じて審議する事項は、中央審議会にあつては国内基幹放送に係る第６条第３項に規定するもの及び全国向けの放送番組に係るもの、地方審議会にあつては第２項に規定する地域向けの放送番組に係るもの、国際審議会にあつては国際放送等に係る同条第３項に規定するもの及び国際放送等の放送番組に係るものとする。
7　協会は、第２項に規定する地域向けの放送番組の編集及び放送に関する計画を定め、又はこれを変更しようとするときは、地方審議会に諮問しなければならない。
8　第６条第２項の規定により協会に対して意見を述べることができる事項は、中央審議会及び地方審議会にあつては国内基幹放送の放送番組に係るもの、国際審議会にあつては国際放送等の放送番組に係るものとする。（放送番組審議会）

44条の２　協会は、第３条の４第１項の審議機関として、国内放送及び受託国内放送（以下この条において「国内放送等」という。）に係る中央放送番組審議会（以下「中央審議会」という。）及び地方放送番組審議会（以下「地方審議会」という。）並びに国際放送及び受託協会国際放送（以下この条において「国際放送等」という。）に係る国際放送番組審議会（以下「国際審議会」という。）を置くものとする。

NHK の放送は、国内放送と国際放送に分けられ、さらに国内放送は地方と中央とに分けられています。つまり、番組の制作が行なわれるところには必ず、審議会を置くということになります。これらの審議会によって定期的に番組内容への評価が行なわれ、審議内容は規定にあるように公開されています。

民間放送においても同じように、自主規制が行なわれており、審議内容についてもインターネットのホームページで公開されています。その審議内容は問題点を指摘する面もありますが、好ましい番組としての評価も行なわれています。これらの意見が、ある程度拘束力をもっていることについてはさきにのべた通りです。

自主規制の問題点

放送制度において、その表現を規制するものは基本的に、放送局自身による自主規制であるのは、今までにのべたところです。ただ、日本の自主規制のあり方の特徴は、自主規制が法律によって規定されていることです。つまり、放送局は、自主規制することを法によって強制されているのです。ペナルティも規定されています。これは、自主規制が当事者の主体的・自律的な行為であることを考えれば、余計なおせっかいという感があります。

権力側は、表現の自由を保障するだけでよいはずです。しかし、放送制度における自主規制は、法によって規定されているのです。

では、なぜ、自主規制なのか。最も明確な答えは、憲法21条との整合性です。すなわち、直接の法規制は表現の自由の侵害であり、検閲となるからです。しかし、だからといって、社会的影響力をもつメディアに対して何の秩序も規制もなしに、政府としてはそのままにしておくことはできません。まさに秩序維持的発想からいえば、放っておくことなどできないのです。

戦前・戦中と放送メディア（ラジオ）との確執を経験したアメリカの経験からいえば、放送メディアに対して公正原則の遵守を要求することは重要なことだったのです。皮肉にもアメリカにおいては「フェアネス・ドクトリン」（公正原則）をメディアに要求することは、表現上の萎縮効果をもたらすとして、すでに廃止されています。そもそも公平といっても具体的にどのような表現が公平なのか、何も示していないのと同じということになります。もちろん、日本においても同様にその内容がたいへんにあいまいであるという指摘があり、この点からの批判もされています。

そして、自主規制として最も問題となるのは、いったい誰が自主規制するのかということです。つまり、自主規制の主体です。表現の自由や報道が視聴者のためにあるというのなら、自主規制の主体は視聴者の知る権利にそったものであって当然です。

しかし、一般に指摘されていることは、意思決定の最終的な権限が経営者や管理職の手に握られていることです。（田宮武『マスコミと差別語の常識』明石書店、1993、23頁）つまり、自主規制の基準は視聴者ではなく、政府や企業の利益であり、そこには、基本的人権への配慮を欠いてきたという批判に充分にこたえることができないという事実もあるのです。

自主規制の代名詞のように称されている差別語などのいいかえ集などについては、それがつくられている背景に、「それは、人々の基本的人権を守るためにとられた姿勢ではなく、むしろ放送局自体の利益を守るための自己保身の術にすぎないだろう」（田宮・前掲書 46 頁）という厳しい指摘があります。

実際、日本において、さまざまな業界における自主規制が本来、自律的規制ではなく、行政行為の受け皿としての他律的規制となってしまっているという指摘は、根強くあります。（新藤・前掲書）そこでは、「長いものにはまかれろ」とか「さわらぬ神に……」式に主体性のないトラブル回避が日常化している背景を指摘されています。そして、そこでの自主規制が弱者に対するものではなく、組織防衛という面が強いということも指摘されています。

報道被害

たとえば、「報道被害」という言葉が生まれている中で、取材や報道の仕方に批判が集まっている状況があります。その中で、日本テレビ取材・放送規範では取材や放送のあり方について、以下のように自主規制規範を決めています。

取材・放送は、人権を尊重し、不当に名誉を傷つけたり、不当にプライバシーを侵害してはならない。
一、事件・事故の取材・放送は、被害者及び被害関係者の心情を最大限配慮しなければならない。

一、事件・事故の取材では、集団取材や強引な取材によって被害者や家族を困惑させないよう配慮しなければならない。
一、個人の私生活の場に不当に立ち入り、撮影を行なってはならない。
一、放送すべき公共性が認められる場合以外に、プライバシー侵害に当たるような隠し撮りをしてはならない。
一、人種、性別、宗教、国籍、職業などによって差別してはならない。
一、放送目的で得た個人情報を目的外に使用したり、外部に漏らしてはならない。

この自主規制規範の宣言が、取材や報道への批判をかわすものであるとは、一概にいうことはできませんが、放送局においては、このようなルールを無視して取材されたものは一切報道しないという姿勢が貫かれていなければ、この規範が画餅に帰してしまうのは明らかです。松本サリン事件のような場合だけでなく、取材による被害について日常的に報告されている現状からいえば、この規範が厳格に守られているならば、取材現場での摩擦はかなり減少しているといえるでしょう。しかし、現実には、情報の希少性や速報性の競争が激しくなっていることは否定できません。

自主規制の課題 —— 人権侵害に対する救済活動

これら、放送による人権侵害に対する救済機関として、BPO（放送倫理・番組向上機構）が設立されています。NHK と民間放送連盟の会員各社が会員となっているものです。放送による人権侵害について、ここで受理され、審理されます。放送による被害を受けた人が、BPO への苦情申し立てを行ない、BPO では、それらの案件を審理して、当事者双方へ通知し、内容について公表しています。

BPO の前身である BRO 時代に、被害者の申し立てをまたずに各社に対して要望を行なったものに（重大な権利侵害は申し立てを待たずに行なえる）、「桶川女子大生殺害事件」があります。二次的報道被害を引き起こさないようにとの初めての要望でした。

これらの活動は、きわめて地味です。それに、対応は放送による被害が起こってしまってからという、当たり前ですが、被害者にとってはなんとも歯がゆい状況であることには違いありません。

しかしながら、訴訟による法的救済を考えると、救済までのスピードや効果ということにはまだまだ問題があり、費用の点でもすべての人にその門戸が開かれているとは言いがたい現状があります。また、確認、宣言されてきた放送倫理や自主規制規範は、それぞれ放送の現場での問題点を共有化したものには違いありませんが、BPO のようにその審理内容や過程が公表されたものではありません。たしかに、BPO の活動は地味ではありますが、ここでの地道な蓄積によって、さらなる自主規制規範が明文化され、各放送局によって確認され共有されていくことがたいせつなのです。

自主規制とは、けっして密室での内部的な問題の処理を意味しません。それは、放送が、市民の意見を代弁する真の機関として、自立するための試金石なのです。

COLUMN 罪刑法定主義と法治主義について

二つの「罪刑法定主義」

近代的法治主義を考えるうえで、「罪刑法定主義」という原則があります。これは、刑罰権が権力に集中するため、権力の都合によって刑罰が決められたのではかなわないので、権力の刑罰権の行使をその法的手続きで制限するというものです。具体的には法律で決まっている犯罪とそれに対する刑罰しか行使できないというものです。

ところで、この「罪刑法定主義」は古代中国の律令制度にもあります。その「罪刑法定主義」とは、刑罰を勝手に解釈適用するなという点ではよく似ていますが、目的と効果という点で、近代的法治主義における「罪刑法定主義」とは真逆の関係にあります。それは、法や重罪を決める権限を皇帝に集中するため、それらの法を地方の役人に勝手に解釈・運用させないようにするための「罪刑法定主義」ということなのです。皇帝支配の貫徹といってもいいでしょう。

近代法における「罪刑法定主義」は権力行使を制限するためですが、中国のそれは絶対的皇帝権力を維持するための原則です。

それでは、中国律令を継受した日本ではどうだったのでしょうか。

日本の律令制度

古代の日本は律令制度です。中国の律令制度をうまく日本的に取り入れて実情にあうようにしています。現代中国の基本でもある「宗族」の根拠「礼制」については、当時の日本の家族制度とあわないということで、とりいれることはしませんでした。さらに「革命」思想もとりいれていません。

じっさい、律令制度も古代日本において、枠組みとしてはある程度有効だったのでしょうが、地方では豪族の支配が優先で、律令制度が貫徹していたわけではないようです。中央政府は、律令制度の官職に地方豪族をとり込んでいきますが、中央の期待するような公地公民制や税制は最初から実現しているとはいい難い状況でした。平安時代を終わらせるように地方の武士団がさまざまに活躍し始め、武家の世となっていきますが、それは、律令制度の枠組みの中で地方豪族たちが力を養い、成長したともいえるのです。

武家の棟梁として初めて将軍となる源頼朝は、武力による暴力支配だけではなく、それらを背景としながら、在地の慣習法を大切にして裁判をし、それらの判決をもとに権利を構築していきます。それは、当時の天皇や公家の支配する荘園に、民衆の生活を打ちたてていくものでした。律令に対抗する「御成敗式目」が制定されたのも武家の支配の宣言です。その時代から、大政奉還まで強弱はありますが、将軍が支配する時代が続くのです。

ところで、江戸時代はたいへん特徴的な法の支配がありました。それは、隠された法の支配ともいうべきものでした。律令ならば法を公開することが原則です。ところが、その律令の頂点にいる天皇から征夷大将軍を任命され、幕府を開くと、将軍はいわゆる戒厳令を敷き、みずから法をつくり、支配することができます。

将軍の法

江戸時代は、幕府によって法がつくられ、律令や御成敗式目などとは異なり、武家にも大衆にも公開されることはありませんでした。もちろん、個別に禁令などが高札で示されることはありますが、法律が公布されるという手続きがないのです。たとえば、公事方御定書が吉宗の頃に作られますが、この法律について公開されることはなく、解説書などの発行も禁止されていました。

幕藩体制下の各藩にはそれぞれ独自の法律があり、藩法と呼ばれていました。それらの法律はそれぞれの藩で自主的につくることができ、藩の実情などが反映されているのですが、肝心なところは、どの藩も似たり寄ったりのものとなるのです。もちろん、お手本が幕府にあるのです。その情報をなんとか手に入れるということが江戸時代には盛んに行なわれていたといわれています。

また藩では、それぞれの村に村法を作らせ、提出させます。一見、自治的な村落運営のようですが、じつはそうではありません。藩の持っている「ひな型の村法」になるまでやりとりが続くのです。村法が藩の思惑に合わなければ突き返されるのです。それで、村の庄屋はなんとかして、「ひな型の村法」の情報を集めるのです。そしてやっとこさ、殿様（藩）の意向を「忖度（そんたく）」した形で「村法」を作成して、役人に提出するのです。

そこでの法は自分たちがそうすると決めた法ですから、その適用にあたって「不服」はありません。上からの支配でありながら、自分たちが決めた法で自分たちが処分されるのです。なにか、お上は理不尽な支配をするというようなイメージがありますが、そこでの支配は形式上納得づくということです。というよりは、形式上、下からの自主的な服従ですが、実質上は上からの支配です。もちろん、そこにはからくりもあります。

お尋ねという検査

紀州藩の牢番頭家文書の中に「御用留」と呼ばれる公用日記がありますが、そこに、奉行からお尋ねがあったので、回答したという記事が残されています。その記事には、牢番たちの役負担や権限の範囲が書かれています。これについては、奉行が知らなかったから、牢番頭たちに尋ねたといわれています。そのことから、実質的な城下町の警察・行刑などの秩序維持に対して、牢番頭たちがかなりのノウハウやスキルをもっていたと考察されています。もちろん、それらの知識や技術は確かに高度なものをもっていたようですが、奉行の側が本当にそれらを知らないから尋ねたのでしょうか。

つまり、牢番たちの仕事を自分たちで申告させて、その忠誠度をはかったともいえる手続きではないかと思えるのです。

本来、法が公開され、合意されていれば、それが両刃の効果を発揮して権力行使まで拘束することになります。ところが、江戸時代のような「法の支配」は、ある行為が権力にとって不都合となれば、いつでもひっくり返すことができます。なぜなら、幕府が決めた法ではなく、自分たちが出してきた法だからです。もちろんそういう可能性があるということです。法が法であって法でないのです。その時のお上の意向が大切なのです。これが、権威主義的法支配のからくりです。

現代日本の法治主義

自主規制の概論的な章で、自主規制は行政指導の受け皿ということ、さらに放送制度においては自主規制が義務づけられているということについて学んできました。そして、その自主規制が近代法の法治主義と相性が悪いというのは、ここにのべた点にあります。

現在の自主規制では、江戸時代のように、「お上の意向」を忖度しながら、自分たちの行動を決定するということを否定できません。
　今までは、指示や合意に際して行政からのお願いや業者側の「阿吽（あうん）の呼吸」といわれる方法が多かったのですが、これからは、行政の意思を忖度するのは当たり前というような高圧的で権威主義的な面を表に出してくることも充分に考えられることです。

自立と自律

　表現の自由は、他面、政治的自由ともいわれています。近代法では、内心については介入しないのが本来のあり方です。あくまでも行為としてあらわれたものが判断・評価の対象となります。つまり、政治的な自由を保障するということは、内心の自由などではなく、表現の自由を守ることこそが重要なのです。
　江戸時代、キリシタンを摘発するために「踏み絵（絵踏み）」という手法がとられました。マリア像やキリスト像を踏ませることによって、自分はキリシタンではないということを証（あか）すわけです。これは、信仰を表に強引に引きずり出すやり方です。表現の自由は、この「踏み絵」を拒否することを保障することです。拒否したとしても不利益な扱いをされない、ということが保障ということです。「踏み絵」をさせない、つまり、「踏み絵」そのもののアイデアを否定することに他なりません。
　日本には、「面従腹背（めんじゅうふくはい）」などというお気楽な意見もありますが、信仰とはそんなものではありません。またそういうグレイゾーンが信教の自由や表現の自由にあってはなりません。

　これらの自由が理解され、保障されることによって、他律的でない、自律的な民主主義社会が初めてめざされます。今まで、そのためにおびただしい血が流されて、その原則が獲得・法定されました。それらの歴史の重さを学びながら、表現の自由の真の意義を考えていくべきでしょう。

18　著作権 Q&A

【問 1】　俳句、短歌、標語、キャッチフレーズ（キャッチコピー）は著作物ですか。

【答】　この質問は、著作物であるかどうかということに、文字数は関係あるのかということになるのでしょうか。その点は、本文でも説明しましたが、短歌や俳句は創作性のある著作物として認められています。その意味では、短いからだめということはないようです。しかし、標語、キャッチフレーズなどは、以前は著作物とは認められていなかったのですが、著作物として認める判決が出され、その創作性が吟味されなければなれないとされています。（東京地裁平成 13 年 5 月 30 日判決）つまり、俳句や短歌と同じような創作性が認められれば、著作物だと認められるということです。

一方で、本や映画、音楽のタイトルは著作物としては認められていません。これは、こういうものまで著作物として認めてしまうと、新たな著作物を創作することがかなり困難になってくるという、たいへん現実的な要請からくるものだろうと思います。

いずれにしろ、著作物であるかどうかは、著作物の定義に当てはまるかどうかということです。

【問２】　民話、伝説等を古老から聞き書きをしたものを集めて、民話集や伝説集をつくりたいのですが、気をつけることは何でしょうか。

【答】　民話や伝説の聞き書きという手法はよく行なわれます。民話や伝承・伝説はもともとは創作かもしれませんが、すでに著作権の保護期間を過ぎたものと考えることができるでしょう。これを忠実に採録する場合は、創作性が認められませんから、当然、著作物ではないということになります。ただ、その話をそのまままとめるのではなく、採録者の解釈を付け加えたり、脚色を施したり、新たな創作性が加えられていると認められれば、新たな著作物であることになります。

それから、著作物でない民話や伝説の聞き書きを収録したものは、素材が著作物ではないので、著作物にはならないのではないかと思いがちですが、編集著作物の項目を思い出してください。素材に著作物性がなくても、その選択と配列に著作物性が認められれば、立派な編集著作物です。つまり、著作物であるということです。

これは、古文書を忠実に翻刻する作業でも同じです。歴史資料を編纂する際に、古文書の翻刻という作業を行ないます。しかし、その作業が忠実で、正確であるということは、たしかに、作業上の努力はかなりのものですが、できあがった史料は著作物ではありません。ただし、その古文書群を編纂して史料集にした場合、編集著作物として成立します。

史料集を編纂するために選択や配列を行なうことは当たり前で、そこには編纂にかかわった人々の研究関心や研究動向が反映されています。

【問３】 偶然、交通事故の現場をスマホで撮影し、それが新聞に採用されたのですが、これは著作物ですよね。

【答】 そうですね。まず、写真の著作物に何か条件がつくのかということを考えてみましょう。写真は基本的には記録する道具です。そのために、写真著作物として認める場合は、照明や構図などの配慮等を考慮しているようですが、この条件も一応のものです。そのように考えてみたとき、複製を作るための記録という以外はほとんど著作物として認めていいのではないかと思います。

そもそも、著作物は、創作者がプロであるかどうかを問いませんし、ましてや使用している道具の価値までは問いません。ですから、偶然に居合わせた事故の写真を「迫真のアングル」で撮影した場合は、著作物であるということになります。

質問は、新聞に採用されたという自慢話まで書いていますが、採用先が新聞社であろうとテレビ局であろうと、著作物であることに変わりありません。新聞社やテレビ局が写真や映像の著作物性を決めるわけではないですから。

ただ、事故処理のために撮影された記録写真は著作物とはいいにくいです。創作性を排除して、あくまでも記録に徹するわけですから。損害保険の事故処理担当者がライティングとか角度に凝ってると仕事になりませんものね。じっさい、トラックの積荷の記録写真は重要で、補償額の算定の決め手にもなります。

ところで、カメラを定点に固定して記録する場合、著作物とはならないという説明が行なわれます。交差点やコンビニなどに設置されている防犯カメラの映像を想定しているのです。しかし、創作方法として大阪駅の歩道橋から雑踏を定点で写真撮影して、一連の写真として提示するということが考えられますが、これを著作物と認めるのは可能だと思います。

また、たとえば犬の首に取り付けたカメラで撮影された写真や動画も著作物と認められると思います。犬が撮ったからだめだということではなく（最初から犬に撮れるわけないですから）、当然、飼い主か誰かがそういう撮影方法を意図して行なったということになります。

なんか、説明していて、むなしくなりますね。まあ、どんな方法でもいいから試してください。最近は、いわゆる人間の恣意性や主観をあえて排除するという創作方法もあるようですから。

【問４】　美術館所蔵の絵画作品のカタログを作りたいのですが。

【答】　写真は、被写体が平面か立体かでその性格が変わるということでしたね。つまり、平面の美術著作物を忠実に撮影したものは、創作性が認められず、複製ということになります。いくら照明や色彩に凝っても、原作に忠実であれば、二次的著作物とはいえません。立体の方は、構図やライティングなどで創作性が生かされるチャンスがありますので、二次的著作物となります。ですから、この場合の絵画作品のカタログ用の写真は著作物とはなりません。ただし、カタログ自体は編集著作物となります。

ところで、展示カタログとか所蔵カタログをつくる時は、その写真はすべて美術作品の複製にあたるということに注意してください。というのも、あまりにも豪華愛蔵版なんてつくると、画集を新たに作ることになり、画家の著作権を侵害することになります。予算をかけずにシンプルにいきましょう。

【問５】　日本人の写真家の撮影した、有名な外国の映画スターの写真を、新製品の広告用のポスターに使おうと思うのですが。

【答】　まず、写真家の写真の著作権、次にその映画スターの肖像権です。本来、肖像権はプライバシーとの関係で出てきますが、有名な人の場合は、それが経済的価値を生み出しますので、区別してパブリシティの権利として認められています。もともと、条文にはそのような規定はないのですが、判例や学説などで形成されてきたものです。

このように、経済的価値を生み出す肖像やキャラクターなどの著作権や意匠権などを総合して、「商品化権」と業界では呼んでいるようです。

ところで、肖像権の質問で、アイドル握手会の写真を自分のHPにアップしたいという質問がありました。これは、写真集の写真にしろ、自分の撮影した生写真でも肖像権の許諾が必要となります。他人の写真は当然、著作権の許諾も必要です。インターネットでの複製は私的利用の範囲とはなりません。公衆送信権の考え方が、これからもっと複雑・多岐になっていくでしょうね。

【問６】　企業が新製品のキャンペーン用にプロのロックバンドの演奏会を企画することになりました。入場は無料なので、著作権料の支払いは必要がないと思うのですが。

【答】　無料の演奏・上演ならば、著作権の許諾は不要である、というのは著作権制度の中でも重要な柱の一つです。つまり、著作権法第 38 条の営利を目的としない上演等にあたるかどうかということです。しかし、著作権の制限にあたりますから、ここは慎重に考えなければなりません。ここでは、営利をどう考えるかということになります。無料といっても、企業の新製品のキャンペーンに利用しているわけですから、結局、営利活動の一環ということになります。それに、プロのバンドである以上、ギャラが支払われているはずですから、その点でも非営利という訳にはいきません。ということで、これは非営利にあたらないということになります。この条文の非営利というのはかなり厳密ですので、心してください。

それから、学生諸君、バンドをやってる人が多いと思いますが、コンサートで誰かのコピーをしたときは、かならず、著作権使用料を払ってください。学園祭でのイベントで使用している音楽著作物、これについてもちゃんと JASRAC の窓口で相談してください。将来、著作権で身を立てようという人が他人の著作権をないがしろにするなんてことは、ゆめゆめしないようにしてくださいね。学園祭実行委員会にお願いしておきます。

【問７】　飲み屋で隣に座った人の話が、たいへん面白かったので、自分で脚色を加えて小説にしたら、ベストセラーになりました。後で、その人物が、自分の話をもとにしたのだからと著作権侵害で訴えてきた場合、どのように考えるべきでしょうか。

【答】　この場合考えられるのは、複製権の侵害か、二次的著作物に対する翻案権の侵害ということになるのでしょう。

問題は、その小説が、どれほど、その話をもとにしているのか、いいかえれば、その隣に座った人がどれほど関与しているかによって異なるでしょう。

さて、飲み屋で聞いた話が著作物であるかどうかということを考えてみなければなりません。もちろん、言語の著作物は固定されていようといまいと関係ありませんので、口頭での話を著作物とすることは問題ありません。次に、どれほど、その話をもとにしているかということが検証されなくてはなりません。というのも、その話が、小説をつくるアイデアやインスピレーションとなっただけなら、これは、複製でも翻案でもないということになります。というのも、話それ自体は著作物かもしれませんが、そのアイデアの部分やインスピレーションとして影響を与えただけとなります。その場合は、著作権侵害とはならないと考えるべきでしょう。

たとえば、たいへんに面白い大型合体メカロボットの話があったとして、その大型ロボットが人間と合体して敵と闘うというのはアイデアにあたります。マジンガーZ、ガンダム、エヴァンゲリオンなどはまさにそのアイデアから創作されていますが、それぞれにさまざまなひねりを加えられた著作物です。

しかし、このような事例が実際に起きるとは考えにくいですね。というのは、飲み屋での話と小説の創作との因果関係を証明することがひじょうに困難だからです。たとえば、そのおりに、話をした人が自分の創作ノートを見せたとか、託したとかということになれば、とっかかりは生じるかもしれませんが、そういう話をしたということから証明しなければならないとなると、これは本当にたいへんです。

【問８】　ある画家の画集を出版したが、そのうちの１枚の絵に対して、別人から著作権侵害で訴えられた。そのようなことは起こりうるのでしょうか。

【答】　これは、自分の描いた絵の画集を出版して著作権侵害となる場合もあるということですね。「ほんとに!?」などと驚いているあなたは認識不足ですよ。著作権は、創作者が著作物を創作して認められる権利です。しかし、著作財産権は譲渡可能でしたよね。つまり、その絵を創作した画家が絵を売ったときに、その著作財産権まで売ってしまった場合、その絵の、出版物への掲載は複製にあたりますので、著作財産権（複製権）の侵害ということになります。

しかし、美術の著作物の原作品を譲渡しただけなら、著作権の譲渡とはなりません。

とくに、広告用のイラストなどの仕事は、キャンペーン後、どのように扱われるのかをあらかじめ決めておくべきでしょう。それは、原画の返却だけじゃなくて、キャンペーン中の複製（利用）などです。

若いうちの作品の売買については、よく考えておくべきですね。

【問９】　外にある彫刻は、撮影しても著作権侵害とはならないというので、その彫刻の写っている絵はがきを自分の旅の本に載せようと思うのですが。

【答】　たしかに、外にある彫刻は撮影しても著作権侵害とはなりません。しかし、この場合、絵はがきを使うということですから、絵はがきのほうの著作権が問題となります。絵はがきのデザインにもよりますが、この場合は絵はがきの写真の著作権が問題となります。その許諾をとったうえで、初めて本に掲載することができます。

【問 10】 タイトルやキャッチコピーに著作権は発生しないということで、もじった商品名をつけたところ訴えられました。

【答】 訴えられましたって、そんな、のんきに！　さて、訴状の内容を吟味しなければなんとも言えませんね——と、訴えられた企業の訴訟担当者の記者会見ではないですが、そう言わざるをえません。

根拠になった法律は、商標権侵害または不正競争防止法が考えられます。ただし、著作物ではないといっても、そのもととなったものがどういうものかによって、著作物という判断も微妙ではないかと思います。個別具体的な判断が必要です。

ところで、普通は、いきなり訴えてくるということはありません。まず、申入れ、または警告書あたりが内容証明付きで届きます。これらは先方にとって裁判で有利な証拠となるのです。そして、それを無視していると、やがて訴状が届くということになります。話し合う姿勢が、傷を大きくしない最良の方策です。

【問 11】 古美術などの著作権の保護期間の経過したものを素材にして、新たな創作をしたいのですが。

【答】 著作権の期限の切れた名画などを素材にしたパロディーなどがつくられますが、たいてい大丈夫です。ただ、ものによっては、商標登録あるいは意匠登録されている場合もありますので所蔵者に確認をとることも必要ですね。

ところで、CG などで加工をする場合、原画が著作権の保護期間が切れていても、デジタル化された素材などは、著作隣接権としてのデジタル化権が今後問題となるでしょう。

メディアが生まれ、メディアが変わると新たな権利関係が誕生するということにも関心を持ちましょう。

おわりに

この本は、大阪芸術大学で開講されている「法と芸術」という講義のためのテキストです。芸術表現を学ぶ学生のために書かれていますので、著作権法を学ぶ目的を持っている人は、まずは巻末の「著作権関連団体・機関一覧」にあげた「公益社団法人 著作権情報センター」のホームページを閲覧して、情報を収集し知識を深めていくことをお勧めします。

法律を学ぶといっても、法律の専門家になるということでもなく、といっても一般教養として法律を学ぶというわけでもない、芸術のプロをめざす学生に対して、芸術には門外漢の私が、芸術表現と法とのかかわりについて、どれほどのアドバイスを与えることができたのか不安です。

ただ、私には、芸術表現をめざす人々はみな創造者ですから、私のアドバイスどころか、法律さえも色あせさせるスピードで、時代を疾走していってくれるだろうという期待があります。

そもそも、法律や社会制度はそのようなロードランナーの後を追いかけるのが精一杯です。皆さん方の軽やかな飛翔が社会を前進させていくのです。

こんな言い訳がぬけぬけとできるのも、講義を受講してくれている学生の質問にたじたじとさせられる日々をおくってきたからでもあります。

この本を教科書として学ぶ皆さん方にとって、少しでも社会を理解する一助ともなれば私の幸福はこれに過ぎることはありません。

初版に引かれた20年前のあとがきの思いは、今もまったく変わっていませんので、再度、ここに掲示しておきます。

2020年は世界的なコロナ禍のなかでたいへんな状況に陥っています。感染拡大防止のため遠隔授業となった大学では、改正された35条が早速役に立っています。そのうえ、2020年度に限り補償金の支払いが免除されるという「緊急事態」への対応となっています。

現場でのこのような調整は、これからもさまざまなところで行なわれるでしょう。その際に、本書での学びを思い起こしてくれれば、苦労も報われるというものです。

最後になりましたが、私の拙い講義を我慢づよく聴いてくださった学生の皆さんや、教科書をまとめるチャンスを与えてくださった大阪芸術大学の関係諸氏に感謝いたします。また、今回の改訂にあたって、懇切なアドバイスをいただいた方々にこの場を借りて深甚の謝意を表します。

2020年8月

小笠原正仁

［付録］著作権法（抄）
著作権関連団体・機関一覧

著作権法（抄）

目次

第一章　総則

第一節　通則

（目的）

第一条　この法律は、著作物並びに実演、レコード、放送及び有線放送に関し著作者の権利及びこれに隣接する権利を定め、これらの文化的所産の公正な利用に留意しつつ、著作者等の権利の保護を図り、もつて文化の発展に寄与することを目的とする。

（定義）

第二条　この法律において、次の各号に掲げる用語の意義は、当該各号に定めるところによる。

一　著作物　思想又は感情を創作的に表現したものであつて、文芸、学術、美術又は音楽の範囲に属するものをいう。

二　著作者　著作物を創作する者をいう。

三　実演　著作物を、演劇的に演じ、舞い、演奏し、歌い、口演し、朗詠し、又はその他の方法により演ずること（これらに類する行為で、著作物を演じないが芸能的な性質を有するものを含む。）をいう。

四　実演家　俳優、舞踊家、演奏家、歌手その他実演を行う者及び実演を指揮し、又は演出する者をいう。

五　レコード　蓄音機用音盤、録音テープその他の物に音を固定したもの（音を専ら影像とともに再生することを目的とするものを除く。）をいう。

六　レコード製作者　レコードに固定されている音を最初に固定した者をいう。

七　商業用レコード　市販の目的をもつて製作されるレコードの複製物をいう。

七の二　公衆送信　公衆によつて直接受信されることを目的として無線通信又は有線電気通信の送信（電気通信設備で、その一の部分の設置の場所が他の部分の設置の場所と同一の構内（その構内が二以上の者の占有に属している場合には、同一の者の占有に属する区域内）にあるものによる送信（プログラムの著作物の送信を除く。）を除く。）を行うことをいう。

八　放送　公衆送信のうち、公衆によつて同一の内容の送信が同時に受信されることを目的として行う無線通信の送信をいう。

九　放送事業者　放送を業として行う者をいう。

九の二　有線放送　公衆送信のうち、公衆によつて同一の内容の送信が同時に受信されることを目的として行う有線電気通信の送信をいう。

九の三　有線放送事業者　有線放送を業として行う者をいう。

九の四　自動公衆送信　公衆送信のうち、公衆からの求めに応じ自動的に行うもの（放送又は有線放送に該当するものを除く。）をいう。

九の五　送信可能化　次のいずれかに掲げる行為により自動公衆送信し得るようにすることをいう。

イ　公衆の用に供されている電気通信回線に接続している自動公衆送信装置（公衆の用に供する電気通信回線に接続することにより、その記録媒体のうち自動公衆送信の用に供する部分（以下この号において「公衆送信用記録媒体」という。）に記録され、又は当該装置に入力される情報を自動公衆送信する機能を有する装置をいう。以下同じ。）の公衆送信用記録媒体に情報を記録し、情報が記録された記録媒体を当該自動公衆送信装置の公衆送信用記録媒体として加え、若しくは情報が記録された記録媒体を当該自動公衆送信装置の公衆送信用記録媒体に変換し、又は当該自動公衆送信装置に情報を入力すること。

ロ　その公衆送信用記録媒体に情報が記録され、又は当該自動公衆送信装置に情報が入力されている自動公衆送信装置について、公衆の用に供されている電気通信回線への接続（配線、自動公衆送信装置の始動、送受信用プログラムの起動その他の一連の行為により行われる場合には、当該一連の行為のうち最後のものをいう。）を行うこと。

十　映画製作者　映画の著作物の製作に発意と責任を有する者をいう。

十の二　プログラム　電子計算機を機能させて一の結果を得ることができるようにこれに対する指令を組み合わせたものとして表現したものをいう。

十の三　データベース　論文、数値、図形その他の情報の集合物であつて、それらの情報を電子計算機を用いて検索することができるように体系的に構成したものをいう。

十一 二次的著作物 著作物を翻訳し、編曲し、若しくは変形し、又は脚色し、映画化し、その他翻案することにより創作した著作物をいう。

十二 共同著作物 二人以上の者が共同して創作した著作物であつて、その各人の寄与を分離して個別的に利用することができないものをいう。

十三 録音 音を物に固定し、又はその固定物を増製することをいう。

十四 録画 影像を連続して物に固定し、又はその固定物を増製することをいう。

十五 複製 印刷、写真、複写、録音、録画その他の方法により有形的に再製することをいい、次に掲げるものについては、それぞれ次に掲げる行為を含むものとする。

イ 脚本その他これに類する演劇用の著作物 当該著作物の上演、放送又は有線放送を録音し、又は録画すること。

ロ 建築の著作物 建築に関する図面に従つて建築物を完成すること。

十六 上演 演奏（歌唱を含む。以下同じ。）以外の方法により著作物を演ずることをいう。

十七 上映 著作物（公衆送信されるものを除く。）を映写幕その他の物に映写することをいい、これに伴つて映画の著作物において固定されている音を再生することを含むものとする。

十八 口述 朗読その他の方法により著作物を口頭で伝達すること（実演に該当するものを除く。）をいう。

十九 頒布 有償であるか又は無償であるかを問わず、複製物を公衆に譲渡し、又は貸与することをいい、映画の著作物又は映画の著作物において複製されている著作物にあつては、これらの著作物を公衆に提示することを目的として当該映画の著作物の複製物を譲渡し、又は貸与することを含むものとする。

二十 技術的保護手段 電子的方法、磁気的方法その他の人の知覚によつて認識することができない方法（次号及び第二十二号において「電磁的方法」という。）により、第十七条第一項に規定する著作者人格権若しくは著作権、出版権又は第八十九条第一項に規定する実演家人格権若しくは同条第六項に規定する著作隣接権（以下この号、第三十条第一項第二号、第百十三条第七項並びに第百二十条の二第一号及び第四号において「著作権等」という。）を侵害する行為の防止又は抑止（著作権等を侵害する行為の結果に著しい障害を生じさせることによる当該行為の抑止をいう。第三十条第一項第二号において同じ。）をする手段（著作権等を有する者の意思に基づくことなく用いられているものを除く。）であつて、著作物、実演、レコード、放送又は有線放送（以下「著作物等」という。）の利用（著作者又は実演家の同意を得ないで行つたとしたならば著作者人格権又は実演家人格権の侵害となるべき行為を含む。）に際し、これに用いられる機器が特定の反応をする信号を著作物、実演、レコード若しくは放送若しくは有線放送に係る音若しくは影像とともに記録媒体に記録し、若しくは送信する方式又は当該機器が特定の変換を必要とするよう著作物、実演、レコード若しくは放送若しくは有線放送に係る音若しくは影像を変換して記録媒体に記録し、若しくは送信する方式によるものをいう。

二十一　技術的利用制限手段　電磁的方法により、著作物等の視聴（プログラムの著作物にあつては、当該著作物を電子計算機において実行する行為を含む。以下この号及び第百十三条第六項において同じ。）を制限する手段（著作権者、出版権者又は著作隣接権者（以下「著作権者等」という。）の意思に基づくことなく用いられているものを除く。）であつて、著作物等の視聴に際し、これに用いられる機器が特定の反応をする信号を著作物、実演、レコード若しくは放送若しくは有線放送に係る音若しくは影像とともに記録媒体に記録し、若しくは送信する方式又は当該機器が特定の変換を必要とするよう著作物、実演、レコード若しくは放送若しくは有線放送に係る音若しくは影像を変換して記録媒体に記録し、若しくは送信する方式によるものをいう。

二十二　権利管理情報　第十七条第一項に規定する著作者人格権若しくは著作権、出版権又は第八十九条第一項から第四項までの権利（以下この号において「著作権等」という。）に関する情報であつて、イからハまでのいずれかに該当するもののうち、電磁的方法により著作物、実演、レコード又は放送若しくは有線放送に係る音若しくは影像とともに記録媒体に記録され、又は送信されるもの（著作物等の利用状況の把握、著作物等の利用の許諾に係る事務処理その他の著作権等の管理（電子計算機によるものに限る。）に用いられていないものを除く。）をいう。

イ　著作物等、著作権等を有する者その他政令で定める事項を特定する情報

ロ　著作物等の利用を許諾する場合の利用方法及び条件に関する情報

ハ　他の情報と照合することによりイ又はロに掲げる事項を特定することができることとなる情報

二十三　国内　この法律の施行地をいう。

二十四　国外　この法律の施行地外の地域をいう。

2　この法律にいう「美術の著作物」には、美術工芸品を含むものとする。

3　この法律にいう「映画の著作物」には、映画の効果に類似する視覚的又は視聴覚的効果を生じさせる方法で表現され、かつ、物に固定されている著作物を含むものとする。

4　この法律にいう「写真の著作物」には、写真の製作方法に類似する方法を用いて表現される著作物を含むものとする。

5　この法律にいう「公衆」には、特定かつ多数の者を含むものとする。

6　この法律にいう「法人」には、法人格を有しない社団又は財団で代表者又は管理人の定めがあるものを含むものとする。

7　この法律において、「上演」、「演奏」又は「口述」には、著作物の上演、演奏又は口述で録音され、又は録画されたものを再生すること（公衆送信又は上映に該当するものを除く。）及び著作物の上演、演奏又は口述を電気通信設備を用いて伝達すること（公衆送信に該当するものを除く。）を含むものとする。

8　この法律にいう「貸与」には、いずれの名義又は方法をもつてするかを問わず、これと同様の使用の権原を取得させる行為を含むものとする。

9　この法律において、第一項第七号の二、第八号、第九号の二、第九号の四、第九号の五若しくは第十三号から第十九号まで又は前二項に掲げる用語については、それぞれこれらを動詞の語幹として用いる場合を含むものとする。

（著作物の発行）

第三条　著作物は、その性質に応じ公衆の要求を満たすことができる相当程度の部数の複製物が、第二十一条に規定する権利を有する者又はその許諾（第六十三条第一項の規定による利用の許諾をいう。以下この項、次条第一項、第四条の二及び第六十三条を除き、以下この章及び次章において同じ。）を得た者若しくは第七十九条の出版権の設定を受けた者若しくはその複製許諾（第八十条第三項の規定による複製の許諾をいう。第三十七条第三項ただし書及び第三十七条の二ただし書において同じ。）を得た者によつて作成され、頒布された場合（第二十六条、第二十六条の二第一項又は第二十六条の三に規定する権利を有する者の権利を害しない場合に限る。）において、発行されたものとする。

2　二次的著作物である翻訳物の前項に規定する部数の複製物が第二十八条の規定により第二十一条に規定する権利と同一の権利を有する者又はその許諾を得た者によつて作成され、頒布された場合（第二十八条の規定により第二十六条、第二十六条の二第一項又は第二十六条の三に規定する権利と同一の権利を有する者の権利を害しない場合に限る。）には、その原著作物は、発行されたものとみなす。

3　著作物がこの法律による保護を受けるとしたならば前二項の権利を有すべき者又はその者からその著作物の利用の承諾を得た者は、それぞれ前二項の権利を有する者又はその許諾を得た者とみなして、前二項の規定を適用する。

（著作物の公表）

第四条　著作物は、発行され、又は第二十二条から第二十五条までに規定する権利を有する者若しくはその許諾（第六十三条第一項の規定による利用の許諾をいう。）を得た者若しくは第七十九条の出版権の設定を受けた者若しくはその公衆送信許諾（第八十条第三項の規定による公衆送信の許諾をいう。次項、第三十七条第三項ただし書及び第三十七条の二ただし書において同じ。）を得た者によつて上演、演奏、上映、公衆送信、口述若しくは展示の方法で公衆に提示された場合（建築の著作物にあつては、第二十一条に規定する権利を有する者又はその許諾（第六十三条第一項の規定による利用の許諾をいう。）を得た者によつて建設された場合を含む。）において、公表されたものとする。

2　著作物は、第二十三条第一項に規定する権利を有する者又はその許諾を得た者若しくは第七十九条の出版権の設定を受けた者若しくはその公衆送信許諾を得た者によつて送信可能化された場合には、公表されたものとみなす。

3　二次的著作物である翻訳物が、第二十八条の規定により第二十二条から第二十四条までに規定する権利と同一の権利を有する者若しくはその許諾を得た者によつて上演、演奏、上映、公衆送信若しくは口述の方法で公衆に提示され、又は第二十八条の規定により第二十三条第一項に規定する権利と同一の権利を有する者若しくはその許諾を得た者によつて送信可能化された場合には、その原著作物は、公表されたものとみなす。

4　美術の著作物又は写真の著作物は、第四十五条第一項に規定する者によつて同項の展示が行われた場合には、公表されたものとみなす。

5　著作物がこの法律による保護を受けるとしたならば第一項から第三項までの権利を有すべき者又はその者からその著作物の利用の承諾を得た者は、それぞれ第一項から第三項までの権利を有する者又はその許諾を得た者とみなして、これらの規定を適用する。

（レコードの発行）

第四条の二　レコードは、その性質に応じ公衆の要求を満たすことができる相当程度の部数の複製物が、第九十六条に規定する権利を有する者又はその許諾（第百三条において準用する第六十三条第一項の規定による利用の許諾をいう。第四章第二節及び第三節において同じ。）を得た者によつて作成され、頒布された場合（第九十七条の二第一項又は第九十七条の三第一項に規定する権利を有する者の権利を害しない場合に限る。）において、発行されたものとする。

（条約の効力）

第五条　著作者の権利及びこれに隣接する権利に関し条約に別段の定めがあるときは、その規定による。

第二節　適用範囲

（保護を受ける著作物）

第六条　著作物は、次の各号のいずれかに該当するものに限り、この法律による保護を受ける。

一　日本国民（わが国の法令に基づいて設立された法人及び国内に主たる事務所を有する法人を含む。以下同じ。）の著作物

二　最初に国内において発行された著作物（最初に国外において発行されたが、その発行の日から三十日以内に国内において発行されたものを含む。）

三　前二号に掲げるもののほか、条約によりわが国が保護の義務を負う著作物

（保護を受ける実演）

第七条　実演は、次の各号のいずれかに該当するものに限り、この法律による保護を受ける。

一　国内において行なわれる実演

二　次条第一号又は第二号に掲げるレコードに固定された実演

三　第九条第一号又は第二号に掲げる放送において送信される実演（実演家の承諾を得て送信前に録音され、又は録画されているものを除く。）

四　第九条の二各号に掲げる有線放送において送信される実演（実演家の承諾を得て送信前に録音され、又は録画されているものを除く。）

五　前各号に掲げるもののほか、次のいずれかに掲げる実演

イ　実演家、レコード製作者及び放送機関の保護に関する国際条約（以下「実演家等保護条約」という。）の締約国において行われる実演

ロ　次条第三号に掲げるレコードに固定された実演

ハ　第九条第三号に掲げる放送において送信される実演（実演家の承諾を得て送信前に録音され、又は録画されているものを除く。）

六　前各号に掲げるもののほか、次のいずれかに掲げる実演

イ　実演及びレコードに関する世界知的所有権機関条約（以下「実演・レコード条約」という。）の締約国において行われる実演

ロ　次条第四号に掲げるレコードに固定された実演

七　前各号に掲げるもののほか、次のいずれかに掲げる実演

イ　世界貿易機関の加盟国において行われる実演

ロ　次条第五号に掲げるレコードに固定された実演

ハ　第九条第四号に掲げる放送において送信される実演（実演家の承諾を得て送信前に録音され、又は録画されているものを除く。）

（保護を受けるレコード）

第八条　レコードは、次の各号のいずれかに該当するものに限り、この法律による保護を受ける。

一　日本国民をレコード製作者とするレコード

二　レコードでこれに固定されている音が最初に国内において固定されたもの

三　前二号に掲げるもののほか、次のいずれかに掲げるレコード

イ　実演家等保護条約の締約国の国民（当該締約国の法令に基づいて設立された法人及び当該締約国に主たる事務所を有する法人を含む。以下同じ。）をレコード製作者とするレコード

ロ　レコードでこれに固定されている音が最初に実演家等保護条約の締約国において固定されたもの

四　前三号に掲げるもののほか、次のいずれかに掲げるレコード

イ　実演・レコード条約の締約国の国民（当該締約国の法令に基づいて設立された法人及び当該締約国に主たる事務所を有する法人を含む。以下同じ。）をレコード製作者とするレコード

ロ　レコードでこれに固定されている音が最初に実演・レコード条約の締約国において固定されたもの

五　前各号に掲げるもののほか、次のいずれかに掲げるレコード

イ　世界貿易機関の加盟国の国民（当該加盟国の法令に基づいて設立された法人及び当該加盟国に主たる事務所を有する法人を含む。以下同じ。）をレコード製作者とするレコード

ロ　レコードでこれに固定されている音が最初に世界貿易機関の加盟国において固定されたもの

六　前各号に掲げるもののほか、許諾を得ないレコードの複製からのレコード製作者の保護に関する条約（第百二十一条の二第二号において「レコード保護条約」という。）により我が国が保護の義務を負うレコード

（保護を受ける放送）

第九条　放送は、次の各号のいずれかに該当するものに限り、この法律による保護を受ける。

一　日本国民である放送事業者の放送

二　国内にある放送設備から行なわれる放送

三　前二号に掲げるもののほか、次のいずれかに掲げる放送

イ　実演家等保護条約の締約国の国民である放送事業者の放送

ロ　実演家等保護条約の締約国にある放送設備から行われる放送

四　前三号に掲げるもののほか、次のいずれかに掲げる放送
　イ　世界貿易機関の加盟国の国民である放送事業者の放送
　ロ　世界貿易機関の加盟国にある放送設備から行われる放送

（保護を受ける有線放送）
第九条の二　有線放送は、次の各号のいずれかに該当するものに限り、この法律による保護を受ける。
一　日本国民である有線放送事業者の有線放送（放送を受信して行うものを除く。次号において同じ。）
二　国内にある有線放送設備から行われる有線放送

第二章　著作者の権利

第一節　著作物

（著作物の例示）
第十条　この法律にいう著作物を例示すると、おおむね次のとおりである。
一　小説、脚本、論文、講演その他の言語の著作物
二　音楽の著作物
三　舞踊又は無言劇の著作物
四　絵画、版画、彫刻その他の美術の著作物
五　建築の著作物
六　地図又は学術的な性質を有する図面、図表、模型その他の図形の著作物
七　映画の著作物
八　写真の著作物
九　プログラムの著作物
2　事実の伝達にすぎない雑報及び時事の報道は、前項第一号に掲げる著作物に該当しない。
3　第一項第九号に掲げる著作物に対するこの法律による保護は、その著作物を作成するために用いるプログラム言語、規約及び解法に及ばない。この場合において、これらの用語の意義は、次の各号に定めるところによる。
一　プログラム言語　プログラムを表現する手段としての文字その他の記号及びその体系をいう。
二　規約　特定のプログラムにおける前号のプログラム言語の用法についての特別

の約束をいう。

三　解法　プログラムにおける電子計算機に対する指令の組合せの方法をいう。

（二次的著作物）

第十一条　二次的著作物に対するこの法律による保護は、その原著作物の著作者の権利に影響を及ぼさない。

（編集著作物）

第十二条　編集物（データベースに該当するものを除く。以下同じ。）でその素材の選択又は配列によつて創作性を有するものは、著作物として保護する。

2　前項の規定は、同項の編集物の部分を構成する著作物の著作者の権利に影響を及ぼさない。

（データベースの著作物）

第十二条の二　データベースでその情報の選択又は体系的な構成によつて創作性を有するものは、著作物として保護する。

2　前項の規定は、同項のデータベースの部分を構成する著作物の著作者の権利に影響を及ぼさない。

（権利の目的とならない著作物）

第十三条　次の各号のいずれかに該当する著作物は、この章の規定による権利の目的となることができない。

一　憲法その他の法令

二　国若しくは地方公共団体の機関、独立行政法人（独立行政法人通則法（平成十一年法律第百三号）第二条第一項に規定する独立行政法人をいう。以下同じ。）又は地方独立行政法人（地方独立行政法人法（平成十五年法律第百十八号）第二条第一項に規定する地方独立行政法人をいう。以下同じ。）が発する告示、訓令、通達その他これらに類するもの

三　裁判所の判決、決定、命令及び審判並びに行政庁の裁決及び決定で裁判に準ずる手続により行われるもの

四　前三号に掲げるものの翻訳物及び編集物で、国若しくは地方公共団体の機関、独立行政法人又は地方独立行政法人が作成するもの

第二節　著作者

（著作者の推定）

第十四条　著作物の原作品に、又は著作物の公衆への提供若しくは提示の際に、その氏名若しくは名称（以下「実名」という。）又はその雅号、筆名、略称その他実名

に代えて用いられるもの（以下「変名」という。）として周知のものが著作者名として通常の方法により表示されている者は、その著作物の著作者と推定する。

（職務上作成する著作物の著作者）

第十五条　法人その他使用者（以下この条において「法人等」という。）の発意に基づきその法人等の業務に従事する者が職務上作成する著作物（プログラムの著作物を除く。）で、その法人等が自己の著作の名義の下に公表するものの著作者は、その作成の時における契約、勤務規則その他に別段の定めがない限り、その法人等とする。

2　法人等の発意に基づきその法人等の業務に従事する者が職務上作成するプログラムの著作物の著作者は、その作成の時における契約、勤務規則その他に別段の定めがない限り、その法人等とする。

（映画の著作物の著作者）

第十六条　映画の著作物の著作者は、その映画の著作物において翻案され、又は複製された小説、脚本、音楽その他の著作物の著作者を除き、制作、監督、演出、撮影、美術等を担当してその映画の著作物の全体的形成に創作的に寄与した者とする。ただし、前条の規定の適用がある場合は、この限りでない。

第三節　権利の内容

第一款　総則

（著作者の権利）

第十七条　著作者は、次条第一項、第十九条第一項及び第二十条第一項に規定する権利（以下「著作者人格権」という。）並びに第二十一条から第二十八条までに規定する権利（以下「著作権」という。）を享有する。

2　著作者人格権及び著作権の享有には、いかなる方式の履行をも要しない。

第二款　著作者人格権

（公表権）

第十八条　著作者は、その著作物でまだ公表されていないもの（その同意を得ないで公表された著作物を含む。以下この条において同じ。）を公衆に提供し、又は提示する権利を有する。当該著作物を原著作物とする二次的著作物についても、同様とする。

2　著作者は、次の各号に掲げる場合には、当該各号に掲げる行為について同意したものと推定する。

一　その著作物でまだ公表されていないものの著作権を譲渡した場合　当該著作物をその著作権の行使により公衆に提供し、又は提示すること。

二　その美術の著作物又は写真の著作物でまだ公表されていないものの原作品を譲渡した場合　これらの著作物をその原作品による展示の方法で公衆に提示すること。

三　第二十九条の規定によりその映画の著作物の著作権が映画製作者に帰属した場合　当該著作物をその著作権の行使により公衆に提供し、又は提示すること。

3　著作者は、次の各号に掲げる場合には、当該各号に掲げる行為について同意したものとみなす。

一　その著作物でまだ公表されていないものを行政機関（行政機関の保有する情報の公開に関する法律（平成十一年法律第四十二号。以下「行政機関情報公開法」という。）第二条第一項に規定する行政機関をいう。以下同じ。）に提供した場合（行政機関情報公開法第九条第一項の規定による開示する旨の決定の時までに別段の意思表示をした場合を除く。）　行政機関情報公開法の規定により行政機関の長が当該著作物を公衆に提供し、又は提示すること（当該著作物に係る歴史公文書等（公文書等の管理に関する法律（平成二十一年法律第六十六号。以下「公文書管理法」という。）第二条第六項に規定する歴史公文書等をいう。以下同じ。）が行政機関の長から公文書管理法第八条第一項の規定により国立公文書館等（公文書管理法第二条第三項に規定する国立公文書館等をいう。以下同じ。）に移管された場合（公文書管理法第十六条第一項の規定による利用をさせる旨の決定の時までに当該著作物の著作者が別段の意思表示をした場合を除く。）にあつては、公文書管理法第十六条第一項の規定により国立公文書館等の長（公文書管理法第十五条第一項に規定する国立公文書館等の長をいう。以下同じ。）が当該著作物を公衆に提供し、又は提示することを含む。）。

二　その著作物でまだ公表されていないものを独立行政法人等（独立行政法人等の保有する情報の公開に関する法律（平成十三年法律第百四十号。以下「独立行政法人等情報公開法」という。）第二条第一項に規定する独立行政法人等をいう。以下同じ。）に提供した場合（独立行政法人等情報公開法第九条第一項の規定による開示する旨の決定の時までに別段の意思表示をした場合を除く。）　独立行政法人等情報公開法の規定により当該独立行政法人等が当該著作物を公衆に提供し、又は提示すること（当該著作物に係る歴史公文書等が当該独立行政法人等から公文書管理法第十一条第四項の規定により国立公文書館等に移管された場合（公文書管理法第十六条第一項の規定による利用をさせる旨の決定の時までに当該著作物の著作者が別段の意思表示をした場合を除く。）にあつては、公文書管理法第十六条第一項の規定により国立公文書館等の長が当該著作物を公衆に提供し、又は提示することを含む。）。

三 その著作物でまだ公表されていないものを地方公共団体又は地方独立行政法人に提供した場合（開示する旨の決定の時までに別段の意思表示をした場合を除く。） 情報公開条例（地方公共団体又は地方独立行政法人の保有する情報の公開を請求する住民等の権利について定める当該地方公共団体の条例をいう。以下同じ。）の規定により当該地方公共団体の機関又は地方独立行政法人が当該著作物を公衆に提供し、又は提示すること（当該著作物に係る歴史公文書等が当該地方公共団体又は地方独立行政法人から公文書管理条例（地方公共団体又は地方独立行政法人の保有する歴史公文書等の適切な保存及び利用について定める当該地方公共団体の条例をいう。以下同じ。）に基づき地方公文書館等（歴史公文書等の適切な保存及び利用を図る施設として公文書管理条例が定める施設をいう。以下同じ。）に移管された場合（公文書管理条例の規定（公文書管理法第十六条第一項の規定に相当する規定に限る。以下この条において同じ。）による利用をさせる旨の決定の時までに当該著作物の著作者が別段の意思表示をした場合を除く。）にあつては、公文書管理条例の規定により地方公文書館等の長（地方公文書館等が地方公共団体の施設である場合にあつてはその属する地方公共団体の長をいい、地方公文書館等が地方独立行政法人の施設である場合にあつてはその施設を設置した地方独立行政法人をいう。以下同じ。）が当該著作物を公衆に提供し、又は提示することを含む。）。

四 その著作物でまだ公表されていないものを国立公文書館等に提供した場合（公文書管理法第十六条第一項の規定による利用をさせる旨の決定の時までに別段の意思表示をした場合を除く。） 同項の規定により国立公文書館等の長が当該著作物を公衆に提供し、又は提示すること。

五 その著作物でまだ公表されていないものを地方公文書館等に提供した場合（公文書管理条例の規定による利用をさせる旨の決定の時までに別段の意思表示をした場合を除く。） 公文書管理条例の規定により地方公文書館等の長が当該著作物を公衆に提供し、又は提示すること。

4 第一項の規定は、次の各号のいずれかに該当するときは、適用しない。

一 行政機関情報公開法第五条の規定により行政機関の長が同条第一号ロ若しくはハ若しくは同条第二号ただし書に規定する情報が記録されている著作物でまだ公表されていないものを公衆に提供し、若しくは提示するとき、又は行政機関情報公開法第七条の規定により行政機関の長が著作物でまだ公表されていないものを公衆に提供し、若しくは提示するとき。

二　独立行政法人等情報公開法第五条の規定により独立行政法人等が同条第一号ロ若しくはハ若しくは同条第二号ただし書に規定する情報が記録されている著作物でまだ公表されていないものを公衆に提供し、若しくは提示するとき、又は独立行政法人等情報公開法第七条の規定により独立行政法人等が著作物でまだ公表されていないものを公衆に提供し、若しくは提示するとき。

三　情報公開条例（行政機関情報公開法第十三条第二項及び第三項の規定に相当する規定を設けているものに限る。第五号において同じ。）の規定により地方公共団体の機関又は地方独立行政法人が著作物でまだ公表されていないもの（行政機関情報公開法第五条第一号ロ又は同条第二号ただし書に規定する情報に相当する情報が記録されているものに限る。）を公衆に提供し、又は提示するとき。

四　情報公開条例の規定により地方公共団体の機関又は地方独立行政法人が著作物でまだ公表されていないもの（行政機関情報公開法第五条第一号ハに規定する情報に相当する情報が記録されているものに限る。）を公衆に提供し、又は提示するとき。

五　情報公開条例の規定で行政機関情報公開法第七条の規定に相当するものにより地方公共団体の機関又は地方独立行政法人が著作物でまだ公表されていないものを公衆に提供し、又は提示するとき。

六　公文書管理法第十六条第一項の規定により国立公文書館等の長が行政機関情報公開法第五条第一号ロ若しくはハ若しくは同条第二号ただし書に規定する情報又は独立行政法人等情報公開法第五条第一号ロ若しくはハ若しくは同条第二号ただし書に規定する情報が記録されている著作物でまだ公表されていないものを公衆に提供し、又は提示するとき。

七　公文書管理条例（公文書管理法第十八条第二項及び第四項の規定に相当する規定を設けているものに限る。）の規定により地方公文書館等の長が著作物でまだ公表されていないもの（行政機関情報公開法第五条第一号ロ又は同条第二号ただし書に規定する情報に相当する情報が記録されているものに限る。）を公衆に提供し、又は提示するとき。

八　公文書管理条例の規定により地方公文書館等の長が著作物でまだ公表されていないもの（行政機関情報公開法第五条第一号ハに規定する情報に相当する情報が記録されているものに限る。）を公衆に提供し、又は提示するとき。

（氏名表示権）

第十九条　著作者は、その著作物の原作品に、又はその著作物の公衆への提供若しくは提示に際し、その実名若しくは変名を著作者名として表示し、又は著作者名を表示しないこととする権利を有する。その著作物を原著作物とする二次的著作物の公衆への提供又は提示に際しての原著作物の著作者名の表示についても、同様とする。

2 著作物を利用する者は、その著作者の別段の意思表示がない限り、その著作物につきすでに著作者が表示しているところに従つて著作者名を表示することができる。

3 著作者名の表示は、著作物の利用の目的及び態様に照らし著作者が創作者であることを主張する利益を害するおそれがないと認められるときは、公正な慣行に反しない限り、省略することができる。

4 第一項の規定は、次の各号のいずれかに該当するときは、適用しない。

一 行政機関情報公開法、独立行政法人等情報公開法又は情報公開条例の規定により行政機関の長、独立行政法人等又は地方公共団体の機関若しくは地方独立行政法人が著作物を公衆に提供し、又は提示する場合において、当該著作物につき既にその著作者が表示しているところに従つて著作者名を表示するとき。

二 行政機関情報公開法第六条第二項の規定、独立行政法人等情報公開法第六条第二項の規定又は情報公開条例の規定で行政機関情報公開法第六条第二項の規定に相当するものにより行政機関の長、独立行政法人等又は地方公共団体の機関若しくは地方独立行政法人が著作物を公衆に提供し、又は提示する場合において、当該著作物の著作者名の表示を省略することとなるとき。

三 公文書管理法第十六条第一項の規定又は公文書管理条例の規定（同項の規定に相当する規定に限る。）により国立公文書館等の長又は地方公文書館等の長が著作物を公衆に提供し、又は提示する場合において、当該著作物につき既にその著作者が表示しているところに従つて著作者名を表示するとき。

（同一性保持権）

第二十条 著作者は、その著作物及びその題号の同一性を保持する権利を有し、その意に反してこれらの変更、切除その他の改変を受けないものとする。

2 前項の規定は、次の各号のいずれかに該当する改変については、適用しない。

一 第三十三条第一項（同条第四項において準用する場合を含む。）、第三十三条の二第一項、第三十三条の三第一項又は第三十四条第一項の規定により著作物を利用する場合における用字又は用語の変更その他の改変で、学校教育の目的上やむを得ないと認められるもの

二 建築物の増築、改築、修繕又は模様替えによる改変

三 特定の電子計算機においては実行し得ないプログラムの著作物を当該電子計算機において実行し得るようにするため、又はプログラムの著作物を電子計算機においてより効果的に実行し得るようにするために必要な改変

四 前三号に掲げるもののほか、著作物の性質並びにその利用の目的及び態様に照らしやむを得ないと認められる改変

第三款　著作権に含まれる権利の種類

（複製権）

第二十一条　著作者は、その著作物を複製する権利を専有する。

（上演権及び演奏権）

第二十二条　著作者は、その著作物を、公衆に直接見せ又は聞かせることを目的として（以下「公に」という。）上演し、又は演奏する権利を専有する。

（上映権）

第二十二条の二　著作者は、その著作物を公に上映する権利を専有する。

（公衆送信権等）

第二十三条　著作者は、その著作物について、公衆送信（自動公衆送信の場合にあつては、送信可能化を含む。）を行う権利を専有する。

2　著作者は、公衆送信されるその著作物を受信装置を用いて公に伝達する権利を専有する。

（口述権）

第二十四条　著作者は、その言語の著作物を公に口述する権利を専有する。

（展示権）

第二十五条　著作者は、その美術の著作物又はまだ発行されていない写真の著作物をこれらの原作品により公に展示する権利を専有する。

（頒布権）

第二十六条　著作者は、その映画の著作物をその複製物により頒布する権利を専有する。

2　著作者は、映画の著作物において複製されているその著作物を当該映画の著作物の複製物により頒布する権利を専有する。

（譲渡権）

第二十六条の二　著作者は、その著作物（映画の著作物を除く。以下この条において同じ。）をその原作品又は複製物（映画の著作物において複製されている著作物にあつては、当該映画の著作物の複製物を除く。以下この条において同じ。）の譲渡により公衆に提供する権利を専有する。

2　前項の規定は、著作物の原作品又は複製物で次の各号のいずれかに該当するものの譲渡による場合には、適用しない。

一　前項に規定する権利を有する者又はその許諾を得た者により公衆に譲渡された著作物の原作品又は複製物

二　第六十七条第一項若しくは第六十九条の規定による裁定又は万国著作権条約の実施に伴う著作権法の特例に関する法律（昭和三十一年法律第八十六号）第五条

第一項の規定による許可を受けて公衆に譲渡された著作物の複製物
三　第六十七条の二第一項の規定の適用を受けて公衆に譲渡された著作物の複製物
四　前項に規定する権利を有する者又はその承諾を得た者により特定かつ少数の者に譲渡された著作物の原作品又は複製物
五　国外において、前項に規定する権利に相当する権利を害することなく、又は同項に規定する権利に相当する権利を有する者若しくはその承諾を得た者により譲渡された著作物の原作品又は複製物

（貸与権）
第二十六条の三　著作者は、その著作物（映画の著作物を除く。）をその複製物（映画の著作物において複製されている著作物にあつては、当該映画の著作物の複製物を除く。）の貸与により公衆に提供する権利を専有する。

（翻訳権、翻案権等）
第二十七条　著作者は、その著作物を翻訳し、編曲し、若しくは変形し、又は脚色し、映画化し、その他翻案する権利を専有する。

（二次的著作物の利用に関する原著作者の権利）
第二十八条　二次的著作物の原著作物の著作者は、当該二次的著作物の利用に関し、この款に規定する権利で当該二次的著作物の著作者が有するものと同一の種類の権利を専有する。

第四款　映画の著作物の著作権の帰属
第二十九条　映画の著作物（第十五条第一項、次項又は第三項の規定の適用を受けるものを除く。）の著作権は、その著作者が映画製作者に対し当該映画の著作物の製作に参加することを約束しているときは、当該映画製作者に帰属する。
2　専ら放送事業者が放送のための技術的手段として製作する映画の著作物（第十五条第一項の規定の適用を受けるものを除く。）の著作権のうち次に掲げる権利は、映画製作者としての当該放送事業者に帰属する。
一　その著作物を放送する権利及び放送されるその著作物について、有線放送し、自動公衆送信（送信可能化のうち、公衆の用に供されている電気通信回線に接続している自動公衆送信装置に情報を入力することによるものを含む。）を行い、又は受信装置を用いて公に伝達する権利
二　その著作物を複製し、又はその複製物により放送事業者に頒布する権利
3　専ら有線放送事業者が有線放送のための技術的手段として製作する映画の著作物（第十五条第一項の規定の適用を受けるものを除く。）の著作権のうち次に掲げる権利は、映画製作者としての当該有線放送事業者に帰属する。

一　その著作物を有線放送する権利及び有線放送されるその著作物を受信装置を用いて公に伝達する権利
二　その著作物を複製し、又はその複製物により有線放送事業者に頒布する権利

第五款　著作権の制限
（私的使用のための複製）
第三十条　著作権の目的となつている著作物（以下この款において単に「著作物」という。）は、個人的に又は家庭内その他これに準ずる限られた範囲内において使用すること（以下「私的使用」という。）を目的とするときは、次に掲げる場合を除き、その使用する者が複製することができる。
一　公衆の使用に供することを目的として設置されている自動複製機器（複製の機能を有し、これに関する装置の全部又は主要な部分が自動化されている機器をいう。）を用いて複製する場合
二　技術的保護手段の回避（第二条第一項第二十号に規定する信号の除去若しくは改変その他の当該信号の効果を妨げる行為（記録又は送信の方式の変換に伴う技術的な制約によるものを除く。）を行うこと又は同号に規定する特定の変換を必要とするよう変換された著作物、実演、レコード若しくは放送若しくは有線放送に係る音若しくは影像の復元（著作権等を有する者の意思に基づいて行われるものを除く。）を行うことにより、当該技術的保護手段によつて防止される行為を可能とし、又は当該技術的保護手段によつて抑止される行為の結果に障害を生じないようにすること（著作権等を有する者の意思に基づいて行われるものを除く。）をいう。第百十三条第七項並びに第百二十条の二第一号及び第二号において同じ。）により可能となり、又はその結果に障害が生じないようになつた複製を、その事実を知りながら行う場合
三　著作権を侵害する自動公衆送信（国外で行われる自動公衆送信であつて、国内で行われたとしたならば著作権の侵害となるべきものを含む。）を受信して行うデジタル方式の録音又は録画（以上この号及び次項において「特定侵害録音録画」という。）を特定侵害録音録画であることを知りながら行う場合
四　著作権（第二十八条に規定する権利（翻訳以外の方法により創作された二次的著作物に係るものに限る。）を除く。以下この号において同じ。）を侵害する自動公衆送信（国外で行われる自動公衆送信であつて、国内で行われたとしたならば著作権の侵害となるべきものを含む。）を受信して行うデジタル方式の複製（録音及び録画を除く。以下この号において同じ。）（当該著作権に係る著作物のうち当該複製がされる部分の占める割合、当該部分が自動公衆送信される際の表示の

精度その他の要素に照らし軽微なものを除く。以下この号及び次項において「特定侵害複製」という。）を、特定侵害複製であることを知りながら行う場合（当該著作物の種類及び用途並びに当該特定侵害複製の態様に照らし著作権者の利益を不当に害しないと認められる特別な事情がある場合を除く。）

2　前項第三号及び第四号の規定は、特定侵害録音録画又は特定侵害複製であることを重大な過失により知らないで行う場合を含むものと解釈してはならない。

3　私的使用を目的として、デジタル方式の録音又は録画の機能を有する機器（放送の業務のための特別の性能その他の私的使用に通常供されない特別の性能を有するもの及び録音機能付きの電話機その他の本来の機能に附属する機能として録音又は録画の機能を有するものを除く。）であつて政令で定めるものにより、当該機器によるデジタル方式の録音又は録画の用に供される記録媒体であつて政令で定めるものに録音又は録画を行う者は、相当な額の補償金を著作権者に支払わなければならない。

（付随対象著作物の利用）

第三十条の二　写真の撮影、録音、録画、放送その他これらと同様に事物の影像又は音を複製し、又は複製を伴うことなく伝達する行為（以下この項において「複製伝達行為」という。）を行うに当たつて、その対象とする事物又は音（以下この項において「複製伝達対象事物等」という。）に付随して対象となる事物又は音（複製伝達対象事物等の一部を構成するものとして対象となる事物又は音を含む。以下この項において「付随対象事物等」という。）に係る著作物（当該複製伝達行為により作成され、又は伝達されるもの（以下この条において「作成伝達物」という。）のうち当該著作物の占める割合、当該作成伝達物における当該著作物の再製の精度その他の要素に照らし当該作成伝達物において軽微な構成部分となる場合における当該著作物に限る。以下この条において「付随対象著作物」という。）は、当該付随対象著作物の利用により利益を得る目的の有無、当該付随対象事物等の当該複製伝達対象事物等からの分離の困難性の程度、当該作成伝達物において当該付随対象著作物が果たす役割その他の要素に照らし正当な範囲内において、当該複製伝達行為に伴つて、いずれの方法によるかを問わず、利用することができる。ただし、当該付随対象著作物の種類及び用途並びに当該利用の態様に照らし著作権者の利益を不当に害することとなる場合は、この限りでない。

2　前項の規定により利用された付随対象著作物は、当該付随対象著作物に係る作成伝達物の利用に伴つて、いずれの方法によるかを問わず、利用することができる。ただし、当該付随対象著作物の種類及び用途並びに当該利用の態様に照らし著作権者の利益を不当に害することとなる場合は、この限りではない。

（検討の過程における利用）

第三十条の三　著作権者の許諾を得て、又は第六十七条第一項、第六十八条第一項若しくは第六十九条の規定による裁定を受けて著作物を利用しようとする者は、これらの利用についての検討の過程（当該許諾を得、又は当該裁定を受ける過程を含む。）における利用に供することを目的とする場合には、その必要と認められる限度において、いずれの方法によるかを問わず、当該著作物を利用することができる。ただし、当該著作物の種類及び用途並びに当該利用の態様に照らし著作権者の利益を不当に害することとなる場合は、この限りでない。

（著作物に表現された思想又は感情の享受を目的としない利用）

第三十条の四　著作物は、次に掲げる場合その他の当該著作物に表現された思想又は感情を自ら享受し又は他人に享受させることを目的としない場合には、その必要と認められる限度において、いずれの方法によるかを問わず、利用することができる。ただし、当該著作物の種類及び用途並びに当該利用の態様に照らし著作権者の利益を不当に害することとなる場合は、この限りでない。

一　著作物の録音、録画その他の利用に係る技術の開発又は実用化のための試験の用に供する場合

二　情報解析（多数の著作物その他の大量の情報から、当該情報を構成する言語、音、影像その他の要素に係る情報を抽出し、比較、分類その他の解析を行うことをいう。第四十七条の五第一項第二号において同じ。）の用に供する場合

三　前二号に掲げる場合のほか、著作物の表現についての人の知覚による認識を伴うことなく当該著作物を電子計算機による情報処理の過程における利用その他の利用（プログラムの著作物にあつては、当該著作物の電子計算機における実行を除く。）に供する場合

（図書館等における複製等）

第三十一条　国立国会図書館及び図書、記録その他の資料を公衆の利用に供することを目的とする図書館その他の施設で政令で定めるもの（以下この項及び第三項において「図書館等」という。）においては、次に掲げる場合には、その営利を目的としない事業として、図書館等の図書、記録その他の資料（以下この条において「図書館資料」という。）を用いて著作物を複製することができる。

一　図書館等の利用者の求めに応じ、その調査研究の用に供するために、公表された著作物の一部分（発行後相当期間を経過した定期刊行物に掲載された個々の著作物にあつては、その全部。第三項において同じ。）の複製物を一人につき一部提供する場合

二　図書館資料の保存のため必要がある場合

三 他の図書館等の求めに応じ、絶版その他これに準ずる理由により一般に入手することが困難な図書館資料（以下この条において「絶版等資料」という。）の複製物を提供する場合

2 前項各号に掲げる場合のほか、国立国会図書館においては、図書館資料の原本を公衆の利用に供することによるその滅失、損傷若しくは汚損を避けるために当該原本に代えて公衆の利用に供するため、又は絶版等資料に係る著作物を次項の規定により自動公衆送信（送信可能化を含む。同項において同じ。）に用いるため、電磁的記録（電子的方式、磁気的方式その他人の知覚によつては認識することができない方式で作られる記録であつて、電子計算機による情報処理の用に供されるものをいう。以下同じ。）を作成する場合には、必要と認められる限度において、当該図書館資料に係る著作物を記録媒体に記録することができる。

3 国立国会図書館は、絶版等資料に係る著作物について、図書館等又はこれに類する外国の施設で政令で定めるものにおいて公衆に提示することを目的とする場合には、前項の規定により記録媒体に記録された当該著作物の複製物を用いて自動公衆送信を行うことができる。この場合において、当該図書館等においては、その営利を目的としない事業として、当該図書館等の利用者の求めに応じ、その調査研究の用に供するために、自動公衆送信される当該著作物の一部分の複製物を作成し、当該複製物を一人につき一部提供することができる。

（引用）

第三十二条 公表された著作物は、引用して利用することができる。この場合において、その引用は、公正な慣行に合致するものであり、かつ、報道、批評、研究その他の引用の目的上正当な範囲内で行なわれるものでなければならない。

2 国若しくは地方公共団体の機関、独立行政法人又は地方独立行政法人が一般に周知させることを目的として作成し、その著作の名義の下に公表する広報資料、調査統計資料、報告書その他これらに類する著作物は、説明の材料として新聞紙、雑誌その他の刊行物に転載することができる。ただし、これを禁止する旨の表示がある場合は、この限りでない。

（教科用図書等への掲載）

第三十三条 公表された著作物は、学校教育の目的上必要と認められる限度において、教科用図書（学校教育法（昭和二十二年法律第二十六号）第三十四条第一項（同法第四十九条、第四十九条の八、第六十二条、第七十条第一項及び第八十二条において準用する場合を含む。）に規定する教科用図書をいう。以下同じ。）に掲載することができる。

2 前項の規定により著作物を教科用図書に掲載する者は、その旨を著作者に通知す

るとともに、同項の規定の趣旨、著作物の種類及び用途、通常の使用料の額その他の事情を考慮して文化庁長官が定める算出方法により算出した額の補償金を著作権者に支払わなければならない。

3　文化庁長官は、前項の算出方法を定めたときは、これをインターネットの利用その他の適切な方法により公表するものとする。

4　前三項の規定は、高等学校（中等教育学校の後期課程を含む。）の通信教育用学習図書及び教科用図書に係る教師用指導書（当該教科用図書を発行する者の発行に係るものに限る。）への著作物の掲載について準用する。

（教科用図書代替教材への掲載等）

第三十三条の二　教科用図書に掲載された著作物は、学校教育の目的上必要と認められる限度において、教科用図書代替教材（学校教育法第三十四条第二項又は第三項（これらの規定を同法第四十九条、第四十九条の八、第六十二条、第七十条第一項及び第八十二条において準用する場合を含む。以下この項において同じ。）の規定により教科用図書に代えて使用することができる同法第三十四条第二項に規定する教材をいう。以下この項及び次項において同じ。）に掲載し、及び教科用図書代替教材の当該使用に伴つていずれの方法によるかを問わず利用することができる。

2　前項の規定により教科用図書に掲載された著作物を教科用図書代替教材に掲載しようとする者は、あらかじめ当該教科用図書を発行する者にその旨を通知するとともに、同項の規定の趣旨、同項の規定による著作物の利用の態様及び利用状況、前条第二項に規定する補償金の額その他の事情を考慮して文化庁長官が定める算出方法により算出した額の補償金を著作権者に支払わなければならない。

3　文化庁長官は、前項の算出方法を定めたときは、これをインターネットの利用その他の適切な方法により公表するものとする。

（教科用拡大図書等の作成のための複製等）

第三十三条の三　教科用図書に掲載された著作物は、視覚障害、発達障害その他の障害により教科用図書に掲載された著作物を使用することが困難な児童又は生徒の学習の用に供するため、当該教科用図書に用いられている文字、図形等の拡大その他の当該児童又は生徒が当該著作物を使用するために必要な方式により複製することができる。

2　前項の規定により複製する教科用の図書その他の複製物（点字により複製するものを除き、当該教科用図書に掲載された著作物の全部又は相当部分を複製するものに限る。以下この項において「教科用拡大図書等」という。）を作成しようとする者は、あらかじめ当該教科用図書を発行する者にその旨を通知するとともに、営利を目的として当該教科用拡大図書等を頒布する場合にあつては、第三十三条第二項に規定する補償金の額に準じて文化庁長官が定める算出方法により算出した額の補償金を当該著作物の著作権者に支払わなければならない。

3 文化庁長官は、前項の算出方法を定めたときは、これをインターネットの利用その他の適切な方法により公表するものとする。

4 障害のある児童及び生徒のための教科用特定図書等の普及の促進等に関する法律（平成二十年法律第八十一号）第五条第一項又は第二項の規定により教科用図書に掲載された著作物に係る電磁的記録の提供を行う者は、その提供のために必要と認められる限度において、当該著作物を利用することができる。

（学校教育番組の放送等）

第三十四条 公表された著作物は、学校教育の目的上必要と認められる限度において、学校教育に関する法令の定める教育課程の基準に準拠した学校向けの放送番組又は有線放送番組において放送し、若しくは有線放送し、又は当該放送を受信して同時に専ら当該放送に係る放送対象地域（放送法（昭和二十五年法律第百三十二号）第九十一条第二項第二号に規定する放送対象地域をいい、これが定められていない放送にあつては、電波法（昭和二十五年法律第百三十一号）第十四条第三項第二号に規定する放送区域をいう。以下同じ。）において受信されることを目的として自動公衆送信（送信可能化のうち、公衆の用に供されている電気通信回線に接続している自動公衆送信装置に情報を入力することによるものを含む。）を行い、及び当該放送番組用又は有線放送番組用の教材に掲載することができる。

2 前項の規定により著作物を利用する者は、その旨を著作者に通知するとともに、相当な額の補償金を著作権者に支払わなければならない。

（学校その他の教育機関における複製等）

第三十五条 学校その他の教育機関（営利を目的として設置されているものを除く。）において教育を担任する者及び授業を受ける者は、その授業の過程における利用に供することを目的とする場合には、その必要と認められる限度において、公表された著作物を複製し、若しくは公衆送信（自動公衆送信の場合にあつては、送信可能化を含む。以下この条において同じ。）を行い、又は公表された著作物であつて公衆送信されるものを受信装置を用いて公に伝達することができる。ただし、当該著作物の種類及び用途並びに当該複製の部数及び当該複製、公衆送信又は伝達の態様に照らし著作権者の利益を不当に害することとなる場合は、この限りでない。

2 前項の規定により公衆送信を行う場合には、同項の教育機関を設置する者は、相当な額の補償金を著作権者に支払わなければならない。

3 前項の規定は、公表された著作物について、第一項の教育機関における授業の過程において、当該授業を直接受ける者に対して当該著作物をその原作品若しくは複製物を提供し、若しくは提示して利用する場合又は当該著作物を第三十八条第一項の規定により上演し、演奏し、上映し、若しくは口述して利用する場合において、当該授業が行われる場所以外の場所において当該授業を同時に受ける者に対して公衆送信を行うときには、適用しない。

（試験問題としての複製等）

第三十六条　公表された著作物については、入学試験その他人の学識技能に関する試験又は検定の目的上必要と認められる限度において、当該試験又は検定の問題として複製し、又は公衆送信（放送又は有線放送を除き、自動公衆送信の場合にあつては送信可能化を含む。次項において同じ。）を行うことができる。ただし、当該著作物の種類及び用途並びに当該公衆送信の態様に照らし著作権者の利益を不当に害することとなる場合は、この限りでない。

2　営利を目的として前項の複製又は公衆送信を行う者は、通常の使用料の額に相当する額の補償金を著作権者に支払わなければならない。

（視覚障害者等のための複製等）

第三十七条　公表された著作物は、点字により複製することができる。

2　公表された著作物については、電子計算機を用いて点字を処理する方式により、記録媒体に記録し、又は公衆送信（放送又は有線放送を除き、自動公衆送信の場合にあつては送信可能化を含む。次項において同じ。）を行うことができる。

3　視覚障害その他の障害により視覚による表現の認識が困難な者（以下この項及び第百二条第四項において「視覚障害者等」という。）の福祉に関する事業を行う者で政令で定めるものは、公表された著作物であつて、視覚によりその表現が認識される方式（視覚及び他の知覚により認識される方式を含む。）により公衆に提供され、又は提示されているもの（当該著作物以外の著作物で、当該著作物において複製されているものその他当該著作物と一体として公衆に提供され、又は提示されているものを含む。以下この項及び同条第四項において「視覚著作物」という。）について、専ら視覚障害者等で当該方式によつては当該視覚著作物を利用することが困難な者の用に供するために必要と認められる限度において、当該視覚著作物に係る文字を音声にすることその他当該視覚障害者等が利用するために必要な方式により、複製し、又は公衆送信を行うことができる。ただし、当該視覚著作物について、著作権者又はその許諾を得た者若しくは第七十九条の出版権の設定を受けた者若しくはその複製許諾若しくは公衆送信許諾を得た者により、当該方式による公衆への提供又は提示が行われている場合は、この限りでない。

（聴覚障害者等のための複製等）

第三十七条の二　聴覚障害者その他聴覚による表現の認識に障害のある者（以下この

条及び次条第五項において「聴覚障害者等」という。）の福祉に関する事業を行う者で次の各号に掲げる利用の区分に応じて政令で定めるものは、公表された著作物であつて、聴覚によりその表現が認識される方式（聴覚及び他の知覚により認識される方式を含む。）により公衆に提供され、又は提示されているもの（当該著作物以外の著作物で、当該著作物において複製されているものその他当該著作物と一体として公衆に提供され、又は提示されているものを含む。以下この条において「聴覚著作物」という。）について、専ら聴覚障害者等で当該方式によつては当該聴覚著作物を利用することが困難な者の用に供するために必要と認められる限度において、それぞれ当該各号に掲げる利用を行うことができる。ただし、当該聴覚著作物について、著作権者又はその許諾を得た者若しくは第七十九条の出版権の設定を受けた者若しくはその複製許諾若しくは公衆送信許諾を得た者により、当該聴覚障害者等が利用するために必要な方式による公衆への提供又は提示が行われている場合は、この限りでない。

一　当該聴覚著作物に係る音声について、これを文字にすることその他当該聴覚障害者等が利用するために必要な方式により、複製し、又は自動公衆送信（送信可能化を含む。）を行うこと。

二　専ら当該聴覚障害者等向けの貸出しの用に供するため、複製すること（当該聴覚著作物に係る音声を文字にすることその他当該聴覚障害者等が利用するために必要な方式による当該音声の複製と併せて行うものに限る。）。

（営利を目的としない上演等）

第三十八条　公表された著作物は、営利を目的とせず、かつ、聴衆又は観衆から料金（いずれの名義をもつてするかを問わず、著作物の提供又は提示につき受ける対価をいう。以下この条において同じ。）を受けない場合には、公に上演し、演奏し、上映し、又は口述することができる。ただし、当該上演、演奏、上映又は口述について実演家又は口述を行う者に対し報酬が支払われる場合は、この限りでない。

2　放送される著作物は、営利を目的とせず、かつ、聴衆又は観衆から料金を受けない場合には、有線放送し、又は専ら当該放送に係る放送対象地域において受信されることを目的として自動公衆送信（送信可能化のうち、公衆の用に供されている電気通信回線に接続している自動公衆送信装置に情報を入力することによるものを含む。）を行うことができる。

3　放送され、又は有線放送される著作物（放送される著作物が自動公衆送信される場合の当該著作物を含む。）は、営利を目的とせず、かつ、聴衆又は観衆から料金を受けない場合には、受信装置を用いて公に伝達することができる。通常の家庭用受信装置を用いてする場合も、同様とする。

4　公表された著作物（映画の著作物を除く。）は、営利を目的とせず、かつ、その複製物の貸与を受ける者から料金を受けない場合には、その複製物（映画の著作物において複製されている著作物にあつては、当該映画の著作物の複製物を除く。）の貸与により公衆に提供することができる。

5　映画フィルムその他の視聴覚資料を公衆の利用に供することを目的とする視聴覚教育施設その他の施設（営利を目的として設置されているものを除く。）で政令で定めるもの及び聴覚障害者等の福祉に関する事業を行う者で前条の政令で定めるもの（同条第二号に係るものに限り、営利を目的として当該事業を行うものを除く。）は、公表された映画の著作物を、その複製物の貸与を受ける者から料金を受けない場合には、その複製物の貸与により頒布することができる。この場合において、当該頒布を行う者は、当該映画の著作物又は当該映画の著作物において複製されている著作物につき第二十六条に規定する権利を有する者（第二十八条の規定により第二十六条に規定する権利と同一の権利を有する者を含む。）に相当な額の補償金を支払わなければならない。

（時事問題に関する論説の転載等）

第三十九条　新聞紙又は雑誌に掲載して発行された政治上、経済上又は社会上の時事問題に関する論説（学術的な性質を有するものを除く。）は、他の新聞紙若しくは雑誌に転載し、又は放送し、若しくは有線放送し、若しくは当該放送を受信して同時に専ら当該放送に係る放送対象地域において受信されることを目的として自動公衆送信（送信可能化のうち、公衆の用に供されている電気通信回線に接続している自動公衆送信装置に情報を入力することによるものを含む。）を行うことができる。ただし、これらの利用を禁止する旨の表示がある場合は、この限りでない。

2　前項の規定により放送され、若しくは有線放送され、又は自動公衆送信される論説は、受信装置を用いて公に伝達することができる。

（政治上の演説等の利用）

第四十条　公開して行われた政治上の演説又は陳述及び裁判手続（行政庁の行う審判その他裁判に準ずる手続を含む。第四十二条第一項において同じ。）における公開の陳述は、同一の著作者のものを編集して利用する場合を除き、いずれの方法によるかを問わず、利用することができる。

2　国若しくは地方公共団体の機関、独立行政法人又は地方独立行政法人において行われた公開の演説又は陳述は、前項の規定によるものを除き、報道の目的上正当と認められる場合には、新聞紙若しくは雑誌に掲載し、又は放送し、若しくは有線放送し、若しくは当該放送を受信して同時に専ら当該放送に係る放送対象地域において受信されることを目的として自動公衆送信（送信可能化のうち、公衆の用に供されている電気通信回線に接続している自動公衆送信装置に情報を入力することによるものを含む。）を行うことができる。

3 前項の規定により放送され、若しくは有線放送され、又は自動公衆送信される演説又は陳述は、受信装置を用いて公に伝達することができる。

（時事の事件の報道のための利用）

第四十一条 写真、映画、放送その他の方法によつて時事の事件を報道する場合には、当該事件を構成し、又は当該事件の過程において見られ、若しくは聞かれる著作物は、報道の目的上正当な範囲内において、複製し、及び当該事件の報道に伴つて利用することができる。

（裁判手続等における複製）

第四十二条 著作物は、裁判手続のために必要と認められる場合及び立法又は行政の目的のために内部資料として必要と認められる場合には、その必要と認められる限度において、複製することができる。ただし、当該著作物の種類及び用途並びにその複製の部数及び態様に照らし著作権者の利益を不当に害することとなる場合は、この限りでない。

2 次に掲げる手続のために必要と認められる場合についても、前項と同様とする。

一 行政庁の行う特許、意匠若しくは商標に関する審査、実用新案に関する技術的な評価又は国際出願（特許協力条約に基づく国際出願等に関する法律（昭和五十三年法律第三十号）第二条に規定する国際出願をいう。）に関する国際調査若しくは国際予備審査に関する手続

二 行政庁の行う品種（種苗法（平成十年法律第八十三号）第二条第二項に規定する品種をいう。）に関する審査又は登録品種（同法第二十条第一項に規定する登録品種をいう。）に関する調査に関する手続

三 行政庁の行う特定農林水産物等（特定農林水産物等の名称の保護に関する法律（平成二十六年法律第八十四号）第二条第二項に規定する特定農林水産物等をいう。以下この号において同じ。）についての同法第六条の登録又は外国の特定農林水産物等についての同法第二十三条第一項の指定に関する手続

四 行政庁若しくは独立行政法人の行う薬事（医療機器（医薬品、医療機器等の品質、有効性及び安全性の確保等に関する法律（昭和三十五年法律第百四十五号）第二条第四項に規定する医療機器をいう。）及び再生医療等製品（同条第九項に規定する再生医療等製品をいう。）に関する事項を含む。以下この号において同じ。）に関する審査若しくは調査又は行政庁若しくは独立行政法人に対する薬事に関する報告に関する手続

五 前各号に掲げるもののほか、これらに類するものとして政令で定める手続

（行政機関情報公開法等による開示のための利用）
第四十二条の二　行政機関の長、独立行政法人等又は地方公共団体の機関若しくは地方独立行政法人は、行政機関情報公開法、独立行政法人等情報公開法又は情報公開条例の規定により著作物を公衆に提供し、又は提示することを目的とする場合には、それぞれ行政機関情報公開法第十四条第一項（同項の規定に基づく政令の規定を含む。）に規定する方法、独立行政法人等情報公開法第十五条第一項に規定する方法（同項の規定に基づき当該独立行政法人等が定める方法（行政機関情報公開法第十四条第一項の規定に基づく政令で定める方法以外のものを除く。）を含む。）又は情報公開条例で定める方法（行政機関情報公開法第十四条第一項（同項の規定に基づく政令の規定を含む。）に規定する方法以外のものを除く。）により開示するために必要と認められる限度において、当該著作物を利用することができる。

（公文書管理法等による保存等のための利用）
第四十二条の三　国立公文書館等の長又は地方公文書館等の長は、公文書管理法第十五条第一項の規定又は公文書管理条例の規定（同項の規定に相当する規定に限る。）により歴史公文書等を保存することを目的とする場合には、必要と認められる限度において、当該歴史公文書等に係る著作物を複製することができる。

2　国立公文書館等の長又は地方公文書館等の長は、公文書管理法第十六条第一項の規定又は公文書管理条例の規定（同項の規定に相当する規定に限る。）により著作物を公衆に提供し、又は提示することを目的とする場合には、それぞれ公文書管理法第十九条（同条の規定に基づく政令の規定を含む。以下この項において同じ。）に規定する方法又は公文書管理条例で定める方法（同条に規定する方法以外のものを除く。）により利用をさせるために必要と認められる限度において、当該著作物を利用することができる。

（国立国会図書館法によるインターネット資料及びオンライン資料の収集のための複製）
第四十三条　国立国会図書館の館長は、国立国会図書館法（昭和二十三年法律第五号）第二十五条の三第一項の規定により同項に規定するインターネット資料（以下この条において「インターネット資料」という。）又は同法第二十五条の四第三項の規定により同項に規定するオンライン資料を収集するために必要と認められる限度において、当該インターネット資料又は当該オンライン資料に係る著作物を国立国会図書館の使用に係る記録媒体に記録することができる。

2　次の各号に掲げる者は、当該各号に掲げる資料を提供するために必要と認められる限度において、当該各号に掲げる資料に係る著作物を複製することができる。

一　国立国会図書館法第二十四条及び第二十四条の二に規定する者　同法第二十五

条の三第三項の求めに応じ提供するインターネット資料

二　国立国会図書館法第二十四条及び第二十四条の二に規定する者以外の者　同法第二十五条の四第一項の規定により提供する同項に規定するオンライン資料

（放送事業者等による一時的固定）

第四十四条　放送事業者は、第二十三条第一項に規定する権利を害することなく放送することができる著作物を、自己の放送のために、自己の手段又は当該著作物を同じく放送することができる他の放送事業者の手段により、一時的に録音し、又は録画することができる。

2　有線放送事業者は、第二十三条第一項に規定する権利を害することなく有線放送することができる著作物を、自己の有線放送（放送を受信して行うものを除く。）のために、自己の手段により、一時的に録音し、又は録画することができる。

3　前二項の規定により作成された録音物又は録画物は、録音又は録画の後六月（その期間内に当該録音物又は録画物を用いてする放送又は有線放送があつたときは、その放送又は有線放送の後六月）を超えて保存することができない。ただし、政令で定めるところにより公的な記録保存所において保存する場合は、この限りでない。

（美術の著作物等の原作品の所有者による展示）

第四十五条　美術の著作物若しくは写真の著作物の原作品の所有者又はその同意を得た者は、これらの著作物をその原作品により公に展示することができる。

2　前項の規定は、美術の著作物の原作品を街路、公園その他一般公衆に開放されている屋外の場所又は建造物の外壁その他一般公衆の見やすい屋外の場所に恒常的に設置する場合には、適用しない。

（公開の美術の著作物等の利用）

第四十六条　美術の著作物でその原作品が前条第二項に規定する屋外の場所に恒常的に設置されているもの又は建築の著作物は、次に掲げる場合を除き、いずれの方法によるかを問わず、利用することができる。

一　彫刻を増製し、又はその増製物の譲渡により公衆に提供する場合

二　建築の著作物を建築により複製し、又はその複製物の譲渡により公衆に提供する場合

三　前条第二項に規定する屋外の場所に恒常的に設置するために複製する場合

四　専ら美術の著作物の複製物の販売を目的として複製し、又はその複製物を販売する場合

（美術の著作物等の展示に伴う複製等）

第四十七条　美術の著作物又は写真の著作物の原作品により、第二十五条に規定する権利を害することなく、これらの著作物を公に展示する者（以下この条において

「原作品展示者」という。）は、観覧者のためにこれらの展示する著作物（以下この条及び第四十七条の六第二項第一号において「展示著作物」という。）の解説若しくは紹介をすることを目的とする小冊子に当該展示著作物を掲載し、又は次項の規定により当該展示著作物を上映し、若しくは当該展示著作物について自動公衆送信（送信可能化を含む。同項及び同号において同じ。）を行うために必要と認められる限度において、当該展示著作物を複製することができる。ただし、当該展示著作物の種類及び用途並びに当該複製の部数及び態様に照らし著作権者の利益を不当に害することとなる場合は、この限りでない。

2　原作品展示者は、観覧者のために展示著作物の解説又は紹介をすることを目的とする場合には、その必要と認められる限度において、当該展示著作物を上映し、又は当該展示著作物について自動公衆送信を行うことができる。ただし、当該展示著作物の種類及び用途並びに当該上映又は自動公衆送信の態様に照らし著作権者の利益を不当に害することとなる場合は、この限りでない。

3　原作品展示者及びこれに準ずる者として政令で定めるものは、展示著作物の所在に関する情報を公衆に提供するために必要と認められる限度において、当該展示著作物について複製し、又は公衆送信（自動公衆送信の場合にあつては、送信可能化を含む。）を行うことができる。ただし、当該展示著作物の種類及び用途並びに当該複製又は公衆送信の態様に照らし著作権者の利益を不当に害することとなる場合は、この限りでない。

（美術の著作物等の譲渡等の申出に伴う複製等）

第四十七条の二　美術の著作物又は写真の著作物の原作品又は複製物の所有者その他のこれらの譲渡又は貸与の権原を有する者が、第二十六条の二第一項又は第二十六条の三に規定する権利を害することなく、その原作品又は複製物を譲渡し、又は貸与しようとする場合には、当該権原を有する者又はその委託を受けた者は、その申出の用に供するため、これらの著作物について、複製又は公衆送信（自動公衆送信の場合にあつては、送信可能化を含む。）（当該複製により作成される複製物を用いて行うこれらの著作物の複製又は当該公衆送信を受信して行うこれらの著作物の複製を防止し、又は抑止するための措置その他の著作権者の利益を不当に害しないための措置として政令で定める措置を講じて行うものに限る。）を行うことができる。

（プログラムの著作物の複製物の所有者による複製等）

第四十七条の三　プログラムの著作物の複製物の所有者は、自ら当該著作物を電子計算機において実行するために必要と認められる限度において、当該著作物を複製することができる。ただし、当該実行に係る複製物の使用につき、第百十三条第五項の規定が適用される場合は、この限りでない。

2　前項の複製物の所有者が当該複製物（同項の規定により作成された複製物を含む。）のいずれかについて滅失以外の事由により所有権を有しなくなつた後には、その者は、当該著作権者の別段の意思表示がない限り、その他の複製物を保存してはならない。

（電子計算機における著作物の利用に付随する利用等）

第四十七条の四　電子計算機における利用（情報通信の技術を利用する方法による利用を含む。以下この条において同じ。）に供される著作物は、次に掲げる場合その他これらと同様に当該著作物の電子計算機における利用を円滑又は効率的に行うために当該電子計算機における利用に付随する利用に供することを目的とする場合には、その必要と認められる限度において、いずれの方法によるかを問わず、利用することができる。ただし、当該著作物の種類及び用途並びに当該利用の態様に照らし著作権者の利益を不当に害することとなる場合は、この限りでない。

一　電子計算機において、著作物を当該著作物の複製物を用いて利用する場合又は無線通信若しくは有線電気通信の送信がされる著作物を当該送信を受信して利用する場合において、これらの利用のための当該電子計算機による情報処理の過程において、当該情報処理を円滑又は効率的に行うために当該著作物を当該電子計算機の記録媒体に記録するとき。

二　自動公衆送信装置を他人の自動公衆送信の用に供することを業として行う者が、当該他人の自動公衆送信の遅滞若しくは障害を防止し、又は送信可能化された著作物の自動公衆送信を中継するための送信を効率的に行うために、これらの自動公衆送信のために送信可能化された著作物を記録媒体に記録する場合

三　情報通信の技術を利用する方法により情報を提供する場合において、当該提供を円滑又は効率的に行うための準備に必要な電子計算機による情報処理を行うことを目的として記録媒体への記録又は翻案を行うとき。

2　電子計算機における利用に供される著作物は、次に掲げる場合その他これらと同様に当該著作物の電子計算機における利用を行うことができる状態を維持し、又は当該状態に回復することを目的とする場合には、その必要と認められる限度において、いずれの方法によるかを問わず、利用することができる。ただし、当該著作物の種類及び用途並びに当該利用の態様に照らし著作権者の利益を不当に害することとなる場合は、この限りでない。

一　記録媒体を内蔵する機器の保守又は修理を行うために当該機器に内蔵する記録媒体（以下この号及び次号において「内蔵記録媒体」という。）に記録されている著作物を当該内蔵記録媒体以外の記録媒体に一時的に記録し、及び当該保守又は修理の後に、当該内蔵記録媒体に記録する場合

二　記録媒体を内蔵する機器をこれと同様の機能を有する機器と交換するためにその内蔵記録媒体に記録されている著作物を当該内蔵記録媒体以外の記録媒体に一時的に記録し、及び当該同様の機能を有する機器の内蔵記録媒体に記録する場合

三　自動公衆送信装置を他人の自動公衆送信の用に供することを業として行う者が、当該自動公衆送信装置により送信可能化された著作物の複製物が滅失し、又は毀損した場合の復旧の用に供するために当該著作物を記録媒体に記録するとき。

（電子計算機による情報処理及びその結果の提供に付随する軽微利用等）

第四十七条の五　電子計算機を用いた情報処理により新たな知見又は情報を創出することによつて著作物の利用の促進に資する次の各号に掲げる行為を行う者（当該行為の一部を行う者を含み、当該行為を政令で定める基準に従つて行う者に限る。）は、公衆への提供等（公衆への提供又は提示をいい、送信可能化を含む。以下同じ。）が行われた著作物（以下この条及び次条第二項第二号において「公衆提供等著作物」という。）（公表された著作物又は送信可能化された著作物に限る。）について、当該各号に掲げる行為の目的上必要と認められる限度において、当該行為に付随して、いずれの方法によるかを問わず、利用（当該公衆提供等著作物のうちその利用に供される部分の占める割合、その利用に供される部分の量、その利用に供される際の表示の精度その他の要素に照らし軽微なものに限る。以下この条において「軽微利用」という。）を行うことができる。ただし、当該公衆提供等著作物に係る公衆への提供等が著作権を侵害するものであること（国外で行われた公衆への提供等にあつては、国内で行われたとしたならば著作権の侵害となるべきものであること）を知りながら当該軽微利用を行う場合その他当該公衆提供等著作物の種類及び用途並びに当該軽微利用の態様に照らし著作権者の利益を不当に害することとなる場合は、この限りでない。

一　電子計算機を用いて、検索により求める情報（以下この号において「検索情報」という。）が記録された著作物の題号又は著作者名、送信可能化された検索情報に係る送信元識別符号（自動公衆送信の送信元を識別するための文字、番号、記号その他の符号をいう。第百十三条第二項及び第四項において同じ。）その他の検索情報の特定又は所在に関する情報を検索し、及びその結果を提供すること。

二　電子計算機による情報解析を行い、及びその結果を提供すること。

三　前二号に掲げるもののほか、電子計算機による情報処理により、新たな知見又は情報を創出し、及びその結果を提供する行為であつて、国民生活の利便性の向上に寄与するものとして政令で定めるもの

2　前項各号に掲げる行為の準備を行う者（当該行為の準備のための情報の収集、整

理及び提供を政令で定める基準に従つて行う者に限る。）は、公衆提供等著作物について、同項の規定による軽微利用の準備のために必要と認められる限度において、複製若しくは公衆送信（自動公衆送信の場合にあつては、送信可能化を含む。以下この項及び次条第二項第二号において同じ。）を行い、又はその複製物による頒布を行うことができる。ただし、当該公衆提供提示著作物の種類及び用途並びに当該複製又は頒布の部数及び当該複製、公衆送信又は頒布の態様に照らし著作権者の利益を不当に害することとなる場合は、この限りでない。

（翻訳、翻案等による利用）

第四十七条の六　次の各号に掲げる規定により著作物を利用することができる場合には、当該著作物について、当該規定の例により当該各号に定める方法による利用を行うことができる。

一　第三十条第一項、第三十三条第一項（同条第四項において準用する場合を含む。）、第三十四条第一項、第三十五条第一項又は前条第二項　翻訳、編曲、変形又は翻案

二　第三十一条第一項第一号若しくは第三項後段、第三十二条、第三十六条第一項、第三十七条第一項若しくは第二項、第三十九条第一項、第四十条第二項、第四十一条又は第四十二条　翻訳

三　第三十三条の二第一項、第三十三条の三第一項又は第四十七条　変形又は翻案

四　第三十七条第三項　翻訳、変形又は翻案

五　第三十七条の二　翻訳又は翻案

六　第四十七条の三第一項　翻案

2　前項の規定により創作された二次的著作物は、当該二次的著作物の原著作物を同項各号に掲げる規定（次の各号に掲げる二次的著作物にあつては、当該各号に定める規定を含む。以下この項及び第四十八条第三項第二号において同じ。）により利用することができる場合には、原著作物の著作者その他の当該二次的著作物の利用に関して第二十八条に規定する権利を有する者との関係においては、当該二次的著作物を前項各号に掲げる規定に規定する著作物に該当するものとみなして、当該各号に掲げる規定による利用を行うことができる。

一　第四十七条第一項の規定により同条第二項の規定による展示著作物の上映又は自動公衆送信を行うために当該展示著作物を複製することができる場合に、前項の規定により創作された二次的著作物　同条第二項

二　前条第二項の規定により公衆提供等著作物について複製、公衆送信又はその複製物による頒布を行うことができる場合に、前項の規定により創作された二次的著作物　同条第一項

（複製権の制限により作成された複製物の譲渡）
第四十七条の七　第三十条の二第二項、第三十条の三、第三十条の四、第三十一条第一項（第一号に係る部分に限る。以下この条において同じ。）若しくは第三項後段、第三十二条、第三十三条第一項（同条第四項において準用する場合を含む。）、第三十三条の二第一項、第三十三条の三第一項若しくは第四項、第三十四条第一項、第三十五条第一項、第三十六条第一項、第三十七条、第三十七条の二（第二号を除く。以下この条において同じ。）、第三十九条第一項、第四十条第一項若しくは第二項、第四十一条から第四十二条の二まで、第四十二条の三第二項、第四十六条、第四十七条第一項若しくは第三項、第四十七条の二、第四十七条の四又は第四十七条の五の規定により複製することができる著作物は、これらの規定の適用を受けて作成された複製物（第三十一条第一項若しくは第三項後段、第三十六条第一項又は第四十二条の規定に係る場合にあつては、映画の著作物の複製物（映画の著作物において複製されている著作物にあつては、当該映画の著作物の複製物を含む。以下この条において同じ。）を除く。）の譲渡により公衆に提供することができる。ただし、第三十条の三、第三十一条第一項若しくは第三項後段、第三十三条の二第一項、第三十三条の三第一項若しくは第四項、第三十五条第一項、第三十七条第三項、第三十七条の二、第四十一条から第四十二条の二まで、第四十二条の三第二項、第四十七条第一項若しくは第三項、第四十七条の二、第四十七条の四若しくは第四十七条の五の規定の適用を受けて作成された著作物の複製物（第三十一条第一項若しくは第三項後段又は第四十二条の規定に係る場合にあつては、映画の著作物の複製物を除く。）を第三十条の三、第三十一条第一項若しくは第三項後段、第三十三条の二第一項、第三十三条の三第一項若しくは第四項、第三十五条第一項、第三十七条第三項、第三十七条の二、第四十一条から第四十二条の二まで、第四十二条の三第二項、第四十七条第一項若しくは第三項、第四十七条の二、第四十七条の四若しくは第四十七条の五に定める目的以外の目的のために公衆に譲渡する場合又は第三十条の四の規定の適用を受けて作成された著作物の複製物を当該著作物に表現された思想若しくは感情を自ら享受し若しくは他人に享受させる目的のために公衆に譲渡する場合は、この限りでない。

（出所の明示）
第四十八条　次の各号に掲げる場合には、当該各号に規定する著作物の出所を、その複製又は利用の態様に応じ合理的と認められる方法及び程度により、明示しなければならない。
一　第三十二条、第三十三条第一項（同条第四項において準用する場合を含む。）、第三十三条の二第一項、第三十三条の三第一項、第三十七条第一項、第四十二条

又は第四十七条第一項の規定により著作物を複製する場合
二　第三十四条第一項、第三十七条第三項、第三十七条の二、第三十九条第一項、第四十条第一項若しくは第二項、第四十七条第二項若しくは第三項又は第四十七条の二の規定により著作物を利用する場合
三　第三十二条の規定により著作物を複製以外の方法により利用する場合又は第三十五条第一項、第三十六条第一項、第三十八条第一項、第四十一条、第四十六条若しくは第四十七条の五第一項の規定により著作物を利用する場合において、その出所を明示する慣行があるとき。
2　前項の出所の明示に当たつては、これに伴い著作者名が明らかになる場合及び当該著作物が無名のものである場合を除き、当該著作物につき表示されている著作者名を示さなければならない。
3　次の各号に掲げる場合には、前二項の規定の例により、当該各号に規定する二次的著作物の原著作物の出所を明示しなければならない。
一　第四十条第一項、第四十六条又は第四十七条の五第一項の規定により創作された二次的著作物をこれらの規定により利用する場合
二　第四十七条の六第一項の規定により創作された二次的著作物を同条第二項の規定の適用を受けて同条第一項各号に掲げる規定により利用する場合
（複製物の目的外使用等）
第四十九条　次に掲げる者は、第二十一条の複製を行つたものとみなす。
一　第三十条第一項、第三十条の三、第三十一条第一項第一号若しくは第三項後段、第三十三条の二第一項、第三十三条の三第一項若しくは第四項、第三十五条第一項、第三十七条第三項、第三十七条の二本文（同条第二号に係る場合にあつては、同号。次項第一号において同じ。）、第四十一条から第四十二条の三まで、第四十三条第二項、第四十四条第一項若しくは第二項、第四十七条第一項若しくは第三項、第四十七条の二又は第四十七条の五第一項に定める目的以外の目的のために、これらの規定の適用を受けて作成された著作物の複製物（次項第一号又は第二号の複製物に該当するものを除く。）を頒布し、又は当該複製物によつて当該著作物の公衆への提示（送信可能化を含む。以下同じ。）を行つた者
二　第三十条の四の規定の適用を受けて作成された著作物の複製物（次項第三号の複製物に該当するものを除く。）を用いて、当該著作物に表現された思想又は感情を自ら享受し又は他人に享受させる目的のために、いずれの方法によるかを問わず、当該著作物を利用した者
三　第四十四条第三項の規定に違反して同項の録音物又は録画物を保存した放送事業者又は有線放送事業者

四　第四十七条の三第一項の規定の適用を受けて作成された著作物の複製物（次項第四号の複製物に該当するものを除く。）を頒布し、又は当該複製物によつて当該著作物の公衆への提示を行つた者

五　第四十七条の三第二項の規定に違反して同項の複製物（次項第四号の複製物に該当するものを除く。）を保存した者

六　第四十七条の四又は第四十七条の五第二項に定める目的以外の目的のために、これらの規定の適用を受けて作成された著作物の複製物（次項第六号又は第七号の複製物に該当するものを除く。）を用いて、いずれの方法によるかを問わず、当該著作物を利用した者

2　次に掲げる者は、当該二次的著作物の原著作物につき第二十七条の翻訳、編曲、変形又は翻案を、当該二次的著作物につき第二十一条の複製を、それぞれ行つたものとみなす。

一　第三十条第一項、第三十一条第一項第一号若しくは第三項後段、第三十三条の二第一項、第三十三条の三第一項、第三十五条第一項、第三十七条第三項、第三十七条の二本文、第四十一条、第四十二条又は第四十七条第一項若しくは第三項に定める目的以外の目的のために、第四十七条の六第二項の規定の適用を受けて同条第一項各号に掲げるこれらの規定により作成された二次的著作物の複製物を頒布し、又は当該複製物によつて当該二次的著作物の公衆への提示を行つた者

二　第三十条の三又は第四十七条の五第一項に定める目的以外の目的のために、これらの規定の適用を受けて作成された二次的著作物の複製物を頒布し、又は当該複製物によつて当該二次的著作物の公衆への提示を行つた者

三　第三十条の四の規定の適用を受けて作成された二次的著作物の複製物を用いて、当該二次的著作物に表現された思想又は感情を自ら享受し又は他人に享受させる目的のために、いずれの方法によるかを問わず、当該二次的著作物を利用した者

四　第四十七条の六第二項の規定の適用を受けて第四十七条の三第一項の規定により作成された二次的著作物の複製物を頒布し、又は当該複製物によつて当該二次的著作物の公衆への提示を行つた者

五　第四十七条の三第二項の規定に違反して前号の複製物を保存した者

六　第四十七条の四に定める目的以外の目的のために、同条の規定の適用を受けて作成された二次的著作物の複製物を用いて、いずれの方法によるかを問わず、当該二次的著作物を利用した者

七　第四十七条の五第二項に定める目的以外の目的のために、第四十七条の六第二項の規定の適用を受けて第四十七条の五第二項の規定により作成された二次的著作物の複製物を用いて、いずれの方法によるかを問わず、当該二次的著作物を利

用した者

（著作者人格権との関係）

第五十条　この款の規定は、著作者人格権に影響を及ぼすものと解釈してはならない。

第四節　保護期間

（保護期間の原則）

第五十一条　著作権の存続期間は、著作物の創作の時に始まる。

2　著作権は、この節に別段の定めがある場合を除き、著作者の死後（共同著作物にあつては、最終に死亡した著作者の死後。次条第一項において同じ。）七十年を経過するまでの間、存続する。

（無名又は変名の著作物の保護期間）

第五十二条　無名又は変名の著作物の著作権は、その著作物の公表後七十年を経過するまでの間、存続する。ただし、その存続期間の満了前にその著作者の死後七十年を経過していると認められる無名又は変名の著作物の著作権は、その著作者の死後七十年を経過したと認められる時において、消滅したものとする。

2　前項の規定は、次の各号のいずれかに該当するときは、適用しない。

一　変名の著作物における著作者の変名がその者のものとして周知のものであるとき。

二　前項の期間内に第七十五条第一項の実名の登録があつたとき。

三　著作者が前項の期間内にその実名又は周知の変名を著作者名として表示してその著作物を公表したとき。

（団体名義の著作物の保護期間）

第五十三条　法人その他の団体が著作の名義を有する著作物の著作権は、その著作物の公表後七十年（その著作物がその創作後七十年以内に公表されなかつたときは、その創作後七十年）を経過するまでの間、存続する。

2　前項の規定は、法人その他の団体が著作の名義を有する著作物の著作者である個人が同項の期間内にその実名又は周知の変名を著作者名として表示してその著作物を公表したときは、適用しない。

3　第十五条第二項の規定により法人その他の団体が著作者である著作物の著作権の存続期間に関しては、第一項の著作物に該当する著作物以外の著作物についても、当該団体が著作の名義を有するものとみなして同項の規定を適用する。

（映画の著作物の保護期間）

第五十四条　映画の著作物の著作権は、その著作物の公表後七十年（その著作物がその創作後七十年以内に公表されなかつたときは、その創作後七十年）を経過するまでの間、存続する。

2　映画の著作物の著作権がその存続期間の満了により消滅したときは、当該映画の著作物の利用に関するその原著作物の著作権は、当該映画の著作物の著作権とともに消滅したものとする。

3　前二条の規定は、映画の著作物の著作権については、適用しない。

第五十五条　削除

（継続的刊行物等の公表の時）

第五十六条　第五十二条第一項、第五十三条第一項及び第五十四条第一項の公表の時は、冊、号又は回を追つて公表する著作物については、毎冊、毎号又は毎回の公表の時によるものとし、一部分ずつを逐次公表して完成する著作物については、最終部分の公表の時によるものとする。

2　一部分ずつを逐次公表して完成する著作物については、継続すべき部分が直近の公表の時から三年を経過しても公表されないときは、すでに公表されたもののうちの最終の部分をもつて前項の最終部分とみなす。

（保護期間の計算方法）

第五十七条　第五十一条第二項、第五十二条第一項、第五十三条第一項又は第五十四条第一項の場合において、著作者の死後七十年又は著作物の公表後七十年若しくは創作後七十年の期間の終期を計算するときは、著作者が死亡した日又は著作物が公表され若しくは創作された日のそれぞれ属する年の翌年から起算する。

（保護期間の特例）

第五十八条　文学的及び美術的著作物の保護に関するベルヌ条約により創設された国際同盟の加盟国、著作権に関する世界知的所有権機関条約の締約国又は世界貿易機関の加盟国である外国をそれぞれ文学的及び美術的著作物の保護に関するベルヌ条約、著作権に関する世界知的所有権機関条約又は世界貿易機関を設立するマラケシュ協定の規定に基づいて本国とする著作物（第六条第一号に該当するものを除く。）で、その本国において定められる著作権の存続期間が第五十一条から第五十四条までに定める著作権の存続期間より短いものについては、その本国において定められる著作権の存続期間による。

第五節　著作者人格権の一身専属性等

（著作者人格権の一身専属性）

第五十九条　著作者人格権は、著作者の一身に専属し、譲渡することができない。

（著作者が存しなくなつた後における人格的利益の保護）
第六十条　著作物を公衆に提供し、又は提示する者は、その著作物の著作者が存しなくなつた後においても、著作者が存しているとしたならばその著作者人格権の侵害となるべき行為をしてはならない。ただし、その行為の性質及び程度、社会的事情の変動その他によりその行為が当該著作者の意を害しないと認められる場合は、この限りでない。

第六節　著作権の譲渡及び消滅

（著作権の譲渡）
第六十一条　著作権は、その全部又は一部を譲渡することができる。
2　著作権を譲渡する契約において、第二十七条又は第二十八条に規定する権利が譲渡の目的として特掲されていないときは、これらの権利は、譲渡した者に留保されたものと推定する。
（相続人の不存在の場合等における著作権の消滅）
第六十二条　著作権は、次に掲げる場合には、消滅する。
一　著作権者が死亡した場合において、その著作権が民法（明治二十九年法律第八十九号）第九百五十九条（残余財産の国庫への帰属）の規定により国庫に帰属すべきこととなるとき。
二　著作権者である法人が解散した場合において、その著作権が一般社団法人及び一般財団法人に関する法律（平成十八年法律第四十八号）第二百三十九条第三項（残余財産の国庫への帰属）その他これに準ずる法律の規定により国庫に帰属すべきこととなるとき。
2　第五十四条第二項の規定は、映画の著作物の著作権が前項の規定により消滅した場合について準用する。

第七節　権利の行使

（著作物の利用の許諾）
第六十三条　著作権者は、他人に対し、その著作物の利用を許諾することができる。
2　前項の許諾を得た者は、その許諾に係る利用方法及び条件の範囲内において、その許諾に係る著作物を利用することができる。
3　利用権（第一項の許諾に係る著作物を前項の規定により利用することができる権利をいう。次条において同じ。）は、著作権者の承諾を得ない限り、譲渡することができない。

4　著作物の放送又は有線放送についての第一項の許諾は、契約に別段の定めがない限り、当該著作物の録音又は録画の許諾を含まないものとする。

5　著作物の送信可能化について第一項の許諾を得た者が、その許諾に係る利用方法及び条件（送信可能化の回数又は送信可能化に用いる自動公衆送信装置に係るものを除く。）の範囲内において反復して又は他の自動公衆送信装置を用いて行う当該著作物の送信可能化については、第二十三条第一項の規定は、適用しない。

（利用権の対抗力）

第六十三条の二　利用権は、当該利用権に係る著作物の著作権を取得した者その他の第三者に対抗することができる。

（共同著作物の著作者人格権の行使）

第六十四条　共同著作物の著作者人格権は、著作者全員の合意によらなければ、行使することができない。

2　共同著作物の各著作者は、信義に反して前項の合意の成立を妨げることができない。

3　共同著作物の著作者は、そのうちからその著作者人格権を代表して行使する者を定めることができる。

4　前項の権利を代表して行使する者の代表権に加えられた制限は、善意の第三者に対抗することができない。

（共有著作権の行使）

第六十五条　共同著作物の著作権その他共有に係る著作権（以下この条において「共有著作権」という。）については、各共有者は、他の共有者の同意を得なければ、その持分を譲渡し、又は質権の目的とすることができない。

2　共有著作権は、その共有者全員の合意によらなければ、行使することができない。

3　前二項の場合において、各共有者は、正当な理由がない限り、第一項の同意を拒み、又は前項の合意の成立を妨げることができない。

4　前条第三項及び第四項の規定は、共有著作権の行使について準用する。

（質権の目的となつた著作権）

第六十六条　著作権は、これを目的として質権を設定した場合においても、設定行為に別段の定めがない限り、著作権者が行使するものとする。

2　著作権を目的とする質権は、当該著作権の譲渡又は当該著作権に係る著作物の利用につき著作権者が受けるべき金銭その他の物（出版権の設定の対価を含む。）に対しても、行なうことができる。ただし、これらの支払又は引渡し前に、これらを受ける権利を差し押えることを必要とする。

第八節　裁定による著作物の利用（略）

第九節　補償金等（略）

第十節　登録（略）

第三章　出版権（略）

第四章　著作隣接権

第一節　総則

（著作隣接権）
第八十九条　実演家は、第九十条の二第一項及び第九十条の三第一項に規定する権利（以下「実演家人格権」という。）並びに第九十一条第一項、第九十二条第一項、第九十二条の二第一項、第九十五条の二第一項及び第九十五条の三第一項に規定する権利並びに第九十四条の二及び第九十五条の三第三項に規定する報酬並びに第九十五条第一項に規定する二次使用料を受ける権利を享有する。
2　レコード製作者は、第九十六条、第九十六条の二、第九十七条の二第一項及び第九十七条の三第一項に規定する権利並びに第九十七条第一項に規定する二次使用料及び第九十七条の三第三項に規定する報酬を受ける権利を享有する。
3　放送事業者は、第九十八条から第百条までに規定する権利を享有する。
4　有線放送事業者は、第百条の二から第百条の五までに規定する権利を享有する。
5　前各項の権利の享有には、いかなる方式の履行をも要しない。
6　第一項から第四項までの権利（実演家人格権並びに第一項及び第二項の報酬及び二次使用料を受ける権利を除く。）は、著作隣接権という。
（著作者の権利と著作隣接権との関係）
第九十条　この章の規定は、著作者の権利に影響を及ぼすものと解釈してはならない。

第二節　実演家の権利

（氏名表示権）

第九十条の二　実演家は、その実演の公衆への提供又は提示に際し、その氏名若しくはその芸名その他氏名に代えて用いられるものを実演家名として表示し、又は実演家名を表示しないこととする権利を有する。

2　実演を利用する者は、その実演家の別段の意思表示がない限り、その実演につき既に実演家が表示しているところに従つて実演家名を表示することができる。

3　実演家名の表示は、実演の利用の目的及び態様に照らし実演家がその実演の実演家であることを主張する利益を害するおそれがないと認められるとき又は公正な慣行に反しないと認められるときは、省略することができる。

4　第一項の規定は、次の各号のいずれかに該当するときは、適用しない。

一　行政機関情報公開法、独立行政法人等情報公開法又は情報公開条例の規定により行政機関の長、独立行政法人等又は地方公共団体の機関若しくは地方独立行政法人が実演を公衆に提供し、又は提示する場合において、当該実演につき既にその実演家が表示しているところに従つて実演家名を表示するとき。

二　行政機関情報公開法第六条第二項の規定、独立行政法人等情報公開法第六条第二項の規定又は情報公開条例の規定で行政機関情報公開法第六条第二項の規定に相当するものにより行政機関の長、独立行政法人等又は地方公共団体の機関若しくは地方独立行政法人が実演を公衆に提供し、又は提示する場合において、当該実演の実演家名の表示を省略することとなるとき。

三　公文書管理法第十六条第一項の規定又は公文書管理条例の規定（同項の規定に相当する規定に限る。）により国立公文書館等の長又は地方公文書館等の長が実演を公衆に提供し、又は提示する場合において、当該実演につき既にその実演家が表示しているところに従つて実演家名を表示するとき。

（同一性保持権）

第九十条の三　実演家は、その実演の同一性を保持する権利を有し、自己の名誉又は声望を害するその実演の変更、切除その他の改変を受けないものとする。

2　前項の規定は、実演の性質並びにその利用の目的及び態様に照らしやむを得ないと認められる改変又は公正な慣行に反しないと認められる改変については、適用しない。

（録音権及び録画権）

第九十一条　実演家は、その実演を録音し、又は録画する権利を専有する。

2　前項の規定は、同項に規定する権利を有する者の許諾を得て映画の著作物において録音され、又は録画された実演については、これを録音物（音を専ら影像とともに再生することを目的とするものを除く。）に録音する場合を除き、適用しない。

（放送権及び有線放送権）

第九十二条　実演家は、その実演を放送し、又は有線放送する権利を専有する。

2　前項の規定は、次に掲げる場合には、適用しない。

一　放送される実演を有線放送する場合

二　次に掲げる実演を放送し、又は有線放送する場合

イ　前条第一項に規定する権利を有する者の許諾を得て録音され、又は録画されている実演

ロ　前条第二項の実演で同項の録音物以外の物に録音され、又は録画されているもの

（送信可能化権）

第九十二条の二　実演家は、その実演を送信可能化する権利を専有する。

2　前項の規定は、次に掲げる実演については、適用しない。

一　第九十一条第一項に規定する権利を有する者の許諾を得て録画されている実演

二　第九十一条第二項の実演で同項の録音物以外の物に録音され、又は録画されているもの

（放送のための固定）

第九十三条　実演の放送について第九十二条第一項に規定する権利を有する者の許諾を得た放送事業者は、その実演を放送のために録音し、又は録画することができる。ただし、契約に別段の定めがある場合及び当該許諾に係る放送番組と異なる内容の放送番組に使用する目的で録音し、又は録画する場合は、この限りでない。

2　次に掲げる者は、第九十一条第一項の録音又は録画を行なつたものとみなす。

一　前項の規定により作成された録音物又は録画物を放送の目的以外の目的又は同項ただし書に規定する目的のために使用し、又は提供した者

二　前項の規定により作成された録音物又は録画物の提供を受けた放送事業者で、これらをさらに他の放送事業者の放送のために提供したもの

（放送のための固定物等による放送）

第九十四条　第九十二条第一項に規定する権利を有する者がその実演の放送を許諾したときは、契約に別段の定めがない限り、当該実演は、当該許諾に係る放送のほか、次に掲げる放送において放送することができる。

一　当該許諾を得た放送事業者が前条第一項の規定により作成した録音物又は録画物を用いてする放送

二　当該許諾を得た放送事業者からその者が前条第一項の規定により作成した録音

物又は録画物の提供を受けてする放送
三　当該許諾を得た放送事業者から当該許諾に係る放送番組の供給を受けてする放送（前号の放送を除く。）
2　前項の場合において、同項各号に掲げる放送において実演が放送されたときは、当該各号に規定する放送事業者は、相当な額の報酬を当該実演に係る第九十二条第一項に規定する権利を有する者に支払わなければならない。
（放送される実演の有線放送）
第九十四条の二　有線放送事業者は、放送される実演を有線放送した場合（営利を目的とせず、かつ、聴衆又は観衆から料金（いずれの名義をもつてするかを問わず、実演の提示につき受ける対価をいう。次条第一項において同じ。）を受けない場合を除く。）には、当該実演（著作隣接権の存続期間内のものに限り、第九十二条第二項第二号に掲げるものを除く。）に係る実演家に相当な額の報酬を支払わなければならない。
（商業用レコードの二次使用）
第九十五条　放送事業者及び有線放送事業者（以下この条及び第九十七条第一項において「放送事業者等」という。）は、第九十一条第一項に規定する権利を有する者の許諾を得て実演が録音されている商業用レコード（送信可能化されたレコードを含む。第九十七条第一項及び第三項において同じ。）を用いた放送又は有線放送を行つた場合（営利を目的とせず、かつ、聴衆又は観衆から料金を受けずに、当該放送を受信して同時に有線放送を行つた場合を除く。）には、当該実演（第七条第一号から第六号までに掲げる実演で著作隣接権の存続期間内のものに限る。次項から第四項までにおいて同じ。）に係る実演家に二次使用料を支払わなければならない。
2　前項の規定は、実演家等保護条約の締約国については、当該締約国であつて、実演家等保護条約第十六条１（ａ）（ｉ）の規定に基づき実演家等保護条約第十二条の規定を適用しないこととしている国以外の国の国民をレコード製作者とするレコードに固定されている実演に係る実演家について適用する。
3　第八条第一号に掲げるレコードについて実演家等保護条約の締約国により与えられる実演家等保護条約第十二条の規定による保護の期間が第一項の規定により実演家が保護を受ける期間より短いときは、当該締約国の国民をレコード製作者とするレコードに固定されている実演に係る実演家が同項の規定により保護を受ける期間は、第八条第一号に掲げるレコードについて当該締約国により与えられる実演家等保護条約第十二条の規定による保護の期間による。
4　第一項の規定は、実演・レコード条約の締約国（実演家等保護条約の締約国を除く。）であつて、実演・レコード条約第十五条（３）の規定により留保を付している国の国民をレコード製作者とするレコードに固定されている実演に係る実演家については、当該留保の範囲に制限して適用する。

5　第一項の二次使用料を受ける権利は、国内において実演を業とする者の相当数を構成員とする団体（その連合体を含む。）でその同意を得て文化庁長官が指定するものがあるときは、当該団体によつてのみ行使することができる。

6　文化庁長官は、次に掲げる要件を備える団体でなければ、前項の指定をしてはならない。

一　営利を目的としないこと。

二　その構成員が任意に加入し、又は脱退することができること。

三　その構成員の議決権及び選挙権が平等であること。

四　第一項の二次使用料を受ける権利を有する者（以下この条において「権利者」という。）のためにその権利を行使する業務をみずから的確に遂行するに足りる能力を有すること。

7　第五項の団体は、権利者から申込みがあつたときは、その者のためにその権利を行使することを拒んではならない。

8　第五項の団体は、前項の申込みがあつたときは、権利者のために自己の名をもつてその権利に関する裁判上又は裁判外の行為を行う権限を有する。

9　文化庁長官は、第五項の団体に対し、政令で定めるところにより、第一項の二次使用料に係る業務に関して報告をさせ、若しくは帳簿、書類その他の資料の提出を求め、又はその業務の執行方法の改善のため必要な勧告をすることができる。

10　第五項の団体が同項の規定により権利者のために請求することができる二次使用料の額は、毎年、当該団体と放送事業者等又はその団体との間において協議して定めるものとする。

11　前項の協議が成立しないときは、その当事者は、政令で定めるところにより、同項の二次使用料の額について文化庁長官の裁定を求めることができる。

12　第七十条第三項、第六項及び第八項、第七十一条（第二号に係る部分に限る。）並びに第七十二条から第七十四条までの規定は、前項の裁定及び二次使用料について準用する。この場合において、第七十条第三項中「著作権者」とあるのは「当事者」と、第七十二条第二項中「著作物を利用する者」とあるのは「第九十五条第一項の放送事業者等」と、「著作権者」とあるのは「同条第五項の団体」と、第七十四条中「著作権者」とあるのは「第九十五条第五項の団体」と読み替えるものとする。

13　私的独占の禁止及び公正取引の確保に関する法律（昭和二十二年法律第五十四号）の規定は、第十項の協議による定め及びこれに基づいてする行為については、適用しない。ただし、不公正な取引方法を用いる場合及び関連事業者の利益を不当に害することとなる場合は、この限りでない。

14　第五項から前項までに定めるもののほか、第一項の二次使用料の支払及び第五項の団体に関し必要な事項は、政令で定める。

（譲渡権）

第九十五条の二　実演家は、その実演をその録音物又は録画物の譲渡により公衆に提供する権利を専有する。

2　前項の規定は、次に掲げる実演については、適用しない。

一　第九十一条第一項に規定する権利を有する者の許諾を得て録画されている実演

二　第九十一条第二項の実演で同項の録音物以外の物に録音され、又は録画されているもの

3　第一項の規定は、実演（前項各号に掲げるものを除く。以下この条において同じ。）の録音物又は録画物で次の各号のいずれかに該当するものの譲渡による場合には、適用しない。

一　第一項に規定する権利を有する者又はその許諾を得た者により公衆に譲渡された実演の録音物又は録画物

二　第百三条において準用する第六十七条第一項の規定による裁定を受けて公衆に譲渡された実演の録音物又は録画物

三　第百三条において準用する第六十七条の二第一項の規定の適用を受けて公衆に譲渡された実演の録音物又は録画物

四　第一項に規定する権利を有する者又はその承諾を得た者により特定かつ少数の者に譲渡された実演の録音物又は録画物

五　国外において、第一項に規定する権利に相当する権利を害することなく、又は同項に規定する権利に相当する権利を有する者若しくはその承諾を得た者により譲渡された実演の録音物又は録画物

（貸与権等）

第九十五条の三　実演家は、その実演をそれが録音されている商業用レコードの貸与により公衆に提供する権利を専有する。

2　前項の規定は、最初に販売された日から起算して一月以上十二月を超えない範囲内において政令で定める期間を経過した商業用レコード（複製されているレコードのすべてが当該商業用レコードと同一であるものを含む。以下「期間経過商業用レコード」という。）の貸与による場合には、適用しない。

3　商業用レコードの公衆への貸与を営業として行う者（以下「貸レコード業者」という。）は、期間経過商業用レコードの貸与により実演を公衆に提供した場合には、

当該実演（著作隣接権の存続期間内のものに限る。）に係る実演家に相当な額の報酬を支払わなければならない。

4 第九十五条第五項から第十四項までの規定は、前項の報酬を受ける権利について準用する。この場合において、同条第十項中「放送事業者等」とあり、及び同条第十二項中「第九十五条第一項の放送事業者等」とあるのは、「第九十五条の三第三項の貸レコード業者」と読み替えるものとする。

5 第一項に規定する権利を有する者の許諾に係る使用料を受ける権利は、前項において準用する第九十五条第五項の団体によつて行使することができる。

6 第九十五条第七項から第十四項までの規定は、前項の場合について準用する。この場合においては、第四項後段の規定を準用する。

第三節 レコード製作者の権利

（複製権）

第九十六条 レコード製作者は、そのレコードを複製する権利を専有する。

（送信可能化権）

第九十六条の二 レコード製作者は、そのレコードを送信可能化する権利を専有する。

（商業用レコードの二次使用）

第九十七条 放送事業者等は、商業用レコードを用いた放送又は有線放送を行つた場合（営利を目的とせず、かつ、聴衆又は観衆から料金（いずれの名義をもつてするかを問わず、レコードに係る音の提示につき受ける対価をいう。）を受けずに、当該放送を受信して同時に有線放送を行つた場合を除く。）には、そのレコード（第八条第一号から第四号までに掲げるレコードで著作隣接権の存続期間内のものに限る。）に係るレコード製作者に二次使用料を支払わなければならない。

2 第九十五条第二項及び第四項の規定は、前項に規定するレコード製作者について準用し、同条第三項の規定は、前項の規定により保護を受ける期間について準用する。この場合において、同条第二項から第四項までの規定中「国民をレコード製作者とするレコードに固定されている実演に係る実演家」とあるのは「国民であるレコード製作者」と、同条第三項中「実演家が保護を受ける期間」とあるのは「レコード製作者が保護を受ける期間」と読み替えるものとする。

3 第一項の二次使用料を受ける権利は、国内において商業用レコードの製作を業とする者の相当数を構成員とする団体（その連合体を含む。）でその同意を得て文化庁長官が指定するものがあるときは、当該団体によつてのみ行使することができる。

4 第九十五条第六項から第十四項までの規定は、第一項の二次使用料及び前項の団体について準用する。

（譲渡権）

第九十七条の二　レコード製作者は、そのレコードをその複製物の譲渡により公衆に提供する権利を専有する。

2　前項の規定は、レコードの複製物で次の各号のいずれかに該当するものの譲渡による場合には、適用しない。

一　前項に規定する権利を有する者又はその許諾を得た者により公衆に譲渡されたレコードの複製物

二　第百三条において準用する第六十七条第一項の規定による裁定を受けて公衆に譲渡されたレコードの複製物

三　第百三条において準用する第六十七条の二第一項の規定の適用を受けて公衆に譲渡されたレコードの複製物

四　前項に規定する権利を有する者又はその承諾を得た者により特定かつ少数の者に譲渡されたレコードの複製物

五　国外において、前項に規定する権利に相当する権利を害することなく、又は同項に規定する権利に相当する権利を有する者若しくはその承諾を得た者により譲渡されたレコードの複製物

（貸与権等）

第九十七条の三　レコード製作者は、そのレコードをそれが複製されている商業用レコードの貸与により公衆に提供する権利を専有する。

2　前項の規定は、期間経過商業用レコードの貸与による場合には、適用しない。

3　貸レコード業者は、期間経過商業用レコードの貸与によりレコードを公衆に提供した場合には、当該レコード（著作隣接権の存続期間内のものに限る。）に係るレコード製作者に相当な額の報酬を支払わなければならない。

4　第九十七条第三項の規定は、前項の報酬を受ける権利の行使について準用する。

5　第九十五条第六項から第十四項までの規定は、第三項の報酬及び前項において準用する第九十七条第三項に規定する団体について準用する。この場合においては、第九十五条の三第四項後段の規定を準用する。

6　第一項に規定する権利を有する者の許諾に係る使用料を受ける権利は、第四項において準用する第九十七条第三項の団体によつて行使することができる。

7　第五項の規定は、前項の場合について準用する。この場合において、第五項中「第九十五条第六項」とあるのは、「第九十五条第七項」と読み替えるものとする。

第四節　放送事業者の権利

（複製権）
第九十八条　放送事業者は、その放送又はこれを受信して行なう有線放送を受信して、その放送に係る音又は影像を録音し、録画し、又は写真その他これに類似する方法により複製する権利を専有する。
（再放送権及び有線放送権）
第九十九条　放送事業者は、その放送を受信してこれを再放送し、又は有線放送する権利を専有する。
2　前項の規定は、放送を受信して有線放送を行なう者が法令の規定により行なわなければならない有線放送については、適用しない。
（送信可能化権）
第九十九条の二　放送事業者は、その放送又はこれを受信して行う有線放送を受信して、その放送を送信可能化する権利を専有する。
2　前項の規定は、放送を受信して自動公衆送信を行う者が法令の規定により行わなければならない自動公衆送信に係る送信可能化については、適用しない。
（テレビジョン放送の伝達権）
第百条　放送事業者は、そのテレビジョン放送又はこれを受信して行なう有線放送を受信して、影像を拡大する特別の装置を用いてその放送を公に伝達する権利を専有する。

第五節　有線放送事業者の権利

（複製権）
第百条の二　有線放送事業者は、その有線放送を受信して、その有線放送に係る音又は影像を録音し、録画し、又は写真その他これに類似する方法により複製する権利を専有する。
（放送権及び再有線放送権）
第百条の三　有線放送事業者は、その有線放送を受信してこれを放送し、又は再有線放送する権利を専有する。
（送信可能化権）
第百条の四　有線放送事業者は、その有線放送を受信してこれを送信可能化する権利を専有する。
（有線テレビジョン放送の伝達権）
第百条の五　有線放送事業者は、その有線テレビジョン放送を受信して、影像を拡大する特別の装置を用いてその有線放送を公に伝達する権利を専有する。

第六節　保護期間

（実演、レコード、放送又は有線放送の保護期間）
第百一条　著作隣接権の存続期間は、次に掲げる時に始まる。
一　実演に関しては、その実演を行つた時
二　レコードに関しては、その音を最初に固定した時
三　放送に関しては、その放送を行つた時
四　有線放送に関しては、その有線放送を行つた時
2　著作隣接権の存続期間は、次に掲げる時をもつて満了する。
一　実演に関しては、その実演が行われた日の属する年の翌年から起算して七十年を経過した時
二　レコードに関しては、その発行が行われた日の属する年の翌年から起算して七十年（その音が最初に固定された日の属する年の翌年から起算して七十年を経過する時までの間に発行されなかつたときは、その音が最初に固定された日の属する年の翌年から起算して七十年）を経過した時
三　放送に関しては、その放送が行われた日の属する年の翌年から起算して五十年を経過した時
四　有線放送に関しては、その有線放送が行われた日の属する年の翌年から起算して五十年を経過した時

第七節　実演家人格権の一身専属性等

（実演家人格権の一身専属性）
第百一条の二　実演家人格権は、実演家の一身に専属し、譲渡することができない。
（実演家の死後における人格的利益の保護）
第百一条の三　実演を公衆に提供し、又は提示する者は、その実演の実演家の死後においても、実演家が生存しているとしたならばその実演家人格権の侵害となるべき行為をしてはならない。ただし、その行為の性質及び程度、社会的事情の変動その他によりその行為が当該実演家の意を害しないと認められる場合は、この限りでない。

第八節　権利の制限、譲渡及び行使等並びに登録

（著作隣接権の制限）

第百二条　第三十条第一項（第四号を除く。第九項第一号において同じ。）、第三十条の二から第三十二条まで、第三十五条、第三十六条、第三十七条第三項、第三十七条の二（第一号を除く。次項において同じ。）、第三十八条第二項及び第四項、第四十一条から第四十三条まで、第四十四条（第二項を除く。）、第四十六条から第四十七条の二まで、第四十七条の四並びに第四十七条の五の規定は、著作隣接権の目的となつている実演、レコード、放送又は有線放送の利用について準用し、第三十条第三項及び第四十七条の七の規定は、著作隣接権の目的となつている実演又はレコードの利用について準用し、第三十三条から第三十三条の三までの規定は、著作隣接権の目的となつている放送又は有線放送の利用について準用し、第四十四条第二項の規定は、著作隣接権の目的となつている実演、レコード又は有線放送の利用について準用する。この場合において、第三十条第一項第三号中「自動公衆送信（国外で行われる自動公衆送信」とあるのは「送信可能化（国外で行われる送信可能化」と、「含む。）とあるのは「含む。）に係る自動公衆送信」と、第四十四条第一項中「第二十三条第一項」とあるのは「第九十二条第一項、第九十九条第一項又は第百条の三」と、同条第二項中「第二十三条第一項」とあるのは「第九十二条第一項又は第百条の三」と読み替えるものとする。

2　前項において準用する第三十二条、第三十三条第一項（同条第四項において準用する場合を含む。）、第三十三条の二第一項、第三十三条の三第一項、第三十七条第三項、第三十七条の二、第四十二条若しくは第四十七条の規定又は次項若しくは第四項の規定により実演若しくはレコード又は放送若しくは有線放送に係る音若しくは影像（以下「実演等」と総称する。）を複製する場合において、その出所を明示する慣行があるときは、これらの複製の態様に応じ合理的と認められる方法及び程度により、その出所を明示しなければならない。

3　第三十三条の三第一項の規定により教科用図書に掲載された著作物を複製することができる場合には、同項の規定の適用を受けて作成された録音物において録音されている実演又は当該録音物に係るレコードを複製し、又は同項に定める目的のためにその複製物の譲渡により公衆に提供することができる。

4　視覚障害者等の福祉に関する事業を行う者で第三十七条第三項の政令で定めるものは、同項の規定により視覚著作物を複製することができる場合には、同項の規定の適用を受けて作成された録音物において録音されている実演又は当該録音物に係るレコードについて、複製し、又は同項に定める目的のために、送信可能化を行い、

若しくはその複製物の譲渡により公衆に提供することができる。

5　著作隣接権の目的となつている実演であつて放送されるものは、専ら当該放送に係る放送対象地域において受信されることを目的として送信可能化（公衆の用に供されている電気通信回線に接続している自動公衆送信装置に情報を入力することによるものに限る。）を行うことができる。ただし、当該放送に係る第九十九条の二第一項に規定する権利を有する者の権利を害することとなる場合は、この限りでない。

6　前項の規定により実演の送信可能化を行う者は、第一項において準用する第三十八条第二項の規定の適用がある場合を除き、当該実演に係る第九十二条の二第一項に規定する権利を有する者に相当な額の補償金を支払わなければならない。

7　前二項の規定は、著作隣接権の目的となつているレコードの利用について準用する。この場合において、前項中「第九十二条の二第一項」とあるのは、「第九十六条の二」と読み替えるものとする。

8　第三十九条第一項又は第四十条第一項若しくは第二項の規定により著作物を放送し、又は有線放送することができる場合には、その著作物の放送若しくは有線放送について、これを受信して有線放送し、若しくは影像を拡大する特別の装置を用いて公に伝達し、又はその著作物の放送について、これを受信して同時に専ら当該放送に係る放送対象地域において受信されることを目的として送信可能化（公衆の用に供されている電気通信回線に接続している自動公衆送信装置に情報を入力することによるものに限る。）を行うことができる。

9　次に掲げる者は、第九十一条第一項、第九十六条、第九十八条又は第百条の二の録音、録画又は複製を行つたものとみなす。

一　第一項において準用する第三十条第一項、第三十条の三、第三十一条第一項第一号若しくは第三項後段、第三十三条の二第一項、第三十三条の三第一項若しくは第四項、第三十五条第一項、第三十七条第三項、第三十七条の二第二号、第四十一条から第四十二条の三まで、第四十三条第二項、第四十四条第一項若しくは第二項、第四十七条第一項若しくは第三項、第四十七条の二又は第四十七条の五第一項に定める目的以外の目的のために、これらの規定の適用を受けて作成された実演等の複製物を頒布し、又は当該複製物によつて当該実演、当該レコードに係る音若しくは当該放送若しくは有線放送に係る音若しくは影像の公衆への提示を行つた者

二　第一項において準用する第三十条の四の規定の適用を受けて作成された実演等の複製物を用いて、当該実演等を自ら享受し又は他人に享受させる目的のために、いずれの方法によるかを問わず、当該実演等を利用した者

三 第一項において準用する第四十四条第三項の規定に違反して同項の録音物又は録画物を保存した放送事業者又は有線放送事業者

四 第一項において準用する第四十七条の四又は第四十七条の五第二項に定める目的以外の目的のために、これらの規定の適用を受けて作成された実演等の複製物を用いて、いずれの方法によるかを問わず、当該実演等を利用した者

五 第三十三条の三第一項又は第三十七条第三項に定める目的以外の目的のために、第三項若しくは第四項の規定の適用を受けて作成された実演若しくはレコードの複製物を頒布し、又は当該複製物によつて当該実演若しくは当該レコードに係る音の公衆への提示を行つた者

（実演家人格権との関係）

第百二条の二 前条の著作隣接権の制限に関する規定（同条第七項及び第八項の規定を除く。）は、実演家人格権に影響を及ぼすものと解釈してはならない。

（著作隣接権の譲渡、行使等）

第百三条 第六十一条第一項の規定は著作隣接権の譲渡について、第六十二条第一項の規定は著作隣接権の消滅について、第六十三条及び第六十三条の二の規定は実演、レコード、放送又は有線放送の利用の許諾について、第六十五条の規定は著作隣接権が共有に係る場合について、第六十六条の規定は著作隣接権を目的として質権が設定されている場合について、第六十七条、第六十七条の二（第一項ただし書を除く。）、第七十条（第三項及び第四項を除く。）、第七十一条（第二号に係る部分に限る。）、第七十二条、第七十三条並びに第七十四条第三項及び第四項の規定は著作隣接権者と連絡することができない場合における実演、レコード、放送又は有線放送の利用について、第七十一条（第一号に係る部分に限る。）及び第七十四条の規定は第百二条第一項において準用する第三十三条から第三十三条の三までの規定による放送又は有線放送の利用について、それぞれ準用する。この場合において、第六十三条第五項中「第二十三条第一項」とあるのは「第九十二条の二第一項、第九十六条の二、第九十九条の二第一項又は第百条の四」と、第七十条第五項中「前項」とあるのは「第百三条において準用する第六十七条第一項」と読み替えるものとする。

（著作隣接権の登録）

第百四条 第七十七条及び第七十八条（第三項を除く。）の規定は、著作隣接権に関する登録について準用する。この場合において、同条第一項、第二項、第四項、第八項及び第九項中「著作権登録原簿」とあるのは、「著作隣接権登録原簿」と読み替えるものとする。

第五章　著作権等の制限による利用に係る補償金

第一節　私的録音録画補償金

（私的録音録画補償金を受ける権利の行使）
第百四条の二　第三十条第三項（第百二条第一項において準用する場合を含む。以下この節において同じ。）の補償金（以下この節において「私的録音録画補償金」という。）を受ける権利は、私的録音録画補償金を受ける権利を有する者（次項及び次条第四号において「権利者」という。）のためにその権利を行使することを目的とする団体であつて、次に掲げる私的録音録画補償金の区分ごとに全国を通じて一個に限りその同意を得て文化庁長官が指定するもの（以下この節において「指定管理団体」という。）があるときは、それぞれ当該指定管理団体によつてのみ行使することができる。
一　私的使用を目的として行われる録音（専ら録画とともに行われるものを除く。次条第二号イ及び第百四条の四において「私的録音」という。）に係る私的録音録画補償金
二　私的使用を目的として行われる録画（専ら録音とともに行われるものを含む。次条第二号ロ及び第百四条の四において「私的録画」という。）に係る私的録音録画補償金
2　前項の規定による指定がされた場合には、指定管理団体は、権利者のために自己の名をもつて私的録音録画補償金を受ける権利に関する裁判上又は裁判外の行為を行う権限を有する。
（指定の基準）
第百四条の三　文化庁長官は、次に掲げる要件を備える団体でなければ前条第一項の規定による指定をしてはならない。
一　一般社団法人であること。
二　前条第一項第一号に掲げる私的録音録画補償金に係る場合についてはイ、ハ及びニに掲げる団体を、同項第二号に掲げる私的録音録画補償金に係る場合についてはロからニまでに掲げる団体を構成員とすること。
イ　私的録音に係る著作物に関し第二十一条に規定する権利を有する者を構成員とする団体（その連合体を含む。）であつて、国内において私的録音に係る著作物に関し同条に規定する権利を有する者の利益を代表すると認められるもの
ロ　私的録画に係る著作物に関し第二十一条に規定する権利を有する者を構成員

とする団体（その連合体を含む。）であつて、国内において私的録画に係る著作物に関し同条に規定する権利を有する者の利益を代表すると認められるもの

ハ 国内において実演を業とする者の相当数を構成員とする団体（その連合体を含む。）

ニ 国内において商業用レコードの製作を業とする者の相当数を構成員とする団体（その連合体を含む。）

三 前号イからニまでに掲げる団体がそれぞれ次に掲げる要件を備えるものであること。

イ 営利を目的としないこと。

ロ その構成員が任意に加入し、又は脱退することができること。

ハ その構成員の議決権及び選挙権が平等であること。

四 権利者のために私的録音録画補償金を受ける権利を行使する業務（第百四条の八第一項の事業に係る業務を含む。以下この節において「補償金関係業務」という。）を的確に遂行するに足りる能力を有すること。

（私的録音録画補償金の支払の特例）

第百四条の四 第三十条第三項の政令で定める機器（以下この条及び次条において「特定機器」という。）又は記録媒体（以下この条及び次条において「特定記録媒体」という。）を購入する者（当該特定機器又は特定記録媒体が小売に供された後最初に購入するものに限る。）は、その購入に当たり、指定管理団体から、当該特定機器又は特定記録媒体を用いて行う私的録音又は私的録画に係る私的録音録画補償金の一括の支払として、第百四条の六第一項の規定により当該特定機器又は特定記録媒体について定められた額の私的録音録画補償金の支払の請求があつた場合には、当該私的録音録画補償金を支払わなければならない。

2 前項の規定により私的録音録画補償金を支払つた者は、指定管理団体に対し、その支払に係る特定機器又は特定記録媒体を専ら私的録音及び私的録画以外の用に供することを証明して、当該私的録音録画補償金の返還を請求することができる。

3 第一項の規定による支払の請求を受けて私的録音録画補償金が支払われた特定機器により同項の規定による支払の請求を受けて私的録音録画補償金が支払われた特定記録媒体に私的録音又は私的録画を行う者は、第三十条第三項の規定にかかわらず、当該私的録音又は私的録画を行うに当たり、私的録音録画補償金を支払うことを要しない。ただし、当該特定機器又は特定記録媒体が前項の規定により私的録音録画補償金の返還を受けたものであるときは、この限りでない。

（製造業者等の協力義務）

第百四条の五 前条第一項の規定により指定管理団体が私的録音録画補償金の支払を

請求する場合には、特定機器又は特定記録媒体の製造又は輸入を業とする者（次条第三項において「製造業者等」という。）は、当該私的録音録画補償金の支払の請求及びその受領に関し協力しなければならない。

（私的録音録画補償金の額）

第百四条の六　第百四条の二第一項の規定により指定管理団体が私的録音録画補償金を受ける権利を行使する場合には、指定管理団体は、私的録音録画補償金の額を定め、文化庁長官の認可を受けなければならない。これを変更しようとするときも、同様とする。

2　前項の認可があつたときは、私的録音録画補償金の額は、第三十条第三項の規定にかかわらず、その認可を受けた額とする。

3　指定管理団体は、第百四条の四第一項の規定により支払の請求をする私的録音録画補償金に係る第一項の認可の申請に際し、あらかじめ、製造業者等の団体で製造業者等の意見を代表すると認められるものの意見を聴かなければならない。

4　文化庁長官は、第一項の認可の申請に係る私的録音録画補償金の額が、第三十条第一項（第百二条第一項において準用する場合を含む。）及び第百四条の四第一項の規定の趣旨、録音又は録画に係る通常の使用料の額その他の事情を考慮した適正な額であると認めるときでなければ、その認可をしてはならない。

5　文化庁長官は、第一項の認可をしようとするときは、文化審議会に諮問しなければならない。

（補償金関係業務の執行に関する規程）

第百四条の七　指定管理団体は、補償金関係業務を開始しようとするときは、補償金関係業務の執行に関する規程を定め、文化庁長官に届け出なければならない。これを変更しようとするときも、同様とする。

2　前項の規程には、私的録音録画補償金（第百四条の四第一項の規定に基づき支払を受けるものに限る。）の分配に関する事項を含むものとし、指定管理団体は、第三十条第三項の規定の趣旨を考慮して当該分配に関する事項を定めなければならない。

（著作権等の保護に関する事業等のための支出）

第百四条の八　指定管理団体は、私的録音録画補償金（第百四条の四第一項の規定に基づき支払を受けるものに限る。）の額の二割以内で政令で定める割合に相当する額を、著作権及び著作隣接権の保護に関する事業並びに著作物の創作の振興及び普及に資する事業のために支出しなければならない。

2　文化庁長官は、前項の政令の制定又は改正の立案をしようとするときは、文化審議会に諮問しなければならない。

3　文化庁長官は、第一項の事業に係る業務の適正な運営を確保するため必要があると認めるときは、指定管理団体に対し、当該業務に関し監督上必要な命令をすることができる。

（報告の徴収等）

第百四条の九　文化庁長官は、指定管理団体の補償金関係業務の適正な運営を確保するため必要があると認めるときは、指定管理団体に対し、補償金関係業務に関して報告をさせ、若しくは帳簿、書類その他の資料の提出を求め、又は補償金関係業務の執行方法の改善のため必要な勧告をすることができる。

（政令への委任）

第百四条の十　この節に規定するもののほか、指定管理団体及び補償金関係業務に関し必要な事項は、政令で定める。

第二節　授業目的公衆送信補償金

（授業目的公衆送信補償金を受ける権利の行使）

第百四条の十一　第三十五条第二項（第百二条第一項において準用する場合を含む。第百四条の十三第二項及び第百四条の十四第二項において同じ。）の補償金（以下この節において「授業目的公衆送信補償金」という。）を受ける権利は、授業目的公衆送信補償金を受ける権利を有する者（次項及び次条第四号において「権利者」という。）のためにその権利を行使することを目的とする団体であつて、全国を通じて一個に限りその同意を得て文化庁長官が指定するもの（以下この節において「指定管理団体」という。）があるときは、当該指定管理団体によつてのみ行使することができる。

2　前項の規定による指定がされた場合には、指定管理団体は、権利者のために自己の名をもつて授業目的公衆送信補償金を受ける権利に関する裁判上又は裁判外の行為を行う権限を有する。

（指定の基準）

第百四条の十二　文化庁長官は、次に掲げる要件を備える団体でなければ前条第一項の規定による指定をしてはならない。

一　一般社団法人であること。

二　次に掲げる団体を構成員とすること。

イ　第三十五条第一項（第百二条第一項において準用する場合を含む。次条第四項において同じ。）の公衆送信（第三十五条第三項の公衆送信に該当するものを除く。以下この節において「授業目的公衆送信」という。）に係る著作物に関し第二十三条第一項に規定する権利を有する者を構成員とする団体（その連合体を含む。）であつて、国内において授業目的公衆送信に係る著作物に関し同項に規定する権利を有する者の利益を代表すると認められるもの

ロ　授業目的公衆送信に係る実演に関し第九十二条第一項及び第九十二条の二第一項に規定する権利を有する者を構成員とする団体（その連合体を含む。）であつて、国内において授業目的公衆送信に係る実演に関しこれらの規定に規定する権利を有する者の利益を代表すると認められるもの

ハ　授業目的公衆送信に係るレコードに関し第九十六条の二に規定する権利を有する者を構成員とする団体（その連合体を含む。）であつて、国内において授業目的公衆送信に係るレコードに関し同条に規定する権利を有する者の利益を代表すると認められるもの

ニ　授業目的公衆送信に係る放送に関し第九十九条第一項及び第九十九条の二第一項に規定する権利を有する者を構成員とする団体（その連合体を含む。）であつて、国内において授業目的公衆送信に係る放送に関しこれらの規定に規定する権利を有する者の利益を代表すると認められるもの

ホ　授業目的公衆送信に係る有線放送に関し第百条の三及び第百条の四に規定する権利を有する者を構成員とする団体（その連合体を含む。）であつて、国内において授業目的公衆送信に係る有線放送に関しこれらの規定に規定する権利を有する者の利益を代表すると認められるもの

三　前号イからホまでに掲げる団体がそれぞれ次に掲げる要件を備えるものであること。

イ　営利を目的としないこと。

ロ　その構成員が任意に加入し、又は脱退することができること。

ハ　その構成員の議決権及び選挙権が平等であること。

四　権利者のために授業目的公衆送信補償金を受ける権利を行使する業務（第百四条の十五第一項の事業に係る業務を含む。以下この節において「補償金関係業務」という。）を的確に遂行するに足りる能力を有すること。

（授業目的公衆送信補償金の額）

第百四条の十三　第百四条の十一第一項の規定により指定管理団体が授業目的公衆送信補償金を受ける権利を行使する場合には、指定管理団体は、授業目的公衆送信補償金の額を定め、文化庁長官の認可を受けなければならない。これを変更しようとするときも、同様とする。

2　前項の認可があつたときは、授業目的公衆送信補償金の額は、第三十五条第二項の規定にかかわらず、その認可を受けた額とする。

3　指定管理団体は、第一項の認可の申請に際し、あらかじめ、授業目的公衆送信が行われる第三十五条第一項の教育機関を設置する者の団体で同項の教育機関を設置する者の意見を代表すると認められるものの意見を聴かなければならない。
4　文化庁長官は、第一項の認可の申請に係る授業目的公衆送信補償金の額が、第三十五条第一項の規定の趣旨、公衆送信（自動公衆送信の場合にあつては、送信可能化を含む。）に係る通常の使用料の額その他の事情を考慮した適正な額であると認めるときでなければ、その認可をしてはならない。
5　文化庁長官は、第一項の認可をしようとするときは、文化審議会に諮問しなければならない。

（補償金関係業務の執行に関する規程）

第百四条の十四　指定管理団体は、補償金関係業務を開始しようとするときは、補償金関係業務の執行に関する規程を定め、文化庁長官に届け出なければならない。これを変更しようとするときも、同様とする。
2　前項の規程には、授業目的公衆送信補償金の分配に関する事項を含むものとし、指定管理団体は、第三十五条第二項の規定の趣旨を考慮して当該分配に関する事項を定めなければならない。

（著作権等の保護に関する事業等のための支出）

第百四条の十五　指定管理団体は、授業目的公衆送信補償金の総額のうち、授業目的公衆送信による著作物等の利用状況、授業目的公衆送信補償金の分配に係る事務に要する費用その他の事情を勘案して政令で定めるところにより算出した額に相当する額を、著作権及び著作隣接権の保護に関する事業並びに著作物の創作の振興及び普及に資する事業のために支出しなければならない。
2　文化庁長官は、前項の政令の制定又は改正の立案をしようとするときは、文化審議会に諮問しなければならない。
3　文化庁長官は、第一項の事業に係る業務の適正な運営を確保するため必要があると認めるときは、指定管理団体に対し、当該業務に関し監督上必要な命令をすることができる。

（報告の徴収等）

第百四条の十六　文化庁長官は、指定管理団体の補償金関係業務の適正な運営を確保するため必要があると認めるときは、指定管理団体に対し、補償金関係業務に関して報告をさせ、若しくは帳簿、書類その他の資料の提出を求め、又は補償金関係業務の執行方法の改善のため必要な勧告をすることができる。

（政令への委任）

第百四条の十七　この節に規定するもののほか、指定管理団体及び補償金関係業務に関し必要な事項は、政令で定める。

第六章　紛争処理（略）

第七章　権利侵害

（差止請求権）

第百十二条　著作者、著作権者、出版権者、実演家又は著作隣接権者は、その著作者人格権、著作権、出版権、実演家人格権又は著作隣接権を侵害する者又は侵害するおそれがある者に対し、その侵害の停止又は予防を請求することができる。

2　著作者、著作権者、出版権者、実演家又は著作隣接権者は、前項の規定による請求をするに際し、侵害の行為を組成した物、侵害の行為によつて作成された物又は専ら侵害の行為に供された機械若しくは器具の廃棄その他の侵害の停止又は予防に必要な措置を請求することができる。

（侵害とみなす行為）

第百十三条　次に掲げる行為は、当該著作者人格権、著作権、出版権、実演家人格権又は著作隣接権を侵害する行為とみなす。

一　国内において頒布する目的をもつて、輸入の時において国内で作成したとしたならば著作者人格権、著作権、出版権、実演家人格権又は著作隣接権の侵害となるべき行為によつて作成された物を輸入する行為

二　著作者人格権、著作権、出版権、実演家人格権又は著作隣接権を侵害する行為によつて作成された物（前号の輸入に係る物を含む。）を、情を知つて、頒布し、頒布の目的をもつて所持し、若しくは頒布する旨の申出をし、又は業として輸出し、若しくは業としての輸出の目的をもつて所持する行為

2　送信元識別符号又は送信元識別符号以外の符号その他の情報であつてその提供が送信元識別符号の提供と同一若しくは類似の効果を有するもの（以下この項及び次項において「送信元識別符号等」という。）の提供により侵害著作物等（著作権（第二十八条に規定する権利（翻訳以外の方法により創作された二次的著作物に係るものに限る。）を除く。以下この項及び次項において同じ。）、出版権又は著作隣接権を侵害して送信可能化が行われた著作物等をいい、国外で行われる送信可能化であつて国内で行われたとしたならばこれらの権利の侵害となるべきものが行われた著作物等を含む。以下この項及び次項において同じ。）の他人による利用を容易

にする行為（同項において「侵害著作物等利用容易化」という。）であつて、第一号に掲げるウェブサイト等（同項及び第百十九条第二項第四号において「侵害著作物等利用容易化ウェブサイト等」という。）において又は第二号に掲げるプログラム（次項及び同条第二項第五号において「侵害著作物等利用容易化プログラム」という。）を用いて行うものは、当該行為に係る著作物等が侵害著作物等であることを知つていた場合又は知ることができたと認めるに足りる相当の理由がある場合には、当該侵害著作物等に係る著作権、出版権又は著作隣接権を侵害する行為とみなす。

一　次に掲げるウェブサイト等

イ　当該ウェブサイト等において、侵害著作物等に係る送信元識別符号等（以下この条及び第百十九条第二項において「侵害送信元識別符号等」という。）の利用を促す文言が表示されていること、侵害送信元識別符号等が強調されていることその他の当該ウェブサイト等における侵害送信元識別符号等の提供の態様に照らし、公衆を侵害著作物等に殊更に誘導するものであると認められるウェブサイト等

ロ　イに掲げるもののほか、当該ウェブサイト等において提供されている侵害送信元識別符号等の数、当該数が当該ウェブサイト等において提供されている送信元識別符号等の総数に占める割合、当該侵害送信元識別符号等の利用に資する分類又は整理の状況その他の当該ウェブサイト等における侵害送信元識別符号等の提供の状況に照らし、主として公衆による侵害著作物等の利用のために用いられるものであると認められるウェブサイト等

二　次に掲げるプログラム

イ　当該プログラムによる送信元識別符号等の提供に際し、侵害送信元識別符号等の利用を促す文言が表示されていること、侵害送信元識別符号等が強調されていることその他の当該プログラムによる侵害送信元識別符号等の提供の態様に照らし、公衆を侵害著作物等に殊更に誘導するものであると認められるプログラム

ロ　イに掲げるもののほか、当該プログラムにより提供されている侵害送信元識別符号等の数、当該数が当該プログラムにより提供されている送信元識別符号等の総数に占める割合、当該侵害送信元識別符号等の利用に資する分類又は整理の状況その他の当該プログラムによる侵害送信元識別符号等の提供の状況に照らし、主として公衆による侵害著作物等の利用のために用いられるものであると認められるプログラム

3　侵害著作物等利用容易化ウェブサイト等の公衆への提示を行つている者（当該侵

害著作物等利用容易化ウェブサイト等と侵害著作物等利用容易化ウェブサイト等以外の相当数のウェブサイト等とを包括しているウェブサイト等において、単に当該公衆への提示の機会を提供しているに過ぎない者（著作権者等からの当該侵害著作物等利用容易化ウェブサイト等において提供されている侵害送信元識別符号等の削除に関する請求に正当な理由なく応じない状態が相当期間にわたり継続していることその他の著作権者等の利益を不当に害すると認められる特別な事情がある場合を除く。）を除く。）又は侵害著作物等利用容易化プログラムの公衆への提供等を行つている者（当該公衆への提供等のために用いられているウェブサイト等とそれ以外の相当数のウェブサイト等とを包括しているウェブサイト等又は当該侵害著作物等利用容易化プログラム及び侵害著作物等利用容易化プログラム以外の相当数のプログラムの公衆への提供等のために用いられているウェブサイト等において、単に当該侵害著作物等利用容易化プログラムの公衆への提供等の機会を提供しているに過ぎない者（著作権者等からの当該侵害著作物等利用容易化プログラムにより提供されている侵害送信元識別符号等の削除に関する請求に正当な理由なく応じない状態が相当期間にわたり継続していることその他の著作権者等の利益を不当に害すると認められる特別な事情がある場合を除く。）を除く。）が、当該侵害著作物等利用容易化ウェブサイト等において又は当該侵害著作物等利用容易化プログラムを用いて他人による侵害著作物等利用容易化に係る送信元識別符号等の提供が行われている場合であつて、かつ、当該送信元識別符号等に係る著作物等が侵害著作物等であることを知つている場合又は知ることができたと認めるに足りる相当の理由がある場合において、当該侵害著作物等利用容易化を防止する措置を講ずることが技術的に可能であるにもかかわらず当該措置を講じない行為は、当該侵害著作物等に係る著作権、出版権又は著作隣接権を侵害する行為とみなす。

4　前二項に規定するウェブサイト等とは、送信元識別符号のうちインターネットにおいて個々の電子計算機を識別するために用いられる部分が共通するウェブページ（インターネットを利用した情報の閲覧の用に供される電磁的記録で文部科学省令で定めるものをいう。以下この項において同じ。）の集合物（当該集合物の一部を構成する複数のウェブページであつて、ウェブページ相互の関係その他の事情に照らし公衆への提示が一体的に行われていると認められるものとして政令で定める要件に該当するものを含む。）をいう。

5　プログラムの著作物の著作権を侵害する行為によつて作成された複製物（当該複製物の所有者によつて第四十七条の三第一項の規定により作成された複製物並びに第一項第一号の輸入に係るプログラムの著作物の複製物及び当該複製物の所有者によつて同条第一項の規定により作成された複製物を含む。）を業務上電子計算機において使用する行為は、これらの複製物を使用する権原を取得した時に情を知つていた場合に限り、当該著作権を侵害する行為とみなす。

6 技術的利用制限手段の回避（技術的利用制限手段により制限されている著作物等の視聴を当該技術的利用制限手段の効果を妨げることにより可能とすること（著作権者等の意思に基づいて行われる場合を除く。）をいう。次項並びに第百二十条の二第一号及び第二号において同じ。）を行う行為は、技術的利用制限手段に係る研究又は技術の開発の目的上正当な範囲内で行われる場合その他著作権者等の利益を不当に害しない場合を除き、当該技術的利用制限手段に係る著作権、出版権又は著作隣接権を侵害する行為とみなす。

7 技術的保護手段の回避又は技術的利用制限手段の回避を行うことをその機能とする指令符号（電子計算機に対する指令であつて、当該指令のみによつて一の結果を得ることができるものをいう。）を公衆に譲渡し、若しくは貸与し、公衆への譲渡若しくは貸与の目的をもつて製造し、輸入し、若しくは所持し、若しくは公衆の使用に供し、又は公衆送信し、若しくは送信可能化する行為は、当該技術的保護手段に係る著作権等又は当該技術的利用制限手段に係る著作権、出版権若しくは著作隣接権を侵害する行為とみなす。

8 次に掲げる行為は、当該権利管理情報に係る著作者人格権、著作権、出版権、実演家人格権又は著作隣接権を侵害する行為とみなす。

一 権利管理情報として虚偽の情報を故意に付加する行為

二 権利管理情報を故意に除去し、又は改変する行為（記録又は送信の方式の変換に伴う技術的な制約による場合その他の著作物又は実演等の利用の目的及び態様に照らしやむを得ないと認められる場合を除く。）

三 前二号の行為が行われた著作物若しくは実演等の複製物を、情を知つて、頒布し、若しくは頒布の目的をもつて輸入し、若しくは所持し、又は当該著作物若しくは実演等を情を知つて公衆送信し、若しくは送信可能化する行為

9 第九十四条の二、第九十五条の三第三項若しくは第九十七条の三第三項に規定する報酬又は第九十五条第一項若しくは第九十七条第一項に規定する二次使用料を受ける権利は、前項の規定の適用については、著作隣接権とみなす。この場合において、前条中「著作隣接権者」とあるのは「著作隣接権者（次条第九項の規定により著作隣接権とみなされる権利を有する者を含む。）」と、同条第一項中「著作隣接権を」とあるのは「著作隣接権（同項の規定により著作隣接権とみなされる権利を含む。）を」とする。

10 国内において頒布することを目的とする商業用レコード（以下この項において「国内頒布目的商業用レコード」という。）を自ら発行し、又は他の者に発行させて

いる著作権者又は著作隣接権者が、当該国内頒布目的商業用レコードと同一の商業用レコードであつて、専ら国外において頒布することを目的とするもの（以下この項において「国外頒布目的商業用レコード」という。）を国外において自ら発行し、又は他の者に発行させている場合において、情を知つて、当該国外頒布目的商業用レコードを国内において頒布する目的をもつて輸入する行為又は当該国外頒布目的商業用レコードを国内において頒布し、若しくは国内において頒布する目的をもつて所持する行為は、当該国外頒布目的商業用レコードが国内で頒布されることにより当該国内頒布目的商業用レコードの発行により当該著作権者又は著作隣接権者の得ることが見込まれる利益が不当に害されることとなる場合に限り、それらの著作権又は著作隣接権を侵害する行為とみなす。ただし、国内において最初に発行された日から起算して七年を超えない範囲内において政令で定める期間を経過した国内頒布目的商業用レコードと同一の国外頒布目的商業用レコードを輸入する行為又は当該国外頒布目的商業用レコードを国内において頒布し、若しくは国内において頒布する目的をもつて所持する行為については、この限りでない。

11　著作者の名誉又は声望を害する方法によりその著作物を利用する行為は、その著作者人格権を侵害する行為とみなす。

（善意者に係る譲渡権の特例）

第百十三条の二　著作物の原作品若しくは複製物（映画の著作物の複製物（映画の著作物において複製されている著作物にあつては、当該映画の著作物の複製物を含む。）を除く。以下この条において同じ。）、実演の録音物若しくは録画物又はレコードの複製物の譲渡を受けた時において、当該著作物の原作品若しくは複製物、実演の録音物若しくは録画物又はレコードの複製物がそれぞれ第二十六条の二第二項各号、第九十五条の二第三項各号又は第九十七条の二第二項各号のいずれにも該当しないものであることを知らず、かつ、知らないことにつき過失がない者が当該著作物の原作品若しくは複製物、実演の録音物若しくは録画物又はレコードの複製物を公衆に譲渡する行為は、第二十六条の二第一項、第九十五条の二第一項又は第九十七条の二第一項に規定する権利を侵害する行為でないものとみなす。

（損害の額の推定等）

第百十四条　著作権者等が故意又は過失により自己の著作権、出版権又は著作隣接権を侵害した者に対しその侵害により自己が受けた損害の賠償を請求する場合において、その者がその侵害の行為によつて作成された物を譲渡し、又はその侵害の行為を組成する公衆送信（自動公衆送信の場合にあつては、送信可能化を含む。）を行つたときは、その譲渡した物の数量又はその公衆送信が公衆によつて受信されることにより作成された著作物若しくは実演等の複製物（以下この項において「受信複製物」という。）の数量（以下この項において「譲渡等数量」という。）に、著作権者等がその侵害の行為がなければ販売することができた物（受信複製物を含む。）の単位数量当たりの利益の額を乗じて得た額を、著作権者等の当該物に係る販売その他の行為を行う能力に応じた額を超えない限度において、著作権者等が受けた損害の額とすることができる。ただし、譲渡等数量の全部又は一部に相当する数量を著作権者等が販売することができないとする事情があるときは、当該事情に相当する数量に応じた額を控除するものとする。

2　著作権者、出版権者又は著作隣接権者が故意又は過失によりその著作権、出版権又は著作隣接権を侵害した者に対しその侵害により自己が受けた損害の賠償を請求する場合において、その者がその侵害の行為により利益を受けているときは、その利益の額は、当該著作権者、出版権者又は著作隣接権者が受けた損害の額と推定する。

3　著作権者、出版権者又は著作隣接権者は、故意又は過失によりその著作権、出版権又は著作隣接権を侵害した者に対し、その著作権、出版権又は著作隣接権の行使につき受けるべき金銭の額に相当する額を自己が受けた損害の額として、その賠償を請求することができる。

4　著作権者又は著作隣接権者は、前項の規定によりその著作権又は著作隣接権を侵害した者に対し損害の賠償を請求する場合において、その著作権又は著作隣接権が著作権等管理事業法（平成十二年法律第百三十一号）第二条第一項に規定する管理委託契約に基づき同条第三項に規定する著作権等管理事業者が管理するものであるときは、当該著作権等管理事業者が定める同法第十三条第一項に規定する使用料規程のうちその侵害の行為に係る著作物等の利用の態様について適用されるべき規定により算出したその著作権又は著作隣接権に係る著作物等の使用料の額（当該額の算出方法が複数あるときは、当該複数の算出方法によりそれぞれ算出した額のうち最も高い額）をもつて、前項に規定する金銭の額とすることができる。

5　第三項の規定は、同項に規定する金額を超える損害の賠償の請求を妨げない。この場合において、著作権、出版権又は著作隣接権を侵害した者に故意又は重大な過失がなかつたときは、裁判所は、損害の賠償の額を定めるについて、これを参酌することができる。

（具体的態様の明示義務）

第百十四条の二　著作者人格権、著作権、出版権、実演家人格権又は著作隣接権の侵害に係る訴訟において、著作者、著作権者、出版権者、実演家又は著作隣接権者が侵害の行為を組成したもの又は侵害の行為によつて作成されたものとして主張する物の具体的態様を否認するときは、相手方は、自己の行為の具体的態様を明らかにしなければならない。ただし、相手方において明らかにすることができない相当の理由があるときは、この限りでない。

（書類の提出等）

第百十四条の三　裁判所は、著作者人格権、著作権、出版権、実演家人格権又は著作隣接権の侵害に係る訴訟においては、当事者の申立てにより、当事者に対し、当該侵害の行為について立証するため、又は当該侵害の行為による損害の計算をするため必要な書類の提出を命ずることができる。ただし、その書類の所持者においてその提出を拒むことについて正当な理由があるときは、この限りでない。

2　裁判所は、前項本文の申し立てに係る書類が同項本文の書類に該当するかどうか又は同項ただし書に規定する正当な理由があるかどうかの判断をするため必要があると認めるときは、書類の所持者にその提示をさせることができる。この場合においては、何人も、その提示された書類の開示を求めることができない。

3　裁判所は、前項の場合において、第一項本文の申し立てに係る書類が同項本文の書類に該当するかどうか又は同項ただし書に規定する正当な理由があるかどうかについて前項後段の書類を開示してその意見を聴くことが必要であると認めるときは、当事者等（当事者（法人である場合にあつては、その代表者）又は当事者の代理人（訴訟代理人及び補佐人を除く。）、使用人その他の従業者をいう。第百十四条の六第一項において同じ。）、訴訟代理人又は補佐人に対し、当該書類を開示することができる。

4　裁判所は、第二項の場合において、同項後段の書類を開示して専門的な知見に基づく説明を聴くことが必要であると認めるときは、当事者の同意を得て、民事訴訟法（平成八年法律第百九号）第一編第五章第二節第一款に規定する専門委員に対し、当該書類を開示することができる。

5　前各項の規定は、著作者人格権、著作権、出版権、実演家人格権又は著作隣接権の侵害に係る訴訟における当該侵害の行為について立証するため必要な検証の目的の提示について準用する。

（鑑定人に対する当事者の説明義務）

第百十四条の四　著作権、出版権又は著作隣接権の侵害に係る訴訟において、当事者の申立てにより、裁判所が当該侵害の行為による損害の計算をするため必要な事項について鑑定を命じたときは、当事者は、鑑定人に対し、当該鑑定をするため必要な事項について説明しなければならない。

（相当な損害額の認定）

第百十四条の五　著作権、出版権又は著作隣接権の侵害に係る訴訟において、損害が生じたことが認められる場合において、損害額を立証するために必要な事実を立証することが当該事実の性質上極めて困難であるときは、裁判所は、口頭弁論の全趣旨及び証拠調べの結果に基づき、相当な損害額を認定することができる。

（秘密保持命令）

第百十四条の六　裁判所は、著作者人格権、著作権、出版権、実演家人格権又は著作隣接権の侵害に係る訴訟において、その当事者が保有する営業秘密（不正競争防止法（平成五年法律第四十七号）第二条第六項に規定する営業秘密をいう。以下同じ。）について、次に掲げる事由のいずれにも該当することにつき疎明があつた場合には、当事者の申立てにより、決定で、当事者等、訴訟代理人又は補佐人に対し、当該営業秘密を当該訴訟の追行の目的以外の目的で使用し、又は当該営業秘密に係るこの項の規定による命令を受けた者以外の者に開示してはならない旨を命ずることができる。ただし、その申立ての時までに当事者等、訴訟代理人又は補佐人が第一号に規定する準備書面の閲読又は同号に規定する証拠の取調べ若しくは開示以外の方法により当該営業秘密を取得し、又は保有していた場合は、この限りでない。

一　既に提出され若しくは提出されるべき準備書面に当事者の保有する営業秘密が記載され、又は既に取り調べられ若しくは取り調べられるべき証拠（第百十四条の三第三項の規定により開示された書類を含む。）の内容に当事者の保有する営業秘密が含まれること。

二　前号の営業秘密が当該訴訟の追行の目的以外の目的で使用され、又は当該営業秘密が開示されることにより、当該営業秘密に基づく当事者の事業活動に支障を生ずるおそれがあり、これを防止するため当該営業秘密の使用又は開示を制限する必要があること。

2　前項の規定による命令（以下「秘密保持命令」という。）の申立ては、次に掲げる事項を記載した書面でしなければならない。

一　秘密保持命令を受けるべき者

二　秘密保持命令の対象となるべき営業秘密を特定するに足りる事実

三　前項各号に掲げる事由に該当する事実

3　秘密保持命令が発せられた場合には、その決定書を秘密保持命令を受けた者に送達しなければならない。

4　秘密保持命令は、秘密保持命令を受けた者に対する決定書の送達がされた時から、効力を生ずる。

5　秘密保持命令の申立てを却下した裁判に対しては、即時抗告をすることができる。

（秘密保持命令の取消し）

第百十四条の七　秘密保持命令の申立てをした者又は秘密保持命令を受けた者は、訴訟記録の存する裁判所（訴訟記録の存する裁判所がない場合にあつては、秘密保持命令を発した裁判所）に対し、前条第一項に規定する要件を欠くこと又はこれを欠くに至つたことを理由として、秘密保持命令の取消しの申立てをすることができる。
2　秘密保持命令の取消しの申立てについての裁判があつた場合には、その決定書をその申立てをした者及び相手方に送達しなければならない。
3　秘密保持命令の取消しの申立てについての裁判に対しては、即時抗告をすることができる。
4　秘密保持命令を取り消す裁判は、確定しなければその効力を生じない。
5　裁判所は、秘密保持命令を取り消す裁判をした場合において、秘密保持命令の取消しの申立てをした者又は相手方以外に当該秘密保持命令が発せられた訴訟において当該営業秘密に係る秘密保持命令を受けている者があるときは、その者に対し、直ちに、秘密保持命令を取り消す裁判をした旨を通知しなければならない。
（訴訟記録の閲覧等の請求の通知等）
第百十四条の八　秘密保持命令が発せられた訴訟（全ての秘密保持命令が取り消された訴訟を除く。）に係る訴訟記録につき、民事訴訟法（平成八年法律第百九号）第九十二条第一項の決定があつた場合において、当事者から同項に規定する秘密記載部分の閲覧等の請求があり、かつ、その請求の手続を行つた者が当該訴訟において秘密保持命令を受けていない者であるときは、裁判所書記官は、同項の申立てをした当事者（その請求をした者を除く。第三項において同じ。）に対し、その請求後直ちに、その請求があつた旨を通知しなければならない。
2　前項の場合において、裁判所書記官は、同項の請求があつた日から二週間を経過する日までの間（その請求の手続を行つた者に対する秘密保持命令の申立てがその日までにされた場合にあつては、その申立てについての裁判が確定するまでの間）、その請求の手続を行つた者に同項の秘密記載部分の閲覧等をさせてはならない。
3　前二項の規定は、第一項の請求をした者に同項の秘密記載部分の閲覧等をさせることについて民事訴訟法第九十二条第一項の申立てをした当事者のすべての同意があるときは、適用しない。
（名誉回復等の措置）
第百十五条　著作者又は実演家は、故意又は過失によりその著作者人格権又は実演家人格権を侵害した者に対し、損害の賠償に代えて、又は損害の賠償とともに、著作者又は実演家であることを確保し、又は訂正その他著作者若しくは実演家の名誉若しくは声望を回復するために適当な措置を請求することができる。
（著作者又は実演家の死後における人格的利益の保護のための措置）
第百十六条　著作者又は実演家の死後においては、その遺族（死亡した著作者又は実演家の配偶者、子、父母、孫、祖父母又は兄弟姉妹をいう。以下この条において同じ。）は、当該著作者又は実演家について第六十条又は第百一条の三の規定に違反する行為をする者又はするおそれがある者に対し第百十二条の請求を、故意又は過失により著作者人格権又は実演家人格権を侵害する行為又は第六十条若しくは第百一条の三の規定に違反する行為をした者に対し前条の請求をすることができる。

2　前項の請求をすることができる遺族の順位は、同項に規定する順序とする。ただし、著作者又は実演家が遺言によりその順位を別に定めた場合は、その順序とする。

3　著作者又は実演家は、遺言により、遺族に代えて第一項の請求をすることができる者を指定することができる。この場合において、その指定を受けた者は、当該著作者又は実演家の死亡の日の属する年の翌年から起算して七十年を経過した後（その経過する時に遺族が存する場合にあつては、その存しなくなつた後）においては、その請求をすることができない。

（共同著作物等の権利侵害）

第百十七条　共同著作物の各著作者又は各著作権者は、他の著作者又は他の著作権者の同意を得ないで、第百十二条の規定による請求又はその著作権の侵害に係る自己の持分に対する損害の賠償の請求若しくは自己の持分に応じた不当利得の返還の請求をすることができる。

2　前項の規定は、共有に係る著作権又は著作隣接権の侵害について準用する。

（無名又は変名の著作物に係る権利の保全）

第百十八条　無名又は変名の著作物の発行者は、その著作物の著作者又は著作権者のために、自己の名をもつて、第百十二条、第百十五条若しくは第百十六条第一項の請求又はその著作物の著作者人格権若しくは著作権の侵害に係る損害の賠償の請求若しくは不当利得の返還の請求を行なうことができる。ただし、著作者の変名がその者のものとして周知のものである場合及び第七十五条第一項の実名の登録があつた場合は、この限りでない。

2　無名又は変名の著作物の複製物にその実名又は周知の変名が発行者名として通常の方法により表示されている者は、その著作物の発行者と推定する。

第八章　罰則

第百十九条　著作権、出版権又は著作隣接権を侵害した者（第三十条第一項（第百二条第一項において準用する場合を含む。第三項において同じ。）に定める私的使用の目的をもつて自ら著作物若しくは実演等の複製を行つた者、第百十三条第二項、第三項若しくは第六項から第八項までの規定により著作権、出版権若しくは著作隣接権（同項の規定による場合にあつては、同条第九項の規定により著作隣接権とみなされる権利を含む。第百二十条の二第五号において同じ。）を侵害する行為とみなされる行為を行った者、第百十三条第十項の規定により著作権若しくは著作隣接権を侵害する行為とみなされる行為を行った者又は次項第三号若しくは第六号に掲げる者を除く。）は十年以下の懲役若しくは千万円以下の罰金に処し、またはこれを併科する。

2　次の各号のいずれかに該当する者は、五年以下の懲役若しくは五百万円以下の罰金に処し、又はこれを併科する。

一　著作者人格権又は実演家人格権を侵害した者（第百十三条第八項の規定により著作者人格権又は実演家人格権を侵害する行為とみなされる行為を行つた者を除く。）

二　営利を目的として、第三十条第一項第一号に規定する自動複製機器を著作権、出版権又は著作隣接権の侵害となる著作物又は実演等の複製に使用させた者

三　第百十三条第一項の規定により著作権、出版権又は著作隣接権を侵害する行為とみなされる行為を行つた者

四　侵害著作物等利用容易化ウェブサイト等の公衆への提示を行つた者（当該侵害著作物等利用容易化ウェブサイト等と侵害著作物等利用容易化ウェブサイト等以外の相当数のウェブサイト等（第百十三条第四項に規定するウェブサイト等をいう。以下この号及び次号において同じ。）とを包括しているウェブサイト等において、単に当該公衆への提示の機会を提供したに過ぎない者（著作権者等からの当該侵害著作物等利用容易化ウェブサイト等において提供されている侵害送信元識別符号等の削除に関する請求に正当な理由なく応じない状態が相当期間にわたり継続していたことその他の著作権者等の利益を不当に害すると認められる特別な事情がある場合を除く。）を除く。）

五　侵害著作物等利用容易化プログラムの公衆への提供等を行つた者（当該公衆への提供等のために用いられているウェブサイト等とそれ以外の相当数のウェブサイト等とを包括しているウェブサイト等又は当該侵害著作物等利用容易化プログラム及び侵害著作物等利用容易化プログラム以外の相当数のプログラムの公衆への提供等のために用いられているウェブサイト等において、単に当該侵害著作物等利用容易化プログラムの公衆への提供等の機会を提供したに過ぎない者（著作権者等からの当該侵害著作物等利用容易化プログラムにより提供されている侵害送信元識別符号等の削除に関する請求に正当な理由なく応じない状態が相当期間にわたり継続していたことその他の著作権者等の利益を不当に害すると認められる特別な事情がある場合を除く。）を除く。）

六　第百十三条第五項の規定により著作権を侵害する行為とみなされる行為を行つた者

3 次の各号のいずれかに該当する者は、二年以下の懲役若しくは二百万円以下の罰金に処し、又はこれを併科する。

一　第三十条第一項に定める私的使用の目的をもつて、録音録画有償著作物等（録音され、又は録画された著作物又は実演等（著作権又は著作隣接権の目的となつているものに限る。）であつて、有償で公衆に提供され、又は提示されているもの（その提供又は提示が著作権又は著作隣接権を侵害しないものに限る。）をいう。）の著作権を侵害する自動公衆送信（国外で行われる自動公衆送信であつて、国内で行われたとしたならば著作権の侵害となるべきものを含む。）又は著作隣接権を侵害する送信可能化（国外で行われる送信可能化であつて、国内で行われたとしたならば著作隣接権の侵害となるべきものを含む。）に係る自動公衆送信を受信して行うデジタル方式の録音又は録画（以下この号及び次項において「有償著作物等特定侵害録音録画」という。）を、自ら有償著作物等特定侵害録音録画であることを知りながら行つて著作権又は著作隣接権を侵害した者

二　第三十条第一項に定める私的使用の目的をもつて、著作物（著作権の目的となつているものに限る。以下この号において同じ。）であつて有償で公衆に提供され、又は提示されているもの（その提供又は提示が著作権を侵害しないものに限る。）の著作権（第二十八条に規定する権利（翻訳以外の方法により創作された二次的著作物に係るものに限る。）を除く。以下この号及び第五項において同じ。）を侵害する自動公衆送信（国外で行われる自動公衆送信であつて、国内で行われたとしたならば著作権の侵害となるべきものを含む。）を受信して行うデジタル方式の複製（録音及び録画を除く。以下この号において同じ。）（当該著作物のうち当該複製がされる部分の占める割合、当該部分が自動公衆送信される際の表示の精度その他の要素に照らし軽微なものを除く。以下この号及び第五項において「有償著作物特定侵害複製」という。）を、自ら有償著作物特定侵害複製であることを知りながら行つて著作権を侵害する行為（当該著作物の種類及び用途並びに当該有償著作物特定侵害複製の態様に照らし著作権者の利益を不当に害しないと認められる特別な事情がある場合を除く。）を継続的に又は反復して行つた者

4　前項第一号に掲げる者には、有償著作物等特定侵害録音録画を、自ら有償著作物等特定侵害録音録画であることを重大な過失により知らないで行つて著作権又は著作隣接権を侵害した者を含むものと解釈してはならない。

5　第三項第二号に掲げる者には、有償著作物特定侵害複製を、自ら有償著作物特定侵害複製であることを重大な過失により知らないで行つて著作権を侵害する行為を

継続的に又は反復して行つた者を含むものと解釈してはならない。

第百二十条　第六十条又は第百一条の三の規定に違反した者は、五百万円以下の罰金に処する。

第百二十条の二　次の各号のいずれかに該当する者は、三年以下の懲役若しくは三百万円以下の罰金に処し、又はこれを併科する。

一　技術的保護手段の回避若しくは技術的利用制限手段の回避を行うことをその機能とする装置（当該装置の部品一式であつて容易に組み立てることができるものを含む。）若しくは技術的保護手段の回避若しくは技術的利用制限手段の回避を行うことをその機能とするプログラムの複製物を公衆に譲渡し、若しくは貸与し、公衆への譲渡若しくは貸与の目的をもつて製造し、輸入し、若しくは所持し、若しくは公衆の使用に供し、又は当該プログラムを公衆送信し、若しくは送信可能化する行為（当該装置又は当該プログラムが当該機能以外の機能を併せて有する場合にあつては、著作権等を侵害する行為を技術的保護手段の回避により可能とし、又は第百十三条第六項の規定により著作権、出版権若しくは著作隣接権を侵害する行為とみなされる行為を技術的利用制限手段の回避により可能とする用途に供するために行うものに限る。）をした者

二　業として公衆からの求めに応じて技術的保護手段の回避又は技術的利用制限手段の回避を行つた者

三　第百十三条第二項の規定により著作権、出版権又は著作隣接権を侵害する行為とみなされる行為を行つた者

四　第百十三条第七項の規定により技術的保護手段に係る著作権等又は技術的利用制限手段に係る著作権、出版権若しくは著作隣接権を侵害する行為とみなされる行為を行つた者

五　営利を目的として、第百十三条第八項の規定により著作者人格権、著作権、実演家人格権又は著作隣接権を侵害する行為とみなされる行為を行つた者

六　営利を目的として、第百十三条第十項の規定により著作権又は著作隣接権を侵害する行為とみなされる行為を行つた者

第百二十一条　著作者でない者の実名又は周知の変名を著作者名として表示した著作物の複製物（原著作物の著作者でない者の実名又は周知の変名を原著作物の著作者名として表示した二次的著作物の複製物を含む。）を頒布した者は、一年以下の懲役若しくは百万円以下の罰金に処し、又はこれを併科する。

第百二十一条の二　次の各号に掲げる商業用レコード（当該商業用レコードの複製物（二以上の段階にわたる複製に係る複製物を含む。）を含む。）を商業用レコードとして複製し、その複製物を頒布し、その複製物を頒布の目的をもつて所持し、又は

その複製物を頒布する旨の申出をした者（当該各号の原盤に音を最初に固定した日の属する年の翌年から起算して七十年を経過した後において当該複製、頒布、所持又は申出を行つた者を除く。）は、一年以下の懲役若しくは百万円以下の罰金に処し、又はこれを併科する。

一 国内において商業用レコードの製作を業とする者が、レコード製作者からそのレコード（第八条各号のいずれかに該当するものを除く。）の原盤の提供を受けて製作した商業用レコード

二 国外において商業用レコードの製作を業とする者が、実演家等保護条約の締約国の国民、世界貿易機関の加盟国の国民又はレコード保護条約の締約国の国民（当該締約国の法令に基づいて設立された法人及び当該締約国に主たる事務所を有する法人を含む。）であるレコード製作者からそのレコード（第八条各号のいずれかに該当するものを除く。）の原盤の提供を受けて製作した商業用レコード

第百二十二条 第四十八条又は第百二条第二項の規定に違反した者は、五十万円以下の罰金に処する。

第百二十二条の二 秘密保持命令に違反した者は、五年以下の懲役若しくは五百万円以下の罰金に処し、又はこれを併科する。

2 前項の罪は、国外において同項の罪を犯した者にも適用する。

第百二十三条 第百十九条第一項から第三項まで、第百二十条の二第三号から第六号まで、第百二十一条の二及び前条第一項の罪は、告訴がなければ公訴を提起することができない。

2 前項の規定は、次に掲げる行為の対価として財産上の利益を受ける目的又は有償著作物等の提供若しくは提示により著作権者等の得ることが見込まれる利益を害する目的で、次の各号のいずれかに掲げる行為を行うことにより犯した第百十九条第一項の罪については、適用しない。

一 有償著作物等について、原作のまま複製された複製物を公衆に譲渡し、又は原作のまま公衆送信（自動公衆送信の場合にあつては、送信可能化を含む。次号において同じ。）を行うこと（当該有償著作物等の種類及び用途、当該譲渡の部数、当該譲渡又は公衆送信の態様その他の事情に照らして、当該有償著作物等の提供又は提示により著作権者等の得ることが見込まれる利益が不当に害されることとなる場合に限る。）。

二 有償著作物等について、原作のまま複製された複製物を公衆に譲渡し、又は原作のまま公衆送信を行うために、当該有償著作物等を複製すること（当該有償著作物等の種類及び用途、当該複製の部数及び態様その他の事情に照らして、当該有償著作物等の提供又は提示により著作権者等の得ることが見込まれる利益が不

当に害されることとなる場合に限る。)。

3　前項に規定する有償著作物等とは、著作物又は実演等(著作権、出版権又は著作隣接権の目的となつているものに限る。)であつて、有償で公衆に提供され、又は提示されているもの(その提供又は提示が著作権、出版権又は著作隣接権を侵害するもの(国外で行われた提供又は提示にあつては、国内で行われたとしたならばこれらの権利の侵害となるべきもの)を除く。)をいう。

4　無名又は変名の著作物の発行者は、その著作物に係る第一項に規定する罪について告訴をすることができる。ただし、第百十八条第一項ただし書に規定する場合及び当該告訴が著作者の明示した意思に反する場合は、この限りでない。

第百二十四条　法人の代表者(法人格を有しない社団又は財団の管理人を含む。)又は法人若しくは人の代理人、使用人その他の従業者が、その法人又は人の業務に関し、次の各号に掲げる規定の違反行為をしたときは、行為者を罰するほか、その法人に対して当該各号に定める罰金刑を、その人に対して各本条の罰金刑を科する。

一　第百十九条第一項若しくは第二項第三号から第六号まで又は第百二十二条の二第一項　三億円以下の罰金刑

二　第百十九条第二項第一号若しくは第二号又は第百二十条から第百二十二条まで　各本条の罰金刑

2　法人格を有しない社団又は財団について前項の規定の適用がある場合には、その代表者又は管理人がその訴訟行為につきその社団又は財団を代表するほか、法人を被告人又は被疑者とする場合の刑事訴訟に関する法律の規定を準用する。

3　第一項の場合において、当該行為者に対してした告訴又は告訴の取消しは、その法人又は人に対しても効力を生じ、その法人又は人に対してした告訴又は告訴の取消しは、当該行為者に対しても効力を生ずるものとする。

4　第一項の規定により第百十九条第一項若しくは第二項又は第百二十二条の二第一項の違反行為につき法人又は人に罰金刑を科する場合における時効の期間は、これらの規定の罪についての時効の期間による。

附則(抄)

(施行期日)

第一条　この法律は、昭和四十六年一月一日から施行する。

(適用範囲についての経過措置)

第二条　改正後の著作権法(以下「新法」という。)中著作権に関する規定は、この法律の施行の際現に改正前の著作権法（以下「旧法」という。）による著作権の全部が消滅している著作物については、適用しない。

2　この法律の施行の際現に旧法による著作権の一部が消滅している著作物については、新法中これに相当する著作権に関する規定は、適用しない。

3　この法律の施行前に行われた実演（新法第七条各号のいずれかに該当するものを除く。）又はこの法律の施行前にその音が最初に固定されたレコード（新法第八条各号のいずれかに該当するものを除く。）でこの法律の施行の際現に旧法による著作権が存するものについては、新法第七条及び第八条の規定にかかわらず、著作権法中著作隣接権に関する規定（第九十四条の二、第九十五条、第九十五条の三第三項及び第四項、第九十七条並びに第九十七条の三第三項から第五項までの規定を含む。）を適用する。

（国等が作成した翻訳物等についての経過措置）

第三条　新法第十三条第四号に該当する著作物でこの法律の施行の際現に旧法による出版権が設定されているものについては、当該出版権の存続期間内に限り、同号の規定は、適用しない。

（法人名義の著作物等の著作者についての経過措置）

第四条　新法第十五条及び第十六条の規定は、この法律の施行前に創作された著作物については、適用しない。

（映画の著作物等の著作権の帰属についての経過措置）

第五条　この法律の施行前に創作された新法第二十九条に規定する映画の著作物の著作権の帰属については、なお従前の例による。

2　新法の規定は、この法律の施行前に著作物中に挿そう入された写真の著作物又はこの法律の施行前に嘱託によつて創作された肖像写真の著作物の著作権の帰属について旧法第二十四条又は第二十五条の規定により生じた効力を妨げない。

（自動複製機器についての経過措置）

第五条の二　著作権法第三十条第一項第一号及び第百十九条第二項第二号の規定の適用については、当分の間、これらの規定に規定する自動複製機器には、専ら文書又は図画の複製に供するものを含まないものとする。

（公開の美術の著作物についての経過措置）

第六条　この法律の施行の際現にその原作品が新法第四十五条第二項に規定する屋外の場所に恒常的に設置されている美術の著作物の著作権者は、その設置による当該著作物の展示を許諾したものとみなす。

（著作物の保護期間についての経過措置）

第七条　この法律の施行前に公表された著作物の著作権の存続期間については、当該著作物の旧法による著作権の存続期間が新法第二章第四節の規定による期間より長いときは、なお従前の例による。

（翻訳権の存続期間についての経過措置）

第八条　この法律の施行前に発行された著作物については、旧法第七条及び第九条の規定は、なおその効力を有する。

（著作権の処分についての経過措置）

第九条　この法律の施行前にした旧法の著作権の譲渡その他の処分は、附則第十五条第一項の規定に該当する場合を除き、これに相当する新法の著作権の譲渡その他の処分とみなす。

（合著作物についての経過措置）

第十条　この法律の施行前に二人以上の者が共同して創作した著作物でその各人の寄与を分離して個別的に利用することができるものについては、旧法第十三条第一項及び第三項の規定は、なおその効力を有する。

2　前項の著作物は、新法第五十一条第二項又は第五十二条第一項の規定の適用については、共同著作物とみなす。

（裁定による著作物の利用についての経過措置）

第十一条　新法第六十九条の規定は、この法律の施行前に国内において販売された商業用レコードに録音されている音楽の著作物の他の商業用レコードの製作のための録音については、適用しない。

2　旧法第二十二条ノ五第二項又は第二十七条第一項若しくは第二項の規定により著作物を利用することができることとされた者は、なお従前の例により当該著作物を利用することができる。

3　旧法第二十二条ノ五第二項又は第二十七条第二項の規定に基づき文化庁長官が定めた償金の額は、新法第六十八条第一項又は第六十七条第一項の規定に基づき文化庁長官が定めた補償金の額とみなして、新法第七十二条及び第七十三条の規定を適用する。

4　前項の場合において、当該償金の額について不服のある当事者が裁定のあつたことをこの法律の施行前に知つているときは、新法第七十二条第一項に規定する期間は、この法律の施行の日から起算する。

（登録についての経過措置）

第十二条　この法律の施行前にした旧法第十五条の著作権の登録、実名の登録及び第一発行年月日の登録に関する処分又は手続は、附則第十五条第三項の規定に該当する場合を除き、これらに相当する新法第七十五条から第七十七条までの登録に関する処分又は手続とみなす。

2　この法律の施行の際現に旧法第十五条第三項の著作年月日の登録がされている著作物については、旧法第三十五条第五項の規定は、なおその効力を有する。

（出版権についての経過措置）

第十三条　この法律の施行前に設定された旧法による出版権でこの法律の施行の際現に存するものは、新法による出版権とみなす。

2　この法律の施行前にした旧法第二十八条ノ十の出版権の登録に関する処分又は手続は、これに相当する新法第八十八条の登録に関する処分又は手続とみなす。

3　第一項の出版権については、新法第八十条から第八十五条までの規定にかかわらず、旧法第二十八条ノ三から第二十八条ノ八までの規定は、なおその効力を有する。

第十四条　削除

（著作隣接権についての経過措置）

第十五条　この法律の施行前にした旧法の著作権の譲渡その他の処分で、この法律の施行前に行われた実演又はこの法律の施行前にその音が最初に固定されたレコードでこの法律の施行の日から新法中著作隣接権に関する規定が適用されることとなるものに係るものは、新法のこれに相当する著作隣接権の譲渡その他の処分とみなす。

2　前項に規定する実演又はレコードでこの法律の施行の際現に旧法による著作権が存するものに係る著作隣接権の存続期間は、旧法によるこれらの著作権の存続期間の満了する日が新法第百一条の規定による期間の満了する日後の日であるときは、同条の規定にかかわらず、旧法による著作権の存続期間の満了する日（その日がこの法律の施行の日から起算して七十年を経過する日後の日であるときは、その七十年を経過する日）までの間とする。

3　この法律の施行前に第一項に規定する実演又はレコードについてした旧法第十五条第一項の著作権の登録に関する処分又は手続は、これに相当する新法第百四条の著作隣接権の登録に関する処分又は手続とみなす。

4　附則第十条第一項及び第十二条第二項の規定は、第一項に規定する実演又はレコードについて準用する。

（複製物の頒布等についての経過措置）

第十六条　この法律の施行前に作成した著作物、実演又はレコードの複製物であつて、新法第二章第三節第五款（新法第百二条第一項において準用する場合を含む。）の規定を適用するとしたならば適法なものとなるべきものは、これらの規定に定める複製の目的の範囲内において、使用し、又は頒布することができる。この場合においては、新法第百十三条第一項第二号の規定は、適用しない。

（権利侵害についての経過措置）

第十七条　この法律の施行前にした旧法第十八条第一項若しくは第二項の規定に違反

する行為又は旧法第三章に規定する偽作に該当する行為（出版権を侵害する行為を含む。）については、新法第十四条及び第七章の規定にかかわらず、なお旧法第十二条、第二十八条ノ十一、第二十九条、第三十三条、第三十四条、第三十五条第一項から第四項まで、第三十六条及び第三十六条ノ二の規定の例による。

（罰則についての経過措置）

第十八条　この法律の施行前にした行為に対する罰則の適用については、なお従前の例による。

（以下略）

著作権関連団体・機関一覧

★所轄官庁

文化庁著作権課

http://www.bunka.go.jp/

★著作権全般

公益社団法人　著作権情報センター（CRIC）

http://www.cric.or.jp/

このホームページからは、「著作権関係法令」「著作権文献・資料」「外国の著作権関係法令」「著作権関係団体・機関」などのデータベースが検索・閲覧できます。

★出版物の利用

一般社団法人　日本書籍出版協会（JBPA）

http://www.jbpa.or.jp/

一般社団法人　日本出版著作権協会（JPCA）

http://www.jpca.jp.net/

★雑誌の利用

一般社団法人　日本雑誌協会（JMPA）

http://www.j-magazine.or.jp/

★出版物（新聞・書籍・雑誌等）の複写

公益社団法人　日本複製権センター（JRRC）

http://www.jrrc.or.jp/

一般社団法人　出版者著作権管理機構（JCOPY）

http://www.jcopy.or.jp/

★出版その他
一般社団法人　出版物貸与権管理センター（RRAC）
http://www.taiyoken.jp/

★新聞その他
新聞著作権協議会（CCNP）
http://www.ccnp.jp/

★小説・脚本の利用
公益社団法人　日本文藝家協会
http://www.bungeika.or.jp/

協同組合　日本脚本家連盟
http://www.writersguild.or.jp/

協同組合　日本シナリオ作家協会（JWG）
http://www.j-writersguild.org/

★美術作品の利用
一般財団法人　日本美術家連盟（JAA）
http://www.jaa-iaa.or.jp/copyright/index.html

★写真の利用
一般社団法人　日本写真著作権協会（JPCA）
http://www.jpca.gr.jp/

★デザインの利用
公益社団法人　日本グラフィックデザイナー協会（JAGDA）
http://www.jagda.or.jp/

★美術その他
日本美術著作権機構（APG）
http://www.apg.gr.jp/

一般財団法人　日本似顔絵師協会
http://www.nigaoe.or.jp/

★実演の利用
公益社団法人　日本芸能実演家団体協議会（芸団協）
実演家著作隣接権センター（CPRA）
http://www.cpra.jp/web2/

★音楽の利用
一般社団法人　日本音楽著作権協会（JASRAC）
http://www.jasrac.or.jp/

★音楽その他
一般社団法人　日本音楽出版社協会（MPAJ）
http://www.mpaj.or.jp/

一般社団法人　演奏家権利処理合同機構（MPN）
http://www.mpn.jp/

★レコード・CD 等の利用
一般社団法人　日本レコード協会（RIAJ）
http://www.riaj.or.jp/

★映画の利用
一般社団法人　日本映画製作者連盟（MPPAJ）
http://www.eiren.org/

★ビデオの利用
一般社団法人　日本映像ソフト協会（JVA）
http://jva-net.or.jp/

★広報用ビデオ等映像の利用
公益社団法人　映像文化製作者連盟（映文連）
http://www.eiren.org/

★映像その他
一般社団法人　映像コンテンツ権利処理機構
http://www.arma.or.jp/

一般社団法人　映像実演権利者合同機構（PRE）
http://www.pre.or.jp/

★放送の利用
日本放送協会（NHK）
http://www.nhk.or.jp/

一般社団法人　日本民間放送連盟（JBA）
http://www.j-ba.or.jp/

★私的録音・録画補償金について
一般社団法人　私的録音補償金管理協会（sarah）
http://www.sarah.or.jp/

★コンピュータソフトウェアの利用
一般社団法人　コンピュータソフトウェア著作権協会（ACCS）
http://www2.accsjp.or.jp/

★ソフトウェアの利用全般
一般財団法人　ソフトウェア情報センター（SOFTIC）
http://www.softic.or.jp/

★肖像権などの利用について
特定非営利活動法人　肖像パブリシティ権擁護監視機構（JAPRPO）
http://www.japrpo.or.jp/

★学術
一般社団法人　学術著作権協会（JAC）
https://www.jaacc.jp/

★その他

一般社団法人　著作権情報集中処理機構（CDC）

http://www.cdc.or.jp/

著者紹介

小笠原正仁（おがさはら・まさひと）
1956年大阪生まれ。
関西大学大学院博士後期課程中退（法制史）。
大阪芸術大学非常勤講師。一般社団法人和歌山人権研究所理事。
著書『法と芸術　著作権法入門』明石書店、2001年。
共著『差別とアイデンティティ』阿吽社、2013年。
　　『私たちの人権ノート』解放出版社、2011年。etc.

〔装丁〕清水　肇（プリグラフィックス）

【第2版】

著作権入門ノート「アートと法」
——表現の自由・自主規制・キャラクター

2015年 7月10日　初版第1刷発行
2020年10月 1日　2版第1刷発行
2023年 3月30日　2版第2刷発行

著　者——小笠原正仁
発行者——小笠原正仁
発行所——株式会社 阿 吽 社
〒602-0017 京都市上京区衣棚通上御霊前下ル上木ノ下町73-9
TEL 075-414-8951　FAX 075-414-8952
URL : aunsha.co.jp
E-mail : info@aunsha.co.jp

印刷・製本——モリモト印刷株式会社

ISBN978-4-907244-41-5 C0032
定価はカバーに表示してあります